O ESTADO DO BRASIL

O ESTADO DO BRASIL
Poder e política na Bahia colonial
1548-1700

Pedro Puntoni

Copyright © 2013 Pedro Puntoni

Grafia atualizada segundo o Acordo Ortográfico da Língua Portuguesa de 1990, que entrou em vigor no Brasil em 2009.

Publishers: Joana Monteleone/Haroldo Ceravolo Sereza/Roberto Cosso
Edição: Joana Monteleone
Editor assistente: Vitor Rodrigo Donofrio Arruda
Assistente acadêmica: Danuza Vallim
Projeto gráfico e diagramação: Gabriela Cavallari
Capa: Rogério Cantelli
Revisão: João Paulo Putini

CIP-BRASIL. CATALOGAÇÃO-NA-FONTE
SINDICATO NACIONAL DOS EDITORES DE LIVROS, RJ

P984e

Puntoni, Pedro, 1967-
O ESTADO DO BRASIL: PODER E POLÍTICA NA BAHIA COLONIAL 1548-1700
Pedro Puntoni.
São Paulo: Alameda, 2013.
344p.

Inclui bibliografia
ISBN 978-85-7939-160-6

1. Salvador (BA) - História - Século XVIII. 2. Salvador (BA) - Política e governo - Século XVII. 3. Poder (Ciências sociais). 4. Brasil - História - Período colonial, 1500-1822. I. Título.

12-6119. CDD: 981.421
 CDU: 94(813.81)

038479

ALAMEDA CASA EDITORIAL
Rua Conselheiro Ramalho, 694 - Bela Vista
CEP: 01325-000 - São Paulo, SP
Tel.: (11) 3012-2400
www.alamedaeditorial.com.br

Para Malu

ABREVIATURAS

arquivos

AHMS	Arquivo Histórico Municipal de Salvador. Salvador
AHU	Arquivo Histórico Ultramarino. Lisboa
ANTT	Arquivo Nacional da Torre do Tombo. Lisboa
APEB	Arquivo Público do Estado da Bahia. Salvador
BPA	Biblioteca do Palácio da Ajuda. Lisboa
BNL	Biblioteca Nacional de Lisboa. Lisboa
BPE	Biblioteca Pública Municipal de Évora. Évora
IEB-CL	Arquivo do Instituto de Estudos Brasileiros, Coleção Lamego. São Paulo
IHGB	Instituto Histórico e Geográfico Brasileiro. Rio de Janeiro
IHGRN	Instituto Histórico e Geográfico do Rio Grande do Norte. Natal

coleções de documentos impressos e periódicos

ABN	Anais da Biblioteca Nacional. Rio de Janeiro
ACS	Atas da Câmara, Documentos Históricos do Arquivo Municipal. Salvador
CSS	Cartas do Senado, Documentos Históricos do Arquivo Municipal. Salvador
DH	Documentos Históricos da Biblioteca Nacional. Rio de Janeiro
RIAP	Revista do Instituto Arqueológico, Histórico e Geográfico Pernambucano. Recife
RIHGB	Revista do Instituto Histórico e Geográfico Brasileiro. Rio de Janeiro

INTRODUÇÃO 11

1. O GOVERNO GERAL E O ESTADO DO BRASIL: 35
poderes intermédios e administração (1549-1720)

2. "COMO CORAÇÃO NO MEIO DO CORPO": 83
Salvador, capital do Estado do Brasil

3. A PROVEDORIA-MOR: 111
fiscalidade e poder no Brasil Colonial

4. O CONCHAVO DA FARINHA: 147
espacialização do sistema econômico e o
governo geral na Bahia do século XVII

5. A ARTE DA GUERRA NO BRASIL: 171
tecnologia e estratégia militar na expansão da
fronteira da América Portuguesa, 1550-1700

6. BERNARDO VIEIRA RAVASCO, 199
SECRETÁRIO DO ESTADO DO BRASIL:
poder e elites na Bahia do século XVII

7. O "MAL DO ESTADO BRASÍLICO": 243
a Bahia na crise do final do século XVII

FONTES E BIBLIOGRAFIA 307

AGRADECIMENTOS 339

INTRODUÇÃO

O LIVRO QUE O LEITOR tem em mãos é a reunião de textos dispersos, mas conexos. Dispersos, porque escritos – e, por vezes, publicados – em revistas ou obras coletivas, resultado de colóquios ou seminários acadêmicos. São sete textos relacionados aos meus estudos sobre a história política (e econômica) da Bahia no século XVII. Mais precisamente, sobre os mecanismos institucionais e as dinâmicas políticas do sistema do governo geral. São resultados, ainda parciais e fragmentários, da investigação que iniciei há mais de dez anos sobre o Estado do Brasil buscando a compreensão da estruturas e dinâmicas das relações entre os poderes médios e os poderes locais na América portuguesa.

Tal esforço foi feito em meio a um movimento maior, ainda que restrito, dos historiadores da época moderna, interessados, cada vez mais, em uma renovação dos estudos sobre as dinâmicas e as estruturas políticas.[1] A história política, antes assunto relegado aos

---

1 Um balanço da historiografia dedicada ao governo e à administração no Brasil Colonial pode ser visto no excelente artigo de Pedro Cardim, "O governo e a administração do Brasil sob os Habsburgo e os primeiros Bragança", *Hispania*, Madri, CSIC, 216, p. 117-156, 2004. Segundo Pedro Cardim, a transformação da historiografia dedicada à Portugal na época moderna

historiadores mais tradicionais, mais apegados ao narrativo e ao "acontecimental", havia sido seguidamente desprezada pelos estudos mais estruturais e economicistas. Não o caso dos trabalhos mais sofisticados e, por isso mesmo, mais impactantes, como o de Fernando Novais ou de Evaldo Cabral de Mello, para citar alguns. Não obstante, vale notar que um certo renascimento do interesse pela política, entre os historiadores do Brasil colonial deu-se por meio da influência, benéfica e arejada, da obra de António Manuel Hespanha. Sobretudo sua obra maior, As Vésperas do Leviathan, publicada em 1986.[2] O livro, que pretende apresentar um "panorama das instituições político-administrativas portuguesas" no século XVII, resultou num grande *tour de force* – marco de uma alteração na historiografia luso-brasileira sobre os estudos do mundo político no Antigo Regime, *chef d'œuvre* que indicou um caminho de renovação teórica e metodológica capaz de fazer renascer o interesse pela história política, mas na chave ainda estrutural. Demasiado estrutural. A busca de compreender o advento deste sistema de poder, o Estado, em Portugal da época moderna, era resultado do entendimento (cada vez mais preciso) do funcionamento das suas instituições, marcadas por um "paradigma jurisdicionalista". A abordagem, como tem sido notado, acabou se afastando da leitura,

---

assentou-se "em três principais eixos: a prioridade concedida ao estudo das relações de poder, nas suas múltiplas configurações; uma maior abertura aos contributos das outras ciências sociais, através do reforço da ligação ao contexto e suas específicas características; a adopção de um entendimento mais aprofundado dos circuitos de produção, de difusão e de recepção das decisões políticas".

2 O livro foi reeditado em Coimbra no ano de 1994, a partir da edição reelaborada feita na Espanha em 1989. António Manuel Hespanha, *As vésperas do Leviathan: instituições e poder político. Portugal séculos XVI-XVIII*. Lisboa: Pedro Ferreira Artes Gráficas, 1986, p. 206. Segunda edição em Coimbra, Almedina, 1994.

então dominante, de um Portugal cabeça de um império - um império comercial. A economia, central ainda para a historiografia dos anos 1980, acabou subsumida em uma leitura institucional e, portanto, demasiado estrutural da vida em sociedade. A recepção da obra de Hespanha, na nossa seara, foi intensa, ainda que sua compreensão tenha sido desigual. Novos calçados - que bem serviam ao avatar de uma postura crítica da noção de sistema colonial, já que permitiam acentuar a homologia entre os polos contraditórios (metrópole e colônia), ao ponto de dissolver esta mesma contradição. Todo o esforço de acentuar a especificidade de um modo de produção colonial, gesto coletivo de tentar compreender os segredos internos de nossa formação histórica, desaguaram (ainda que de forma insuspeita) na negação de uma "visão dicotômica" (sic) e na afirmação de um espaço análogo e indiferenciado - cujas peculiaridades derivam quase que unicamente, poder-se--ia dizer, pela distância ou "tropicalidade". A dimensão comercial como que desaparece - engolida por lógicas de "mercados imperfeitos" ou economias presas aos interesses mais próximos, do bem--comum. Mas como pensar isso de um mundo, afinal, construído pelo e para o açúcar? Construído pelo trabalho dos escravos: indígenas de um mundo em dissolução, estrangeiros arrancados da África? Como pensar naquelas cidades - tão inseridas na economia--mundo como a Bahia que, nas palavras de Antonio Vieira, "como as outras cidades do Brasil, só seis meses do ano estão sobre a terra, os outros seis andam em cima da água, indo e vindo de Portugal"?

Esta "perspectiva historiográfica *inovadora*", esta "*nova* abordagem dos antigos temas de história portuguesa e colonial", esta "*nova* leitura historiográfica" aparece cristalizada em um livro--manifesto de 2001: *O Antigo regime nos trópicos*. Livro que propõe "uma rediscussão - a partir de *novos* parâmetros conceituais e de *novas* perspectivas teóricas - de algumas teses acerca das relações econômicas e das práticas políticas, religiosas e administrativas".[3] Estes "novos parâmetros", não obstante, ainda se fazem incertos – mesmo que úteis, tendo impulsionado diversas pesquisas nos estudos graduados e pós-graduados. Digo incertos porque, ainda que sugestivos e baseados em intensa e valiosa pesquisa documental, estes parâmetros novos ou novos conceitos variavam a cada nova pesquisa – como que marcados pelos nomes que lhes impunham as falas do passado.[4] É certo que precisamos estar mais abertos ao que Pedro Cardim sintetiza como uma postura preocupada com a "reconstituição da semântica das categorias e dos modelos vigentes no passado", recusando "leituras lineares, modernizadoras e aperfeiçoadoras dos sistemas político-institucionais".[5] Contudo, esta aproximação da história (da empiria) não deveria colocar em risco o ponto de vista do historiador: construído à distância e mediado – de forma consciente – pela teoria.

Neste mesmo percurso, Jean-Frédéric Schaub nos alerta que a "história estatal do Estado" (*l'histoire d'État de l'État*), isto é, o discurso oficial sobre a gênese do Estado moderno, tem ele mesmo uma história: "as palavras da ciência política contemporânea não

---

3 João Fragoso, Maria Fernanda B. Bicalho e Maria de Fátima Gouveia (orgs.), *Antigo Regime nos trópicos: a dinâmica imperial portuguesa (séculos XVI-XVIII)*. Rio de Janeiro: Civilização Brasileira, 2001, p. 21. Este livro, com valiosos estudos de diversos autores (entre os quais António Manuel Hespanha), havia sido precedido de um artigo dos mesmos organizadores, intitulado "Uma leitura do Brasil Colonial: bases da materialidade e da governabilidade do Império", *Penélope. Fazer e desfazer história*. Lisboa, 23, p. 67-88, 2000.

4 Para uma leitura crítica destes "novos parâmetros conceituais e de novas perspectivas teóricas", atentando particularmente para o uso da categoria de *Antigo Regime*, veja a excelente análise de Laura de Mello e Souza no capítulo introdutório do seu livro *O sol e a sombra* (São Paulo: Companhia das Letras, 2007, p. 58 e ss).

5 Pedro Cardim, "O governo e a administração do Brasil sob os Habsburgo e os primeiros Bragança", *Hispania*, Madri, CSIC, 216, p. 122, 2004.

nos permitem mais descrever de forma adequada as formas de autoridade que estão atuando em uma sociedade corporativa, fundada sobre a desigualdade do direito e sobre a comunhão eclesial, como era a sociedade da península ibérica no século XVII".[6] Mas seria esta sociedade ibérica confinada, nas suas determinações, à península? O espaço econômico e político da economia-mundo, das colônias e dos navios carregados de especiarias, prata, açúcar e escravo não estaria efetivamente transformando esta sociedade corporativa? Ou criando, pelo alto, para além dos campos de Castela ou do Alentejo, uma nova política centrada na fiscalidade, no ganho mercantil esperado, no cálculo do câmbio, no movimento dos preços? A ação dos mercadores e do mercado, dos marinheiros e soldados, dos burocratas e missionários... não redesenhava neste mesmo século XVII a Península: mais uma jangada ao mar, do que uma terra atada ao velho continente?

De forma mais conservadora (e por isso mesmo, tão criticada e objetada), alguns historiadores ainda se pautam por uma tradição que se depura a partir da leitura e releitura de soluções heterodoxas, influenciadas pelo marxismo peculiar de Caio Prado Júnior e pela análise mais estrutural da formação do capitalismo comercial da época moderna. Trata-se, contudo, de não substituir a busca pelas categorias essenciais (compreendidas a partir de uma abordagem teórica) por novos parâmetros ou soluções entrecortadas. Ainda soam muito sábias as palavras de Fernando Novais, em um texto de mais de quarenta anos:

> [...] importa ficar bem claro que, ao tentarmos fixar as categorias essenciais desse processo histórico, não buscamos

---

6 Jean-Frédéric Schaub, *Le Portugal au temps du Comte-duc d'Olivares (1621-1640): les conflits de juridictions comme exercice de la politique*. Madri: Casa de Velasquez, 2001, p. 395-396.

de forma alguma os denominadores comuns presentes necessariamente em todas as manifestações concretas, mas sim as determinantes estruturais, isto é, os componentes a partir dos quais é possível compreender o conjunto das manifestações, aqueles componentes que definem, explicitam, tornam inteligíveis os demais, e se não definem por eles. Em suma, tentamos demarcar a posição metodológica a partir da qual se deve proceder a análise da história da colonização.[7]

No nosso entender, ainda é a noção de Antigo Sistema Colonial que nos permite escapar de uma visão fantasmagórica ou generalizante das incertezas do poder na dimensão das periferias do Império português, interpretado sempre na chave da reprodução ou adequação dos modelos metropolitanos. Como havia feito a historiografia brasileira do século XX e como ainda o faz, inspirada por um revisionismo fecundo e inventivo que nos tem aproximado de um entendimento mais preciso dos mecanismos institucionais, das práticas reiteradas do poder, mas nos tem afastado de um entendimento maior das mediações, necessariamente conexas, da realidade da colonização. Como mostrou Fernando Novais, o sistema colonial se apresenta primeiramente "como um tipo particular de relações políticas", sendo assim, podemos compreendê-las definindo-se a partir de dois elementos, que se constituem de forma complementar: "um centro decisório (metrópole) e um outro subordinado (colônia)". Uma vez que o projeto colonial visava enquadrar a produção e as sociedades do ultramar na política mercantilista, estas relações estabelecem "um quadro institucional para que a vida econômica da metrópole seja dinamizada pelas

---

7 Fernando Novais, "Colonização e sistema colonial: discussão de conceitos e perspectiva histórica", *Anais do IV Simpósio dos Professores Universitários de História*. São Paulo, 1969, p. 243-268. Comunicação apresentada originalmente na 4ª sessão de estudos, no dia 5 de setembro de 1967.

atividades coloniais".⁸ O papel (ou o "sentido") atribuído pela metrópole, ou pelos interesses europeus por ela articulados (sejam eles o ganho mercantil, a expansão da fé ou o crescimento do poder da monarquia), define assim um enquadramento no qual as estruturas de poder aparecem articuladas segundo sua situação no sistema como um todo.

Em uma perspectiva diversa, António Manuel Hespanha tem procurado confirmar diferentes conceitualizações sobre a natureza da formação social e política no contexto colonial – insistindo numa homogenia de estruturas difusas no espaço do Império. Em artigos que ecoam esta leitura "extrapolada" de seus próprios trabalhos – focalizados, empiricamente, na análise das estruturas políticas de Portugal continental ou, como insiste recentemente, no caso de Macau –, Hespanha defende uma descrição institucional da expansão portuguesa que busca confirmar um certo "quadro atomístico" das estruturas jurídico-políticas no ultramar. Seguindo e ampliando uma sugestão de Russel-Wood, o historiador realça "a inexistência de um modelo ou estratégia gerais para a expansão portuguesa", ou, em outras palavras, a ausência de "uma estratégia sistemática abrangendo todo o Império, pelo menos até meados do século XVIII".⁹ Em outro momento, Hespanha percebe que o fato de as instituições reinóis resultarem de um certo modelo de ordenamento jurídico proposto pelo direito comum europeu não colocava "grandes obstáculos doutrinais às tensões centrífugas da realidade colonial. Pelo contrário, fornecia uma série de princípios doutrinais

---

8 Fernando Novais, *Portugal e o Brasil na crise do Antigo Sistema Colonial (1777-1808)*. São Paulo: Hucitec, 1979 (1974), p. 62.

9 António Manuel Hespanha, "A constituição do Império Português, revisão de alguns enviesamentos correntes". In: Maria Fernanda B. Bicalho *et al.* (orgs.), *Antigo Regime nos trópicos: a dinâmica imperial portuguesa (séculos XVI-XVIII)*. Rio de Janeiro: Civilização Brasileira, 2001, p. 169; A. J. R. Russel-Wood, "Centro e periferia no mundo luso-brasileiro", *Revista Brasileira de História*. São Paulo, 36, p. 187-250, 1998.

e de modelos de funcionamento normativo que se acomodavam bem a uma situação como a do sertão brasileiro". Em suas palavras,

> como o governar estava, nesta época, muito próximo do julgar, tudo o que se disse sobre a teoria do juízo (*iudicium*) vale também para a teoria do governo (*regimen*), explicando este estilo do governar – sincopado, contraditório, experimental, tantas vezes pactício ou complacente com o abuso, que alterna as bravatas com a mais miseranda rendição – da Coroa portuguesa no Brasil.[10]

Ora, tal solução está orientada por um olhar que encontra e descreve os mecanismos de exercício do poder que se desenham apenas numa *teoria do governo*, considerada em termos estáticos – imaginando seus transbordamentos apenas como a confirmação dos traços localistas que assume o modelo corporativo das

---

10 Cf. António Manuel Hespanha, "Depois do Leviathan", *Almanack Brazileiense*. São Paulo, IEB, 5, p. 55-66, maio 2007. Estas considerações estão muito em sintonia com o que foi discutido no Núcleo "Estruturas Políticas" do Projeto Temático Dimensões do Império Português (onde temos realizados seminários e discussões sistematicamente). São portanto resultado de uma postura mais coletiva e, neste sentido, nas suas qualidades (se o leitor assim ponderar) devedoras do trabalho dos colegas. É certo que o enfrentamento crítico das mais recentes tendências revisionistas da história política e institucional é essencial para uma correta superação das suas aporias teóricas. Essas preocupações, centrais para o nosso Núcleo e, acreditamos, muito importantes para o Projeto como um todo, fizeram-se presentes no livro de Laura de Mello e Souza, *O sol e a sombra* (São Paulo: Companhia das Letras, 2007). Reagindo às críticas formuladas pela historiadora, sobretudo no capítulo inicial ("Enquadramentos"), António Manuel Hespanha publicou um artigo na revista digital *Almanack Brazileinse* ("Depois do Leviathan") no qual procura melhor ponderar seu posicionamento diante do ajuste teórico e formal que suas reflexões sobre a natureza do poder político em Portugal nos séculos XVI e XVII têm sofrido para embasar uma ampla releitura da organização do mundo colonial português na América.

instituições políticas. Contudo, se procurarmos objetivar estas estruturas como meios de expressão dos interesses que estão sendo construídos no processo mesmo de formação de uma sociedade *sui generis* na América – vincada pela produção que se orientava para a economia-mundo europeia em expansão e assentada na presença fundamental do escravismo –, podemos (e devemos) perceber, ao contrário, uma consistência definida pela tensão que germinava entre os grupos reinóis e luso-brasileiros.[11] Neste contexto de fronteira, de guerra viva contra sociedades consideradas para além da "civilização", o extermínio e a escravidão como regra de dominação, a presença sempre constante do interesse mercantil – conduzindo as naus, a construção das fortalezas, a ação dos governos – resultava em um ambiente social movediço e excêntrico às regras do Antigo Regime peninsular.

---

11 Luiz Felipe de Alencastro, *O trato dos viventes: a formação do Brasil no Atlântico Sul, séculos XVI e XVIII*. São Paulo: Companhia das Letras, 2000. Em recente artigo, Francisco Bethencourt alerta para os riscos de uma perspectiva nacionalista que compreendia (e compreende) o Império português como extremamente centralizado. Nas suas palavras, tal olhar, certamente anacrônico, "não nos permite entender a real interação entre os colonizadores, a população local e os poderes regionais". Por outro lado, o historiador também não compartilha de uma visão oposta, por ele denominada "pós-moderna", que toma o Império como fraco e descerebrado. Afinal, a consequência ideológica desta nova perspectiva é igualmente o fortalecimento de uma abordagem nacionalista, uma vez que a única justificativa para a continuidade e permanência do Império por mais de três séculos seria a Igreja ou, mesmo, um certo "ethos lusitano". A ideia de "nebulosa de poder", que mantinha o Império português em permanente, mesmo que instável, equilíbrio entre os agentes locais, regionais e centrais, sempre em competição, mas sob a tutelagem da Coroa, aparece, todavia, como solução ainda insuficiente para explicar as peculiaridades da realidade colonial do Atlântico sul. Francisco Bethencourt, "Political configurations and local power". In: F. Bethencourt e Diogo R. Curto (org.), *Portuguese Oceanic Expansion, 1400-1800*. Cambridge: CUP, 2007, p. 197-198.

Em outra dimensão, acreditamos ser necessário melhor compreender a noção de governo no contexto específico da construção da experiência colonial. Seguindo de perto as reflexões de Michel Senellart, podemos pensar o governo dos povos – na situação peculiar do Antigo Regime peninsular, e no caso da periferia do Império – não no sentido banal que faz coincidir o termo com a administração ou com o exercício de uma mera dominação, mas no sentido do conjunto de técnicas de condução dos comportamentos sociais.[12] Revelando de forma até então insuspeita a conversão do governo em dominação, isto é, da produção de um poder concentrado numa técnica de dominação, Maquiavel teria desmistificado uma certa retórica do "bem comum" e do "interesse público" que ainda persistia no século XVII, incrustada no discurso jurídico. A análise das estruturas políticas e da arte de governar dos Estados ibéricos, no seu particular desdobramento das colônias americanas, nos permite compreendê-las como uma experiência antecipatória de uma soberania centrada na dominação. Mudando o que deve ser mudado, podemos nos apoiar na sugestão de Richard Konetzke, para quem a "preponderância do Estado na colonização espanhola da América foi um fator essencial na formação da sociedade colonial", contrapondo-se à presença ativa de traços feudais.[13] Horst Pietschmann aprofundou tal linha de pesquisa, considerando que "os elementos estatais deram-se mais nitidamente na América do que em Castela em razão da maior permeabilidade que oferecia o quadro social e

---

12 Michel Senellart, *Les arts de gouverner: du regimen médiéval au concept de gouvernement*. Paris: Seuil, 1995, p. 19. O trabalho de Senellart, tributário de uma visão foucaltiana do poder, ecoa soluções do curso dado por Michael Foucault no College de France em 1977-78, "Segurança, território, população", publicado em edição estabelecida justamente por ele. Trad. port., São Paulo: Martins Fontes, 2008.

13 "Estado y sociedad en las Indias", *Estudios Americanos*. Sevilha, 8, p. 36-37, 1951.

o menor peso da tradição institucional medieval". Para o autor, a América teria, então, participado da aplicação do modelo de organização estatal moderno.[14] Na linguagem mais poética de Braudel: "a Europa recomeça na América".[15] Mal saída do "magma da feudalidade", a monarquia toma o comércio e a fiscalidade como seus, para tentar desenraizar-se da nobreza e aprisioná-la no fausto da corte.[16] O ultramar abre portas para o novo.

Esta dominação, que se tornou em condição e feito central do processo de colonização, deve ser definida na relação de hostilidade permanente entre o príncipe e o seu povo, no caso, os povos colonizados.[17] Estes percebidos não mais como um rebanho a apascentar

14 *Staat und Staatliche Entwicklung am Beginn der spanischen Kolonisation Amerikas*. Munster, 1980. Sobre a emergência do estado fiscal-militar como uma organização complexa e o seu papel na transformação das relações entre Estado e Sociedade, veja o trabalho de Jean Glete, *War and the State in early modern europe: Spain, the Dutch Republic and Sweden as fiscal-military States, 1500-1660*. Londres: Routledge, 2002, p. 10-66.

15 Fernand Braudel, *Civilização material, economia e capitalismo*. Vol. 2. São Paulo: Martins Fontes, 1996, p. 236.

16 *Ibidem*, p. 491.

17 Neste sentido, acho interessante lembrar a lição de Foucault no curso de 1976 no *College de France*: "Dizer que a soberania é o problema central do direito nas sociedades ocidentais significa que o discurso e a técnica do direito tiveram essencialmente como função dissolver, no interior do poder, o fato da dominação para fazer com que aparecessem no lugar dessa dominação, que se queria reduzir ou mascarar, duas coisas: de um lado, os direitos legítimos da soberania, do outro, a obrigação legal da obediência. O sistema do direito é inteiramente centrado no rei, o que quer dizer que é, em última análise, a evicção do fato da dominação e de suas conseqüências. Nos anos precedentes, ao falar das diferentes pequenas coisas que evoquei, o projeto geral era, no fundo, inverter esta direção geral da análise, que é aquela, creio eu, do discurso do direito por inteiro desde a Idade Média. Eu tentei fazer o inverso, ou seja, deixar ao contrário valer com um fato, tanto em seu segredo como em sua brutalidade, a dominação, e depois mostrar, a partir daí, não só como direito é, de uma maneira geral, o instrumento desta dominação

ou uma família a dirigir, mas uma permanente ameaça; um inimigo a conquistar. Para tanto, a aliança pactuada com as elites condutoras do empreendimento colonial – senhores de engenho, lavradores, mercadores, oficiais... – era central na articulação das formas de governo e, portanto, nos projetos inovadores (porque refratários à tradição do Reino) e centralistas de institucionalização dos poderes políticos na América. Se o Estado pode ser definido com esta "realidade ilusória, mas coletivamente validada pelo consenso"[18] – o que nos deve deixar atentos à dimensão "teológica" do próprio "Estado"–, é importante notar que o fortalecimento do aparelho burocrático, dos mecanismos concretos do monopólio da violência (que também é simbólico) passam neste início da modernidade pela construção material deste poder. A conquista dos espaços ultramarinos, a conquista dos povos e a exploração das riquezas acumuladas ou agora produzidas, em sistemas de trabalho forçado, são um dos elementos importantes para explicar este fortalecimento do Estado. O Estado moderno também se constrói na fronteira da Europa, na guerra viva na periferia do sistema colonial.

Compreende-se, então, a novidade concreta, mascarada nas formas jurídicas ancestrais ou inscrita nas invenções institucionais próprias do mundo colonial, das tecnologias de dominação que se definem numa arte de governar, ou ainda, seguindo ainda Senellart, na "emergência de uma nova racionalidade governamental, irredutível às regras éticas do *regimen*". Tal processo corresponde a

---

– isso é óbvio – mas também como, até onde e sob que forma, o direito (e quando digo direito não penso somente na lei, mas no conjunto dos aparelhos, instituições e regulamentos que aplicam o direito) veicula e aplica relações que não são relações de soberania, mas relações de dominação". Michel Foucault, "Aula de 14 de janeiro de 1976". In: *Em defesa da sociedade*. São Paulo: Martins Fontes, 2005, p. 31 (trad. port, edição de F. Ewald).

18 A definição é de Pierre Bourdieu, *Sur l'État: cours au Collège de France*. Paris: Seuil, 2012, p. 25 e ss.

um certo antimaquiavelismo, "menos preocupado em reconciliar a moral e a política do que afirmar, face à pura lógica dos apetites de poder, a positividade do funcionamento do Estado". Neste sentido, a inscrição do príncipe na imanência histórica, "a explosão da imagem do príncipe numa multiplicidade de *atitudes políticas* que correspondem à mudança perpétua das circunstâncias", implica que "a arte de governar segundo fins morais transmuda-se em mistérios de Estado (*arcana imperii*)".[19] O rei aparece agora, e cada vez mais, como uma das peças da grande máquina do Estado, devendo se submeter ao mecanismo de conjunto para então cumprir sua função, não mais moral, mas política.

A desmistificação maquiaveliana da retórica do "bem comum" e do "interesse público" nos oferece uma possibilidade de ultrapassar a opacidade da abordagem que se agarra de forma por demais intensa na superfície dos discursos políticos coevos. Devemos estar conscientes de que o problema não é tentar entender a existência ou não de um impacto da obra de Maquiavel em Portugal.[20] Acredito que é preciso superar uma historiografia que sustenta uma imagem da política a partir de dentro do aparelho de poder (procurando, sobretudo, valorizar os processos de construção de consensos ou da cooptação e formação das elites burocráticas ou militares), obcecada pela "negociação" entre partes que entende de natureza distinta (súditos e monarca) mas que se conformam, na verdade, no interior mesmo do sistema político. Vereadores, capitães, provedores, contratadores do dízimo, meirinhos, alcaides, soldados, tambores, governadores, conselheiros do rei... e mesmo o próprio monarca, de algum modo, todos se conformam como peças de um

---

19 Michel Senellart, *Les arts de gouverner: du regimen médiéval au concept de gouvernement.* Paris: Seuil, 1995, p. 61.

20 Como faz Martim de Albuquerque no seu livro *A sombra de Maquiavel e a ética tradicional portuguesa.* Lisboa: Faculdade de Letras de Lisboa, 1974.

mecanismo político e burocrático cujos fins se determinam no jogo político dos projetos em conflito, mas orientados pela dominância crescente do mercado. Não se pode perder de perspectiva que a dominação não se coloca, por fim, sobre o *súdito*, que é também o agente da colonização, mas sim sobre as populações indígenas, africanas e europeias (despossuídos, seja de bens ou de lugar social – no caso da sociedade de natureza estamental) que se submetem a um sistema violento e deletério de dominação e exploração econômica. Expansão da fronteira da Europa, vive-se, no Novo mundo, uma situação de efetiva guerra viva contra estas populações.[21]

É neste contexto que se constroem estas diversas alternativas de soberania política na América, tendo como norte fundamental a realização dos interesses do capital comercial. É o comércio, nestes além-mares, mais do que uma "economia da graça", que movia os interesses dos homens, porque era a condição de existência daquele novo mundo. Prestar um serviço, nas Índias ou na América, era prestar um serviço nas terras das especiarias e do açúcar. Terras que existiam pelas viagens de navios, imaginadas antes pelas escrituras (pouco certas, ainda imprecisas) da contabilidade, da suposição dos ganhos, dos cálculos dos lucros. Terra das mercadorias

---

21 Sobre a noção de fronteira no processo de colonização, veja a crítica de Elliott à noção clássica de fronteira de Frederick Jackson Turner. A noção pulverizada de poder em Turner, para quem a fronteira da expansão britânica na América era um espaço onde o controle estatal era ausente e havia oportunidades à liberdade individual, não pode ser generalizada para todos os processos de expansão colonial nas fronteiras. John H. Elliott, *Imperios del mundo atlántico: España y Gran Bretaña en América (1492-1830)*. Madri: Taurus, 2006 (trad. esp.); Frederick Jackson Turner, *The frontier in American History*. Arizona: University of Arizona Press, 1992 (o texto original é de 1893). Sobre o assunto, veja a tese de doutoramento de Francismar Alex Lopes de Carvalho, *Lealdades negociadas: povos indígenas e a expansão dos impérios ibéricos nas regiões centrais da américa do sul (segunda metade do século XVIII)*. São Paulo, USP, 2012, p. 25 e ss.

– onde muitos homens se tornavam mercadorias, como escravos, e outros tantos eram escravos das mercadorias. Lembrando um livro já esquecido por muitos, ainda creio que a base de cada sociedade humana é o processo de trabalho. Neste sentido, não creio que devamos buscar os fatores da unidade de um império em um sistema fundado em um "aparente caos", numa ordem *pactícia*, garantida apenas por uma "sociedade de economia beneficial", "uma multidão de deveres cruzados de graça e gratidão".[22] Digo isto porque não houve uma "expansão portuguesa", mas sim um processo de colonização – e, neste sentido, de invenção de algo novo. O estudo das estruturas políticas, das tecnologias de mando e das experiências de dominação, construídas e testadas no espaço da conquista colonial, permitem compreender a arquitetura, por vezes criativa e inovadora, por vezes homeostática e conservadora, de um (pequeno) Estado que se projetou na escala do mundo. Ou melhor, da economia-mundo. Não para abrir *O Príncipe*, uma vez já guardado na estante o *De Regimine Principum*, mas para simplesmente anotar o *Livro Razão*.

*

O historiador deve sempre afirmar o seu compromisso com o particular, sem contudo abdicar de contextos mais gerais, que exigem perspectivas estruturais. Sendo assim, acredito que deveríamos produzir uma história atenta ao papel dos indivíduos ou dos grupos sociais na prática política – para além de uma perspectiva institucional ou de cunho mais estruturalista. Em outras palavras,

---

22 Confira a tentativa de síntese desta postura no artigo de António Manuel Hespanha, "Porque foi 'portuguesa' a expansão portuguesa? Ou o revisionismo nos trópicos". In: Laura de Mello e Souza, Junia Ferreira Furtado e Maria Fernanda Bicalho (orgs.), *O governo dos povos*. São Paulo: Alameda, 2009, p. 39-62.

a história política não deve abrir mão da análise da dinâmica política - das lutas e conflitos que moldam o espaço do poder como um espaço de relações de força. Ora, na verdade, a História nunca prescindiu da narrativa, não sendo portanto correto identificar na sua voga apenas um "retorno da narrativa", como pensou há bons anos Lawrence Stone.[23] Na França, segundo Paul Ricoeur, o deslocamento resultante do objeto da História, do indivíduo agente para o fato social total, produziu como efeito apenas um "eclipse da narrativa".[24] Afinal, esta renúncia se confunde com o abandono da história "factual" (*événementielle*), isto é, a história política, a "história-batalha", dando lugar a uma história das conjunturas, das estruturas, mas não a um abandono efetivo da narrativa, que apenas se transformou. Afinal, como mostrou Ricoeur, mesmo "o longo prazo permanece prazo".[25] Distante dos conceitos de estrutura da economia ou da antropologia, a noção de estrutura braudeliana só é entendida se articulada à coexistência dinâmica das várias temporalidades: há, portanto, uma narrativa da longa duração, uma história das estruturas. Não obstante, nos tempos que correm, podemos constatar, com certa segurança, o retorno da história para a política, ou, ainda, o retorno da história para o indivíduo e para a dinâmica social: um retorno à sua própria casa. Para Paul Veyne, "a história interessa-se por acontecimentos individualizados dos quais nenhum é a inútil repetição do outro, mas não é a sua individualidade enquanto tal que a interessa: ela procura compreendê--los, isto é, reencontrar neles uma espécie de generalidade ou mais precisamente de especificidade".[26]

---

23 Lawrence Stone, "The revival of narrative", *Past and Present*. Oxford, Oxford University Press, 85, p. 3-4, 1979.

24 Paul Ricoeur, *Tempo e narrativa*. Campinas: Papirus, 1994, p. 138 (trad. port.).

25 *Ibidem*, p. 157 e p. 296 e ss.

26 Paul Veyne, *Como se escreve a história*. Brasília: Edunb, 1995, p. 72 (trad. port.).

Em outro texto, procurava mostrar como, desde os anos 1970, a obra de Evaldo Cabral de Mello tem recuperado esta dimensão narrativa da história, a contrapelo da "voga do dia no Brasil", isto é, da história estrutural.[27] Parafraseando o dilema apresentado por Levi-Strauss, Evaldo nos mostra como o historiador é levado sempre a escolher entre "uma história que informa menos e explica mais e uma história que informa mais e explica menos".[28] Neste momento, a defesa de um "retorno à narrativa" não busca apenas recuperar uma dimensão oculta da historiografia, mas sobretudo, torna-se necessária para podermos afirmar a especificidade da história que, na interpretação de Evaldo, tem sido nublada pela sua relação subordinada na construção de um campo multidisciplinar com as outras ciências do homem. Para ele, a História é "uma maneira específica de abordar a realidade social a qual, frente à sociologia, à economia ou à antropologia possui um núcleo irredutível de interesse". Nem uma história preocupada com as grandes sínteses, ou explicações, tampouco uma recolha de "dados empíricos" que seriam disponibilizados para as outras ciências humanas.[29] O retorno

---

27 Veja meu texto, "A história na sua casa: casualidade histórica e narratividade na obra de Evaldo Cabral de Mello". In: Lilia Moritz Schwarcz (org.), *Leituras críticas sobre Evaldo Cabral de Mello*. Belo Horizonte/São Paulo: Editora UFMG/Fundação Perseu Abramo, 2008, p. 87-110.

28 Citado por Evaldo Cabral de Mello, *O nome e o sangue*. São Paulo: Companhia das Letras, 1989, p. 14.

29 Sendo assim, "pode-se dizer que a História situa-se não na vanguarda mas na retaguarda das ciências humanas, não para seguir-lhes docilmente os passos mas para dinamitar as suas excessivas pretensões teóricas. O papel do historiador consistiria, em boa parte, em explodir os mitos que, a despeito dos seus objetivos científicos, as ciências humanas continuam a engendrar e que são passíveis de produzir curtos-circuitos duradouros no conhecimento histórico. O historiador seria assim o sabotador nato do sociólogo, do antropólogo, do economista". Evaldo Cabral de Mello, *Rubro veio*. Rio de Janeiro: Topbooks, 1997 (1986), p. 14-15.

à narrativa só tem sentido se ele não for o fruto de uma "desilusão" com modelos explicativos, ou a partir de uma ampliação ou uma abertura para a antropologia, nos termos de Stone. Mas como um retorno à casa. A casa da história.[30] O historiador deve, portanto, estar atento aos processos históricos como campos de possibilidades, de percursos alternativos, de desenvolvimentos, por vezes inesperados. De forma que, se não há de fato "uma estratégia sistemática" abrangendo todo o Império português, há contudo determinantes, um projeto que se desenha, no confronto ou harmonização dos interesses, ideologias, visões de mundo, de atores (coletivos, instituições, grupos ou indivíduos) que permitem ao historiador perceber um sentido na história. Cabe propor uma leitura deste sentido. Não para explicar processos que atendem a uma causalidade ou a um determinismo das estruturas,

---

30 "A historiografia é como a casa do Senhor na Bíblia, ela tem muitos quartos, há lugar para todo tipo de história. Há lugar para história econômica, história política, história das mentalidades. Do ponto de vista da apresentação, há lugar para história narrativa, assim como há para a história analítica". Cf. "O saber historiográfico: entrevista...", *Novos Estudos Cebrap*. São Paulo, 37, p. 121-132, nov. 1993. Esta postura identifica-se com a necessária empatia, mecanismo metodológico essencial para a reconstituição histórica (palingênese, nos termos de Herder). Segundo Evaldo, "... se a historiografia deve constituir um esforço sem concessões visando à desmistificação do passado, isso não significa que o historiador deva assumir uma atitude agressiva de pregador evangélico. A tarefa tem de ser levada a cabo não com a ira dos justos, não contra a História ou com o historiador assepticamente colocado fora dela, mas coma dose de empatia que lhe permita calçar só sapatos alheios, tentando compreendê-la de dentro, não pela graça de uma iluminação súbita, que frequentemente não resistirá à prova documental, mas através do convívio aturado com os vestígios do passado. E também sem hipocrisia: se a verdade, inclusive a da História, nos faz livres, como o ar da cidade aos camponeses da Idade Média, nem por isso a mentira histórica é destituída de um charme secreto". Evaldo Cabral de Mello, *O nome e o sangue*. São Paulo: Companhia das Letras, 1989, p. 15.

mas que são imaginados ou praticados pelos próprios atores no dinamismo mesmo da história.

Sobre os textos

Esta pesquisa foi desenvolvida como parte das minhas atividades junto ao Departamento de História da Faculdade de Filosofia, Letras e Ciências Humanas (FFLCH) da Universidade de São Paulo. Os textos foram apresentados, em 2010, como um dos requisitos para o concurso de livre-docência em História do Brasil Colonial. Este esforço integrou (e se beneficiou) também (d)as atividades do projeto temático *Dimensões do Império português: investigação sobre as estruturas e dinâmicas do Antigo Sistema Colonial*, coordenado pela profa. dra. Laura de Mello e Souza. Financiado pela Fundação de Amparo à Pesquisa do Estado de São Paulo (Fapesp) e sediado na Cátedra Jaime Cortesão, o projeto reuniu docentes do Departamento de História da USP, da Universidade Federal de São Paulo, do Instituto de Economia e do Instituto de Filosofia e Ciências Humanas da Unicamp. Este projeto encerrou suas atividades em março de 2010, quando esta tese foi finalizada. Além disso, desde março de 2007, conto com o apoio do CNPq para avançar no meu trabalho, por meio de uma bolsa de produtividade em pesquisa.

O primeiro texto, "O governo geral e o Estado do Brasil: poderes intermédios e administração (1549-1720)" é o desenvolvimento do meu plano de pesquisa que foi apresentado e publicado em 2001, no âmbito da iniciativa *Brasil-Portugal: história, agenda para o milênio*.[31] Esta primeira abordagem já era resultado de um estágio como pesquisador visitante (pós-doutoramento) no Instituto de

---

31 "O Estado do Brasil: poderes médios e administração na periferia do Império Português". In: José Jobson Arruda e Luís Adão da Fonseca (org.), *Brasil-Portugal: história, agenda para o milênio*. Bauru: Fapesp/Edusc, 2001, p. 251-269.

Ciências Sociais da Universidade de Lisboa, no primeiro semestre de 2001, sob a orientação do prof. dr. António Manuel Hespanha. Esta estadia em Lisboa contou com o apoio da Fapesp e permitiu aproximar meu trabalho daquele desenvolvido pelos colegas portugueses. Uma versão melhorada deste texto foi apresentada em duas ocasiões no ano de 2002. Neste momento, pude contar com a crítica e a colaboração de diversos colegas – aos quais sou muito agradecido. Em Lisboa, no dia 26 de junho de 2002, apresentei uma primeira versão no *Encontro sobre a Nobreza na Administração do Brasil Colonial*, organizado pela Fundação das Casas de Fronteira e Alorna, Fundação Calouste Gulbenkian e FCT. Em primeiro de novembro do mesmo ano, em New Haven, pude discutir uma versão ampliada do trabalho no simpósio *Imperial (Re) Visions: Brazil and the Portuguese Seaborne Empire*, organizado em memória de Charles R. Boxer pelo Council on Latin American and Iberian Studies da Yale University. O texto foi publicado, em 2008, em livro organizado por Stuart Schwartz e Erik Lars Myrup.[32]

O segundo texto, intitulado "Como coração no meio do corpo: Salvador, capital do Estado do Brasil", foi apresentado no seminário *O governo dos povos*, realizado em Paraty no inverno de 2005, e foi publicado em 2009.[33] O texto, na sua versão quase final, foi discutido também no *(pequeno) Seminário Internacional Poder Local na Dimensão do Império Português*, realizado em junho de 2007 na Cátedra Jaime Cortesão.

---

32 "O governo Geral e o Estado do Brasil: poderes intermédios e administração (1549-1720)". In: Stuart Schwartz e Erik Myrup (orgs.), *O Brasil no império marítimo português*. Bauru: Edusc, 2008, p. 39-73.

33 "'Como coração no meio do corpo': Salvador, capital do Estado do Brasil". In: Laura de Mello e Souza, Junia Ferreira Furtado e Maria Fernanda Bicalho (org.), *O governo dos povos*. São Paulo: Alameda, 2009, p. 371-387.

O terceiro, "A Provedoria-mor: fiscalidade e poder no Brasil", ainda não publicado, foi discutido (um primeiro esboço) no *XIX Encontro Regional de História da ANPUH-SP*, em São Paulo, no dia 10 de setembro de 2008 e, vinte dias depois, no *Colóquio Internacional Economia e Colonização na Dimensão do Império Português: Historiografia e Perspectivas de Pesquisas*, também em São Paulo.

"O conchavo da farinha: espacialização do sistema econômico e o Governo Geral na Bahia do século XVII", o texto seguinte, foi apresentado (ainda inacabado) no *Simpósio de Pós-Graduação em História Econômica*, em São Paulo, no mesmo mês de setembro de 2008.

"A arte da guerra no Brasil: tecnologia e estratégia militar na expansão da fronteira da América portuguesa, 1550-1700", foi um desenvolvimento de questões tratadas no doutoramento e resultou em uma publicação na revista *Novos Estudos* do Cebrap;[34] uma versão em francês no livro organizado por François Crouzet e Denis Rolland em homenagem à Kátia de Queirós Mattoso;[35] e, por fim, uma versão mais ampliada no livro *Nova história militar brasileira*, organizado por Celso Castro, Vitor Izecksohn e Hendrik Kraay.[36]

O sexto texto, "Bernardo Vieira Ravasco, secretário do Estado do Brasil: poder e elites na Bahia do século XVII", foi apresentado numa primeira versão no simpósio "Modos de Governar", realizado em João Pessoa, em setembro de 2003. Foi publicado

---

34 "A arte da guerra no Brasil: tecnologia e estratégia militar na expansão da fronteira da América portuguesa, 1550-1700", *Novos Estudos*. São Paulo, Cebrap, 52, p. 189-204, mar. 1999.

35 "L'art de la guerre dans le contexte de l expansion de la frontière de l amérique portugaise, de 1550 à 1700". In: François Crouzet e Denis Rolland (orgs.), *Pour l Histoire du Brésil: mélanges offerts à K. de Queirós Mattoso*. Paris: L´Harmattan, 2000, p. 157-169.

36 *Nova história militar brasileira*. Rio de Janeiro: Editora FGV, 2004, p. 43-66.

na revista *Novos Estudos* do Cebrap,[37] em 2004, e posteriormente, nos anais do simpósio.[38]

O último texto, "O mal do Estado Brasílico: a Bahia na crise final do século XVII", é a fusão de dois textos. Um artigo, publicado na *Revista de História das Ideias* do Instituto Pluridisciplinar de História das Ideias da Universidade de Coimbra[39] – no qual me preocupava em estudar a conjuntura da segunda metade do século XVII na Bahia, com especial atenção aos esforços de prevenções militares para a fortificação de Salvador – e um trabalho ("Brasiliana: Bernardo Vieira Ravasco e a moeda provincial no Brasil no final do século XVII") apresentado no *III Colóquio Internacional Raízes do privilégio*, organizado pela Companhia das Índias (Pronex-UFF), no Rio de Janeiro em junho de 2009 – no qual procurarei entender a crise econômica da açúcar e as suas manifestações monetárias neste mesmo contexto. A versão atual desta segunda parte do texto foi apresentada no *Segundo Congreso Latinoamericano de Historia Economica*, realizado no México em 3 de fevereiro de 2010, com o título de "Guerra y moneda provincial en la crisis de la economía colonial de Brasil en finales del siglo XVII".

Todos os textos foram modificados, ampliados e revisados. Algumas repetições desnecessárias foram eliminadas, novos trabalhos incorporados, equívocos corrigidos. Busquei, sobretudo, harmonizá-los de forma a que possam, apesar de se apresentarem como estudos independentes, revelar o terreno comum em que foram construídos.

---

37 "Bernardo Vieira Ravasco, secretário do Estado do Brasil: poder e elites na Bahia do século XVII", *Novos Estudos*. São Paulo, Cebrap, 68, p. 107-126, mar. 2004.

38 "Bernardo Vieira Ravasco, secretário do Estado do Brasil: poder e elites na Bahia do século XVII", Vera Lúcia A. Ferlini e Maria Fernanda B. Bicalho (org.), *Modos de Governar*. São Paulo, Alameda, 2005, p 34-65.

39 "Chaves da Bahia: prevenções militares para a fortificação de Salvador, 1685-1700", *Revista de História das Ideias*. Coimbra, Instituto Pluridisciplinar de História das Ideias, 30, p. 415-434, 2009.

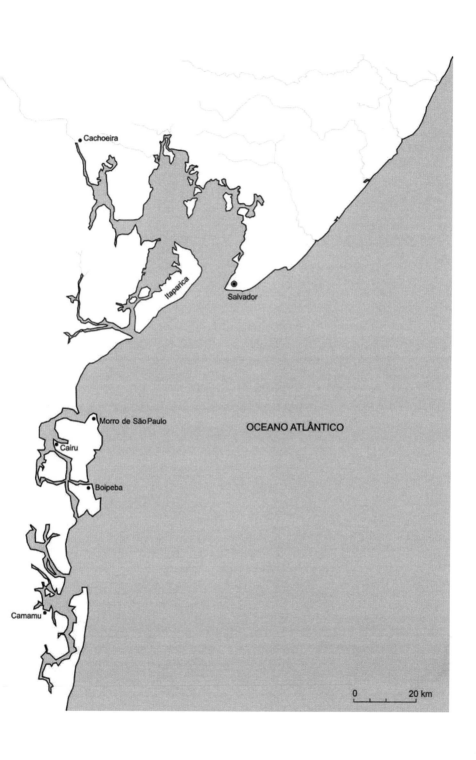

1. O GOVERNO GERAL E O ESTADO DO BRASIL:
poderes intermédios e administração (1549-1720)

A CARTA DE PODER ASSINADA por d. João III em sete de janeiro de 1549 provia Tomé de Sousa nos cargos de "capitão da povoação e terras da dita Bahia de Todos os Santos, e de governador geral da dita capitania e das outras capitanias e terras da costa do dito Brasil".[1] O novo ofício vinha, de alguma maneira, estorvar a jurisdição dos capitães donatários, cujos poderes haviam sido concedidos, a partir de 1534, na esperança de resultarem na melhor defesa e ocupação das terras americanas de Portugal. O sistema das capitanias criara espaços em parte isentos da interferência da Coroa, isto é, de seus corregedores e de "outras algumas justiças". Na América, esses poderes foram ainda agravados, no sentido de garantir as condições da conquista dos povos e o interesse na empresa. Como se sabe, tal modelo pouco funcionou – com algumas exceções, entre elas Pernambuco e São Vicente. Naqueles anos 40, a ideia de um governo geral foi a resposta à percepção de que o domínio português corria perigo, na

---

1 "Carta régia de nomeação de Tomé de Souza para Governador do Brasil, Almerim 7.1.1549". In: Joaquim Romero Magalhães e Susana Munch Miranda, "Tomé de Souza e a instituição do Governo Geral (1549): documentos", *Mare Liberum*, Lisboa, CNCDP, 17, p. 2-28, 1999.

medida em que os espanhóis avançavam na colonização ao sul do Equador, os normandos e bretões tinham agora o apoio de Henrique II para seus próprios projetos expansionistas e os donatários portugueses mostravam-se incapazes de realizar a conquista e a valorização dos territórios.[2] Por outro lado, como sugeriu Sérgio Buarque de Holanda, "há muito provavelmente um nexo entre a introdução no Brasil de um sistema de aproveitamento e povoamento da terra já usado nas ilhas atlânticas, único, no momento, compatível com a má situação das finanças do Reino, e os triunfos castelhanos no Peru", isto é, a descoberta de Potosi em 1545.[3]

Os poderes concedidos a Tomé de Sousa se sobrepunham aos dos donatários, substituindo-os em algumas funções, mas não anulando seu espaço de autoridade. Com efeito, o rei entendia, "por algumas justas causas e respeitos que me a isso movem" que, apesar de as doações feitas aos capitães das terras do Brasil estabelecerem que "por nenhuma via nem modo que seja, nem menos sejam os ditos capitães suspensos de suas capitanias e jurisdições", era necessário derrogar, em alguma medida, "as ditas doações e tudo nelas contido em quanto forem contra o que se contém nesta carta e nos ditos regimentos e provisões". Seguindo a fórmula já estabelecida nos diplomas régios, ao arrepio das *Ordenações* (livro II, título 49), a derrogação dos poderes se fazia sempre sem declaração expressa (*verbo a verbo*) das leis e direitos, constando que os novos títulos e poderes se sobrepunham aos anteriores, se conflito houvesse. O regimento que embasava tal delegação fora passado alguns

---

2   Jorge Couto, *A construção do Brasil: ameríndios, portugueses e africanos, do início do povoamento a finais de Quinhentos*. Lisboa: Edições Cosmos, 1998, p. 231-232. Para uma síntese do debate sobre o caráter feudal ou não da colonização sob o sistema das capitanias, veja o estudo de Rodrigo Ricupero, *A formação da elite colonial: Brasil, 1530-1630*. São Paulo: 3, 2009, p. 146-150.

3   Sérgio Buarque de Holanda, *Visão do Paraíso: os motivos edênicos no descobrimento e colonização do Brasil*. São Paulo: Companhia Editora Nacional, 1977, p. 81.

dias antes, em 17 de dezembro de 1548.⁴ Na mesma ocasião foram também definidas as funções e poderes de um ouvidor geral, Pero Borges, de um provedor-mor, Antonio Cardoso de Barros, e de um alcaide-mor, Diogo Moniz Barreto. Para ficarmos apenas nos ofícios principais, seriam nomeados ainda um capitão-mor da costa, Pêro de Góis (o malogrado donatário da Paraíba), e um arquiteto, Luís Dias, responsável, este, pela construção de uma nova cidade. Planejava-se assim, desde o início, que o governador estaria na cabeça de um sistema jurídico-administrativo e militar, encarregado de sustentar a presença portuguesa na América. Sendo assim, o governo geral não se restringe, em outras palavras, ao ofício do governador, mas se constitui como um sistema político intermédio, um organismo político-administrativo que ocupa um determinado território, isto é, estabelece o Estado do Brasil no lugar da já antiga província de Santa Cruz.⁵

---

4 "Regimento que levou Tomé de Souza, Governador do Brasil, Almerim 17.12.1548". In: Joaquim Romero Magalhães e Susana Munch Miranda, "Tomé de Souza e a instituição do Governo Geral (1549): documentos", *Mare Liberum*, Lisboa, CNCDP, 17, p. 7-38, 1999. Esta é a melhor edição. O documento foi publicado em diversos outros lugares, como, por exemplo, na coletânea de M. C. de Mendonça (ed.), *Raízes da formação administrativa do Brasil*. Rio de Janeiro: IHGB/CFC, 1972, tomo 1, p. 46-47. Neste texto, para facilitar, sigo a numeração dos capítulos feita por este último.

5 O termo "Estado do Brasil" aparece, assim definido, no *Livro que dá razão do Estado do Brasil*: "O Estado do Brasil, Províncias de Santa Cruz, é a parte oriental do Peru povoada na costa do mar Etiópico, e repartida em partes que se chamam capitanias, que em tal forma foram servidos os passados reis de Portugal de as encarregar, com largas doações, a certos donatários". cf. Diogo de Campos Moreno, *Livro que dá razão do Estado do Brasil* [1612]. Edição crítica, com introdução e notas de Helio Vianna. Recife: Arquivo Público Estadual, 1955. p. 107. Como notou Helio Vianna em sua introdução, no regimento do governador geral Gaspar de Sousa (31.08.1612), Filipe III mandara que, "para o bom governo do dito Estado", fosse "ordenado um livro no qual assentassem todas as capitanias dele, declarando as que são da

De maneira usual, a historiografia brasileira tem acentuado o papel centralizador do governo geral. Em sua *História*, Francisco Adolpho de Varnhagen – inspirado em sua própria concepção centralizadora da história do Brasil, como exemplo norteador da política oitocentista no processo de formação do Estado Nacional – supunha que o governo geral vinha para "coibir os abusos e desmandos dos capitães-mores donatários ou de seus locotenentes ouvidores". Para ele, a nomeação de Tomé de Sousa, do ouvidor--mor e do procurador-mor era o marco do processo de centralização administrativa.[6] Seguindo esses passos, Américo Jacobina Lacombe, por exemplo, falaria que a criação do ofício não era "a simples nomeação de um delegado régio [...], mas a criação de uma verdadeira estrutura administrativa centralizadora, constituindo

---

Coroa e as que são de donatários, como as fortalezas e fortes que cada um tem e assim a artilharia que nelas há, com a declaração necessária do número das peças, peso e nome de cada uma, as armas, munições, que nelas ou nos meus armazéns houvesse, gente que tem de ordenança, oficiais e ministros, com declaração de ordenados, soldos e despesas ordinárias que se fazem em cada uma das ditas capitanias, e assim do que cada uma delas rende para a minha fazenda, pondo-se ao dito Livro título de Livro do Estado, o qual tivesse em seu poder, e fosse reformando nele cada ano o que se mudasse, alterasse, acrescentasse ou diminuísse nas ditas capitanias, assim no tocante a sua fortificação como à artilharia, armas, munições, capitães e gente de guarda...". O regimento de Gaspar de Sousa está publicado em Marcos Carneiro de Mendonça, *Raízes da formação administrativa do Brasil*. Rio de Janeiro: IHGB/Conselho Federal de Cultura, 1972, tomo 1, p. 413-136. O livro, não obstante, foi preparado no governo de Diogo de Meneses (1608-12). Sobre o livro que dá razão, veja também o artigo de Maria Berthilde Moura Filha, "O livro que dá Razão do Estado do Brasil e o povoamento do território brasileiro nos séculos XVI e XVII", *Revista da Faculdade de Letras, Ciências e Técnicas do Patrimônio*. Porto, série I, vol. 2, p. 591-613, 2003

6   Francisco Adolpho de Varnhagen, *História geral do Brasil*. Melhoramentos: São Paulo, 1975, tomo I, p. 232.

o *Governo Central do Brasil*".⁷ Raymundo Faoro, por sua vez, considerava que, se o governo geral não extinguira o sistema das capitanias, havia revogado, porém, o seu instituto público, mantendo apenas a dimensão patrimonial da doação. Assim, para ele, a autoridade do governador geral absorvia a dos capitães donatários: "Tomé de Sousa, em nome do rei, passou a subordinar os agentes coloniais, reduzindo todos, mesmo se nomeados pelos donatários, em agentes do soberano, obrigados a prestar miúdas contas de seus cargos".⁸ Com efeito, como mostrou Saldanha, as capitanias constituíam de fato senhorios jurisdicionais associados, necessariamente, a uma dimensão patrimonial, "uma parcela fundiária, destacada do patrimônio do grande-donatário, o rei". Sendo assim, as doações na forma do instituto das capitanias ganhavam sentido nas regiões a serem povoadas.⁹ Ampliando a tese de Caio Prado Júnior, Faoro supõe que o revide contra o amesquinhamento da autoridade régia imperante nos anos iniciais das donatarias se encarnaria na criação do governo geral em 1548. Concentrando o instituto público do poder das capitanias (porque o patrimonial restara nas mãos dos seus proprietários por direito), o governo geral seria o meio adequado para o exercício do domínio do Rei no Novo Mundo. O estamento burocrático, agente direto do poder do soberano, incorporava e absorvia os assuntos públicos da Colônia à autoridade real. Segundo

---

7   Américo Jacobina Lacombe, "O governo geral", *Revista Portuguesa de História*. Coimbra, p. 317.

8   Raymundo Faoro, Os *donos do poder: formação do patronato político brasileiro.* Porto Alegre, 1976 (1958), vol. 1, p. 144-145.

9   António Vasconcelos de Saldanha, *As capitanias do Brasil: antecedentes, desenvolvimento e extinção de um fenômeno atlântico*. Lisboa: CNCDP, 2001, p. 25. Sobre as capitanias, veja também o trabalho de Alberto Gallo, "Aventuras y desventuras del gobierno señorial del Brasil". In: Marcelo Carmagnani, Alicia Hernández Chávez e Ruggiero Romano (coords.), *Para uma Historia de America. II. Los nudos 1.* México: El Colégio de México/FCE, 1999, p. 198-265.

este autor, por este novo sistema, "na sua moldura, às vezes rígida, outras vezes flutuante, a Coroa dominou, controlou e governou sua conquista".[10] Para Faoro, as formas jurídicas das instituições precedem às realidades e aos preceitos administrativos, seja no caso dos poderes intermédios, como as capitanias e o governo geral, seja no caso dos poderes locais.

Como se percebe, para estes autores, o novo ofício realizava o processo de centralização política. Desta feita, tudo parece emanar do exercício do poder real. Contudo, Faoro, ainda cuidadoso, não deixa de perceber que "as distâncias grandes e as comunicações difíceis deixavam, nas dobras do manto de governo, muitas energias soltas, que a Coroa, em certos momentos, reprimirá drasticamente, e, em outros, controlará pela contemporização".[11] Mas não apenas às distâncias deve ser creditada a certa autonomia jurisdicional do sistema político do governo geral. É à luz de uma mais atenta conceituação da natureza do poder no Antigo Regime em Portugal que tal posição deve ser revista.

Segundo António Manuel Hespanha, a ideia de autonomia jurisdicional fora um "elemento estruturante de toda a organização político-institucional de Antigo regime". A matriz organicista e corporativa da sociedade, no nível institucional, levava a uma "pulverização natural dos poderes", isto é, a uma situação "de uma pluralidade de espaços normativos reservados e de uma correspondente pluralidade de instituições competentes para declarar essas normas e decidir os conflitos de acordo com elas".[12] A estratificação das diversas zonas de exercício do poder - usando a terminologia de Vicen Vives -, permite-no perceber o poder do príncipe ainda

---

10 Raymundo Faoro, Os *donos do poder*. Porto Alegre, 1976 (1958), vol. 1, p. 5 e 146.
11 *Ibidem*, vol. 1, p. 146.
12 António Manuel Hespanha, *Poder e instituições no Antigo Regime: guia de estudo*. Lisboa: Cosmos, 1992, p. 41.

não absoluto, mas preeminente.[13] Nas dimensões continentais das monarquias ibéricas, o príncipe e sua burocracia tinham de fazer face aos senhorios locais – que exerciam um poder direto sobre as massas camponesas – e as jurisdições autônomas. Se tal descrição é adequada para o Reino, nos quadros da formação de um império ultramarino, contudo, todas as outras camadas (e jurisdições) que se constituíram para o exercício efetivo do mando sobre as populações conquistadas ou transplantadas estavam diretamente subordinadas aos desígnios do príncipe, isto é, da política colonial formulada no âmbito mais elevado da monarquia. Assim, deveremos adequar uma descrição político-institucional do poder na periferia do Império aos quadros de um sistema colonial.

Seguindo e ampliando uma sugestão de Russel-Wood, António Manuel Hespanha propôs que uma descrição institucional da expansão portuguesa deveria confirmar um "quadro atomístico", de modo a realçar a ideia de que inexistia "um modelo ou estratégia gerais para a expansão portuguesa", ou, em outras palavras, estava ausente "uma estratégia sistemática abrangendo todo o Império, pelo menos até meados do século XVIII".[14] Ora, a validade desta solução se esgota em uma perspectiva focalizada nas estruturas de natureza jurídica ou de mecanismos de exercício do poder. Contudo, se procurarmos objetivar estas estruturas como meios de expressão

---

13 Jaime Vicen Vives, "A estrutura administrativa estadual nos séculos XVI e XVII". In: António Manuel Hespanha, *Poder e instituições na Europa do Antigo Regime: colectânea de textos*. Lisboa: Fundação Calouste Gulbenkian, 1984, p. 201-230.

14 António Manuel Hespanha, "A constituição do Império Português, revisão de alguns enviesamentos correntes". In: Maria Fernanda B. Bicalho *et al.* (orgs.), *Antigo Regime nos trópicos: a dinâmica imperial portuguesa (séculos XVI-XVIII)*. Rio de Janeiro: Civilização Brasileira, 2001, p. 169; A. J. R Russel-Wood, "Centro e periferia no mundo luso-brasileiro", *Revista Brasileira de História*, São Paulo, 36, p. 187-250, 1998.

dos interesses que estão sendo construídos no processo mesmo de formação de uma sociedade *sui generis* na América (marcada pela produção que se orientava para a economia-mundo europeia em expansão e fundada na presença fundamental do escravismo), podemos e devemos olhar além.

Na América portuguesa, a escravidão, como instituição norteadora da hierarquização da vida social, marcou as atitudes senhoriais dos proprietários, e como base de um sistema econômico responsável pela expansão da empresa de colonização, isto é, ocupação, povoamento e valorização do território. Na solução de Caio Prado Júnior, o trabalho servil era "a trave mestra" da estrutura das sociedades coloniais no Novo Mundo, "o cimento com que se juntarão as peças que a constituem".[15] Apesar de o sistema e caráter da administração serem "na Colônia um símile perfeito da do Reino", as diferenças podem ser notadas e elas se devem "mais às condições particulares, tão profundamente diversas das da metrópole, a que tal organização administrativa teve de se ajustar; ajustamento que se processará de 'fato', e não regulado por normas legais; espontâneo e forçado pelas circunstâncias; ditado quase sempre pelo arbítrio das autoridades coloniais".[16] Assim, como mostrou Stuart Schwartz, se é verdadeiro pensar que o arcabouço estatutário ou jurídico que viabilizava as práticas de hierarquização na sociedade do Antigo regime português foi, em grande medida, transplantado para a América, não o foi sem algumas "contaminações". As realidades americanas iriam transformar ou atenuar "na colônia brasileira a organização e os ideais da sociedade portuguesa". Em outras palavras,

---

15 Caio Prado Júnior, *Formação do Brasil contemporâneo*. São Paulo, 1953 (1942), p. 269.
16 *Ibidem*, p. 299-300.

a estrutura tradicional de estados e corporações existiu, mas tornou-se menos importante no contexto americano. As distinções essenciais entre fidalgos e plebeus tenderam a nivelar-se, pois o mar de indígenas que cercava os colonizadores portugueses tornava todo europeu, de fato, um gentil--homem em potencial.[17]

Maria Fernanda Bicalho, por sua vez, tem procurado mostrar como, no ultramar, as disputas entre grupos da elite local para o acesso aos cargos camarários "podem ser entendidas como um dos fatores que indicam a centralidade daqueles cargos não apenas enquanto espaço de distinção e de hierarquização dos colonos, mas, e principalmente, de negociação com a Coroa". Em outras palavras, Bicalho tem insistido na percepção de que os ofícios camarários eram "uma das principais vias de acesso a um conjunto de privilégios que permitia nobilitar os colonos; e que, ao transformá-los em cidadãos, levou-os a participar do governo político do Império".[18] Podemos notar, todavia, que a ideia de uma "cidadania" do Império poderia dissolver, em certo sentido, a especificidade da sociedade colonial. Poderia, talvez, levar-nos a não perceber a própria ressignificação moderna da ideia de Império, para se pensar, na dimensão política, o espaço português no Antigo Sistema colonial.[19] No caso da conquista portuguesa da América, o projeto de colonização implicou a formação de uma sociedade derivada, mas específica. A

---

17 Stuart Schwartz, *Burocracia e sociedade no Brasil Colonial: a suprema corte da Bahia e seus juízes, 1609-1751*. São Paulo: Perspectiva, 1979, p. 211-212.

18 Maria Fernanda B. Bicalho, "As câmaras ultramarinas e o governo do Império". In: Maria Fernanda B. Bicalho et al. (orgs.), *Antigo Regime nos trópicos: a dinâmica imperial portuguesa (séculos XVI-XVIII)*. Rio de Janeiro: Civilização Brasileira, 2001, p. 207.

19 Fernando A. Novais, *Portugal e o Brasil na crise do Antigo Sistema colonial (1777-1808)*. São Paulo: Hucitec, 1979 (1974).

hierarquização gestada na sociedade escravista, vale repetir, criava, cada vez mais, regras de distinção que tinham validade apenas localmente... e por si podiam bastar. Dependendo da estratégia de ascensão do indivíduo e, evidentemente, das possibilidades concretas de realizar sua ambição. Como mostrou Florestan Fernandes, a diferença específica na evolução da estratificação social no Brasil repousa numa construção histórica que, em última instância, resulta de um determinado projeto colonial.[20]

20 Seguindo a sugestão de Raymundo Faoro, o sociólogo considera que se por um lado a ordem social portuguesa foi transplantada para a América, "os trópicos, a abundância de terras e o propósito colonial de pilhagem sistemática, combinados às reduzidas potencialidades demográficas do colonizador, introduziram interferências que não puderam ser eliminadas ou superadas dentro de uma estratificação estamental". Assim, "o recurso para vencer este obstáculo consistiu numa superposição: a ordem estamental tinha validade para os brancos, na sua grande maioria portugueses; e os outros, no início as populações nativas, gravitavam fora desta ordem e logo foram convertidos em 'aliados' e 'submetidos', todos com *status* virtual ou real de 'escravos de fato'". Segundo Florestan, a "concentração de poder e de riqueza nas mãos do soberano representava a contraparte da associação deste com a nobreza, o clero, e os 'homens de fortuna' [...] em uma grande empresa militar, econômica, política e religiosa comum". Tal relação não era resultado da expansão colonial, mas a antecedia e foi por ela aprofundada. Na América, "a Coroa pobre, mas ambiciosa nos seus empreendimentos, procura apoio dos vassalos, vinculando-os aos seus objetivos e enquadrando-os às malhas das estruturas de poder e à burocracia do Estado patrimonial". A construção do Império é fruto da ação do "colonizador" ou do "colono" que é, ao mesmo tempo, um vassalo, agente da Coroa. Na América, "[...] a relação patrimonial permitia condicionar a transferência da ordem estamental existente em Portugal: as concessões de sesmarias demarcavam as estruturas de poder, que não podiam nem deviam ser destruídas, como condição histórica para manter a estratificação estamental que servia de base social à existência e ao fortalecimento do Estado patrimonial". Neste sentido, "as doações da Coroa (ou, feitas em seu nome) traduziam uma política de concentração social da propriedade da terra". Para Florestan, esta política não apenas criou o latifúndio, como "excluiu, *ab initio*, a massa da

Extraordinaria potestas

Do que foi dito, pode-se compreender que a realidade plurijurisdicional do estabelecimento das estruturas de poder na América deve ser o ponto de partida de uma investigação interessada em compreender a complexidade da ordem social e do exercício do mando, envolvendo um redimensionamento do escravismo.[21] Hespanha sugere que, seguindo a doutrina legal contemporânea, os governadores detinham um poder extraordinário (*extraordinaria potestas*), similar ao exercido pelos supremos chefes militares (*dux*). De acordo com os sucessivos regimentos, os governadores podiam não aplicar uma determinação régia, tendo em vista o melhor

---

população livre, pertencente ou não à ordem estamental, da posse da terra e, por aí, do controle do poder local e do direito de ter vínculos diretos com o Estado". Neste momento, "em si mesmo, a terra não era uma riqueza e iria demorar algum tempo para que ela assumisse esse significado (mesmo com conexão do capital mercantil). Mas erigia-se na base material da transferência e da perpetuação de uma arraigada estrutura de privilégios e da própria dominação patrimonialista". Cf. Florestan Fernandes, "A sociedade escravista no Brasil". In: *Idem, Circuito Fechado*. São Paulo, 1976, p. 32-35. Neste passo, Florestan claramente está se apoiando na proposta interpretativa de Raymundo Faoro, para quem a crise dinástica de 1383-85 teria dado fisionomia definitiva ao Estado nascente, onde o rei era não apenas senhor da guerra, e portanto, do poder político, mas também senhor das terras. Ao mesmo tempo, tal estrutura político-social fundava-se num tipo de capitalismo politicamente orientado. Raymundo Faoro, Os *donos do poder*. Porto Alegre, 1976 (1958), vol. 1, p. 5. Esta ideia de um capitalismo político, ou politicamente orientado, Faoro a buscou em Max Weber. Cf. *Economia y Sociedad, esbozo de sociologia comprensiva*. México: Fondo de Cultura Económica, 1984, p. 835 (veja também p. 191 ss. e principalmente as p. 810-847).

21 Só pra ficarmos com um exemplo, para alguns autores, como Antonio Vieira, nos seus sermões pregados em Lisboa, no ano de 1662, a própria legitimidade da monarquia bragantina estava colocada no entendimento da missão evangelizadora e, portanto, na equação da questão servil.

cumprimento dos objetivos estratégicos de sua missão.²² O último capítulo do regimento de Tomé de Sousa fixava que, quando sucedessem algumas coisas que não tivessem sido providas, cabia ao governador, ouvindo a opinião de outros oficiais ou pessoas informadas, resolver o assunto como melhor lhe parecesse – sua opinião prevalecendo sobre as demais. Far-se-ia, então, assento para que o rei soubesse como fora tomada tal decisão.²³ Em outro sentido, poderes extraordinários concediam ao governador o provimento de alguns ofícios da fazenda e militares. Em 1602, contudo, um alvará estabeleceu que os governadores estavam proibidos de criar novos ofícios no Brasil e constituir ordenados sobre a Fazenda do rei sem antes consultá-lo.²⁴ De acordo com o capítulo sete do regimento de Roque da Costa Barreto, o governador, no caso de haver algum cargo vago, poderia prover a *serventia*²⁵ dele até que fosse corretamente preenchido. Segundo o regimento do Tribunal da Relação da Bahia, as serventias eram providas anualmente, dispensando o re-

---

22 António Manuel Hespanha, *Panorama da história institucional e jurídica de Macau*. Macau, 1995, p. 25-27. Trata-se de uma transposição da fórmula castelhana do "obedézcase, pero no se cumpla" – maneira de resistir à determinações consideradas descabidas ou contra o direito emanadas do poder real, mas preservando a concepção absoluta do poder. Sobre o assunto, veja o artigo de Benjamín González Alonso, "La fórmula 'Obedézcase, pero no se cumpla' en el derecho castellano de la Baja Edad Media", *Anuario de historia del derecho español*. Madri, Instituto Nacional de Estudios Jurídicos, 50, p. 469-487, 1980.

23 "Regimento que levou Tomé de Souza, Governador do Brasil, Almerim 17.12.1548", capítulo 46. In: Joaquim Romero Magalhães e Susana Munch Miranda, "Tomé de Souza e a instituição do Governo Geral (1549): documentos", *Mare Liberum*, Lisboa, CNCDP, 17, p. 7-38, 1999.

24 "Alvará que os Governadores não criem ofícios de novo, Lisboa, 18.10.1602", *Translado autêntico do Livro Dourado da Relação da Bahia*, BPE, códice CXV/2-3, fls. 305-306

25 Uso ou exercício do ofício no lugar do seu proprietário.

gistro na Chancelaria.²⁶ Este estilo foi observado até o ano de 1688, quando o rei resolveu que, mesmo sendo provisórias, as serventias deveriam estar devidamente registradas nos livros da Chancelaria, por provisões feitas em nome do rei, e não dos governadores, e com os direitos devidamente pagos.²⁷ O primeiro regimento estabelecia, também, que as pessoas que o merecessem, da armada ou mesmo da terra, poderiam ser feitas *cavaleiros* pelo governador – que recebia tal delegação expressa do rei.²⁸

A grande autonomia de que gozavam os governadores era resultado das funções que lhe eram atribuídas, sobretudo o comando militar. Ainda segundo Hespanha, colocados em um contexto político instável, os governadores

> atuavam num mundo estranho e não balizado, ele próprio subvertido nos seus estilos pela erupção dos europeus, num mundo em mudança, semelhante ao que Maquiavel descrevia em seu famoso tratado em que a justiça tinha de ser criada, ex-novo, pela vontade do príncipe, tirando partido da oportunidade e das mutáveis circunstâncias do tempo.²⁹

Sendo assim, não podemos simplificar a institucionalização desse sistema político delimitado territorialmente, procurando

---

26 A determinação está no regimento de 07.031609 e foi repetida no de 12.09.1652.

27 "Regimento de Roque da Costa Barreto, 23.01.1677" e "Carta Régia de 05.10.1689". In: M. C. de Mendonça (ed.), *Raízes da formação administrativa do Brasil*. Rio de Janeiro: IHGB/CFC, 1972, tomo 2, p. 745-871 e 753-54.

28 "Regimento que levou Tomé de Souza, Governador do Brasil, Almerim 17.12.1548", capítulo 41. In: Joaquim Romero Magalhães e Susana Munch Miranda, "Tomé de Souza e a instituição do Governo Geral (1549): documentos", *Mare Liberum*, Lisboa, CNCDP, 17, p. 7-38, 1999.

29 António Manuel Hespanha, "A constituição do Império Português, revisão de alguns enviesamentos correntes". In: Maria Fernanda B. Bicalho *et*

compreendê-lo em termos de um processo de "centralização". Ao contrário, se a criação de um governo geral no Brasil pretendia a reunião dos esforços dispersos em razão da criação do sistema de capitanias hereditárias, tendo em vista a sua reunião sob uma mesma orientação, o faria sem romper completamente com a ordem jurídica preexistente. Isto é, se por um lado o sistema do governo geral impunha restrições à jurisdição das capitanias, por outro não ofendia sua integridade política e jurídica. Pedro de Azevedo acreditava que o governo geral vinha apenas constituir "uma entidade intermédia entre o soberano e os capitães".[30] Não vinha, em absoluto, congregar, num mesmo sistema administrativo, circunscrições territoriais como as capitanias. Edmundo Zenha, em um livro clássico sobre a instituição municipal na América Portuguesa, sugeria que seu papel fundamental fora o de instituir e coordenar um "pequeno comércio político-administrativo" com as vilas recentemente criadas. Na verdade, o governo geral vinha "sujeitar vilas e seus termos a uma única orientação".[31] O espaço de poder que criava era como que sobreposto e, portanto, aberto a diversos conflitos com as jurisdições já assentes na América. Seu papel, não obstante, era o de constituir um novo centro de poder, associado a uma nova política de colonização.

Diferentemente do Estado da Índia, que tinha por centro político o ofício do vice-rei,[32] no caso do Brasil (pelo menos até 1720), o

---

al. (orgs.), *Antigo Regime nos trópicos: a dinâmica imperial portuguesa (séculos XVI-XVIII)*. Rio de Janeiro: Civilização Brasileira, 2001, p. 175

30 Pedro de Azevedo, "A instituição do governo geral". In: C. Malheiro Dias (ed.), *História da colonização Portuguesa do Brasil*. Porto, 1921, vol. 3, p. 335.

31 Edmundo Zenha, *O Município no Brasil, 1532-1700*. São Paulo: Instituto Progresso Editorial, 1948, p. 26-27.

32 Não obstante, nem todos os governadores do Estado da Índia foram nomeados vice-reis. O caso mais conhecido é o do sucessor de d. Francisco de Almeida, Afonso de Albuquerque. Sem os poderes especiais que tornavam o

O ESTADO DO BRASIL 49

sistema político girava em torno do governador-geral e capitão general. As diferenças e semelhanças entre os ofícios devem ser melhor examinadas. Elas estão imbricadas, como se percebe, com a própria noção de Império.[33] No Oriente, buscou-se definir o modelo da conquista na ocupação descontínua, dispersa e quase sem território da

---

ofício de vice-rei o segundo no Reino – próximo das honras da realeza e com decisão de vida e morte sobre os governados –, Albuquerque, feito também duque de Goa, foi nomeado como vice-rei apenas no final de seu governo e de sua vida. De todos os 112 governantes da Índia, do século XVI ao XX, apenas 52 tiveram o título de vice-rei. Cf. Armando de Castro, no verbete "Vice-rei". In: Joel Serrão (dir.), *Dicionário de História de Portugal*. Porto: Livraria Figueirinhas, 1992, vol. VI, p. 294-296. Sobre Afonso de Albuquerque, veja também Sanjay Subrahmanyan, *O Império Asiático Português, 1500-1700: uma história política e econômica*. Lisboa: Difel, 1995, p. 94 e ss (trad. port.).

33 D. Francisco de Almeida, primeiro vice-rei da Índia, dizia ao Venturoso, em carta enviada depois da submissão do Reino de Ormuz: "não ponha Vossa Alteza em muitos conselhos o chamardes-vos imperador, pois que nunca príncipe teve tanta justiça para o ser". Neste sentido, o poder ampliado do rei de Portugal, nos marcos das conquistas e colônias, poderia resultar na ideia de que ele se via como "rei de reis". Contudo, como nota Antônio Vasconcelos Saldanha, nunca os reis de Portugal pretenderam "competir no plano da *respublica christiana* com os detentores tradicionais da dignidade sacral". Mais ainda, Saldanha não acredita na tese de um messianismo manuelino (defendida, por exemplo, por Luis Filipe Thomaz), não sendo possível aproximar a ideia de um "projeto imperial" com a "imagem do *rex regum*; e tampouco "com o enquadramento sacral do cânone teológico-político medieval que respeita a noção de *Império*, de *Imperador* e do *officium* imperial". Deste modo, para este autor, "a atribuição puramente interna e oficiosa do título de Imperador ao rei d. Manuel, há que inscrevê-la, com maior clareza, na espécie dos fenômenos relativos ao incremento do prestígio de uma Coroa num determinado âmbito e num bem preciso momento". A criação, em 1505, do Estado da Índia seria um importante momento da construção desse sistema ampliado de poder, isto é, do Império português, nestas duas dimensões. Carta de dezembro de 1507, citada por António Vasconcelos de Saldanha, *Justum Imperium. Dos Tratados como fundamento do Império dos portugueses no Oriente*. Macau: Instituto Português do Oriente, 1996, p. 322 e 325.

costa africana. Para Luís Felipe Thomaz, o Estado da Índia deve ser entendido, na sua essência, como "uma rede, isto é, um sistema de comunicação entre vários espaços abertos", caracterizado pela "descontinuidade geográfica e pela heterogeneidade das suas instituições", assim como pela imprecisão dos seus limites, tanto geográficos como jurídicos".[34] O que se pode perceber é que, na América, ao contrário, procurou-se antes a constituição de um sistema político centralizado (o governo geral), definindo *a priori* uma jurisdição territorial (o Estado do Brasil) e, ao mesmo tempo, um projeto de colonização particular (demarcado pelo regimento do governador).

Mapa do Brasil, por Jacopo Gastaldi, parte do livro *Delle Navigationi et Viaggi de Giovanni Battista Ramusio* (Veneza, per Giovan Lione Africano, 3 vols. 1550-1559).

---

34 Luís Felipe Thomaz, "Estrutura política e administrativa do Estado da Índia no século XVI". In: *Idem, De Ceuta a Timor.* Lisboa: Difel, 1994, p. 208-210.

Importante notar que, além do regimento de Tomé de Souza, a atuação do governo geral do Brasil foi regulamentada, circunstancialmente, por novos e sucessivos conjuntos normativos. Mas não de forma regular. Por outro lado, nunca houve um regimento que definisse o ofício em si. Talvez o mais próximo disso tenha sido o uso dado àquele passado a Roque da Costa Barreto, que seria reiterado por mais de um século. Como lembrava João Francisco Lisboa, este regimento reproduzia em grande parte a doutrina daquele passado ao governador do Maranhão, André Vidal de Negreiros, em 14 de abril de 1655.[35] Na ocasião, d. João IV, atendendo aos conselhos de Antônio Vieira, reunificara o Estado do Maranhão, incluindo em sua jurisdição a capitania do Ceará. Diversos de seus capítulos (7, 40 e 57) indicavam que o governador deveria convocar juntas de caráter consultivo, reunindo os oficiais mais graduados ao serviço do rei e os moradores de maior importância.[36] Apesar de os poderes do delegado régio estarem preservados, em última instância, tal procedimento indicava que o sistema de governo exigia, dada a sua maior complexidade, algumas soluções consensuais.

Ao contrário dos forais dos capitães-donatários, que grosso modo repetiam a mesma fórmula, repondo assim a mesma instituição em circunstâncias diversas, os regimentos dos governadores são – ao mesmo tempo que cartas de poder, fixando seus direitos e deveres – projetos de políticas a serem seguidas e concretizadas no bojo da empresa colonial. Sua análise detida pode revelar assim a

---

35 João Francisco Lisboa, *Obras de João Francisco Lisboa* (editadas por Luiz Carlos Pereira de Castro e Antônio Henriques Leal). Lisboa: Typographia Mattos Moreira & Pinheiro, 1901, vol. 2, p. 48; e Francisco Adolpho de Varnhagen, *História geral do Brasil*. Melhoramentos: São Paulo, 1975, tomo III, p. 193 e 212.

36 "Regimento de Roque da Costa Barreto, 23.01.1677". In: Marcos Carneiro de Mendonça, *Raízes da formação administrativa do Brasil*. Rio de Janeiro: IHGB/Conselho Federal de Cultura, 1972, tomo 2, p. 804-805. Na verdade, no primeiro regimento passado a Tomé de Sousa em 1548, já havia a recomendação de que, em algumas matérias, o governador deveria se aconselhar em juntas.

orientação desejada pelos poderes do centro, o papel esperado do governador nos momentos em que se investia o seu poder. Segundo Jaime Vicen Vives, a instituição do governador geral, assim como a do vice-rei da Índia, fora inspirada no exemplo dos reinos vizinhos da península. As vicissitudes dinásticas de Aragão, dos séculos XIII ao XV, somadas às experiências resultantes da expansão mediterrânica, estão na raiz da criação da instituição do vice-reinado ou do governo geral como poderes delegados diretamente pelo rei, tendo em vista missões determinadas e por prazos pré-fixados. Inicialmente, o posto de lugar-tenente do rei estava vinculado à pessoa do príncipe primogênito, mas aos poucos acabou por incorporar apenas esta função específica de gestor de um sistema político alheio ao Reino, mas subordinado à monarquia.[37] Esta hipótese "difusionista", digamos assim, é assumida plenamente pelo historiador José Ignácio Rubio Mañe, para quem não é estranho que, "quando se consolida a união de Aragão com Castela, já se introduza na Espanha continental a instituição mediterrânica do vice--reinado e, em seguida, se tenha a transladado para a América".[38] O primeiro vice-rei da América, como se sabe, foi Colombo, nomeado em abril de 1492, antes mesmo de sua partida, isto é, antes mesmo dos sucessos nos mares do Caribe. O genovês solicitara como remuneração dos serviços que fosse feito almirante, vice-rei e governador geral das terras e ilhas que descobrisse. Tratava-se mais de um uso honorífico, tendo-se abandonado seu emprego já em 1499. No continente, e com as características do sistema que se ampliaria na

---

37 Jaime Vicen Vives, "Precedentes mediterráneos del virreinato colombino", *Anuario de Estudios Americanos*, 5, p. 571-614, 1948.
38 José Ignacio Rubio Mañé, *El Virreinato: orígenes y jurisdicciones, y dinámica social de los virreyes*. México: Fondo de Cultura Económica, 1992 (1955), vol. 1, p. 11.

América, o primeiro vice-rei, d. Antonio de Mendoza, só tomaria posse em 1543 na cidade do México.

Na Índia, como lembra Rubio Mañé, Portugal seguiu apenas a tradição aragonesa, estabelecendo o título de vice-rei numa região que tinha o estatuto de Reino, ou, ao menos, organizava-se politicamente de forma análoga.[39] Seguindo o argumento de Garcia Gallo, a ampla e desenvolvida organização política indígena existente no território do que seria a Nova Espanha, "que contrastava com a elementar dos 'cacicados' até então encontrados noutras partes", fez com que a Coroa se visse diante de um Reino, e não de uma mera província. Consequentemente, como ocorria na Espanha, alçou-se o representante régio ao título de *virrey* e não o de simples *adelantado*.[40] Assim, no caso do Brasil, ao contrário da Nova Espanha, o fato de as tribos tupis do litoral não constituírem uma identidade política ou mesmo, aos olhos dos europeus, sequer possuírem qualquer forma de organização (povos "sem lei, sem fé e sem rei"), teria induzido a implantação de um ofício menos carregado de distinção e menos custoso, financeira e politicamente, para a Coroa.

Alfonso Garcia Gallo discorda da tese "difusionista" de Vicens Vives, procurando mostrar, entre outras coisas, que os ofícios de *virreyes*, *lugartenientes generales*, *gobernadores generales*, *gobernadores*, *lugartenientes* não são a mesma coisa, pois "respondem a princípios diferentes na gestão do governo e têm um conteúdo peculiar". Enquanto o *lugarteniente* é um ofício de exceção, que só é utilizado no caso da ausência ou enfermidade do monarca, "o de *gobernador general* é, pelo contrário, um ofício permanente vinculado à pessoa deste último". Isto é, enquanto o primeiro possui

---

39 Ibidem, p. 18.
40 Alfonso García-Gallo, "Los principios rectores de la organización territorial de las Indias en el siglo XVI" (1970). In: Idem, *Estudios de Historia del Derecho Indiano*. Madri, 1972, p. 675-676

jurisdição delegada plena, o segundo tem uma jurisdição própria. Isto posto, o ofício do *virrey* é análogo ao de *lugarteniente* general do monarca, pois exercem sua jurisdição plenamente, fazendo "as vezes do rei". A única diferença entre eles está no título, de maior dignidade no primeiro. Assim, no sistema dos vice-reinados, em sua forma definitiva, o poder é exercido por um *virrey* "como se fosse a pessoa do monarca". Tem o controle "de um extenso território, dividido em províncias; o governo ordinário, justiça e mando militar das quais estava encomendado, bem fosse a ele, bem a outras pessoas, mas em todo o caso com igualdade de funções e faculdades".[41] Com efeito, na Índia, o vice-rei (ou governador) era cargo de grande altura. Na opinião do autor do *Livro das cidades e fortalezas*, de 1582, tal era "o mais honrado lugar que nenhum príncipe no mundo pode prover".[42] Sua pequena corte reunia mais de 115 pessoas, que custavam em ordenados mais de dez contos por ano à Fazenda do rei. Só o vice-rei, entre dinheiro e isenção no comércio da pimenta, ficava com 7 contos e 339 mil réis. No total, segundo o *Livro do Orçamento* de 1581, publicado pelo historiador Teodoro de Matos, a satisfação de todos os encargos atingia o valor de 65 contos por ano.[43] Quantia espantosa, se imaginamos que Tomé de Sousa foi nomeado com ordenado de 400 mil réis. No tempo de d. Gaspar de Souza, o governador do Brasil já recebia por ano um conto e 200 mil réis. Se incluirmos os rendimentos dos ministros do Tribunal da Relação e outros oficiais da justiça, fazenda e guerra, somente o

---

41 Ibidem, p. 650, 651, 653 e 659.
42 *Livro das cidades e fortalezas que a Coroa de Portugal tem nas partes da Índia e das capitanias e mais cargos que nelas há e da importância deles*, de 1582. Apud Artur Teodoro de Matos, *O Estado da Índia nos anos de 1581-88: estrutura administrativa e econômica, alguns elementos para o seu estudo*. Ponta Delgada: Universidade dos Açores, 1982, p. 22-23.
43 Artur Teodoro de Matos, *O Estado da Índia nos anos de 1581-88*. Ponta Delgada: Universidade dos Açores, 1982, p. 134-136.

corpo governativo na Bahia consumia 12:912$200 réis – ou seja, cinco vezes menos que a Índia.[44] Poderíamos imaginar que tais valores dão a medida da máquina administrativa e, comparativamente, da primazia do Oriente. O que é reforçado ao olharmos para o efetivo estacionado nas praças. Se em 1616 havia menos de 170 soldados e oficiais estacionados nas três fortalezas da cidade da Bahia, em Goa, trinta anos antes, estes eram quase um milhar.

A burocracia do Estado do Brasil em 1612: gasto médio

Capitania	Qtde. de ofícios remunerados	%	Gastos anuais com os ofícios	%	Gasto médio
Porto Seguro	16	2,6%	442$520	1,2%	27$658
Ilhéus	8	1,3%	124$050	0,3%	15$506
Bahia	305	49,4%	19:107$840	52,9%	62$649
Sergipe d'El Rei	5	0,8%	323$920	0,9%	64$784
Pernambuco	137	22,2%	10:311$500	28,5%	75$266
Itamaracá	9	1,5%	432$840	1,2%	48$093
Paraíba	39	6,3%	1:841$760	5,1%	47$225
Rio Grande	98	15,9%	3:561$960	9,9%	36$347
TOTAL	**617**	**100,0%**	**32:533$390**	**100,0%**	**58$584**

Os valores estão em réis.

FONTE: Diogo de Campos Moreno, *Livro que dá razão do Estado do Brasil* [1612]. Edição crítica, com introdução e notas de Helio Vianna. Recife: Arquivo Público Estadual, 1955.

No início do governo de Gaspar de Souza, em 1612, foi concluído, pelo sargento-mor Diogo de Campos Moreno, o *Livro que dá razão do Estado do Brasil* com a descrição de todo arrecadado e

---

44 Somando as despesas da Igreja e os ordenados dos vigários, responsabilidade da Monarquia, os pagamentos ficavam em 18:671.840 réis. Cf. "Alvará sobre o rendimento do Estado do Brasil, Lisboa, 22.10.1616", *Livro 2º do Governo do Brasil (1615-1634)*. Lisboa: CNCDP, 2001, p. 23-51.

gasto, sobretudo com os ofícios remunerados.[45] O *Livro* descreve a situação nas sete capitanias que tinham alguma importância. Já era notória uma política financeira solidária, que permitia a sustentação de um aparato militar e burocrático em todo o Brasil. Eram 617 ofícios dependentes diretamente de pagamentos pela Fazenda Real, controlados, portanto, pela Provedoria – um aparelho fiscal e de controle de gastos moderno e constituído praticamente *ad hoc* para a colonização do Brasil.

O mais importante imposto que sustentava este aparelho burocrático era o dízimo – originalmente de natureza eclesiástica e transformado em principal gravame sobre a produção no mundo colonial. Os direitos cobrados nas alfândegas, neste momento, tinham outras finalidades. No total, 76% do que era arrecadado com os dízimos (ou seja, 32:533$390 réis) serviam para cobrir a folha de pagamentos do clero, do governo, da fazenda e dos militares. Outros 9% (3:879$000) eram pagamentos devidos aos donatários ou ajustes com outros particulares (tenças, por exemplo). Na tabela anterior, podemos ver o número de ofícios por capitania, os gastos anuais e o gasto médio por ofício.

---

45 Diogo de Campos Moreno, *Livro que dá razão do Estado do Brasil* [1612]. Edição crítica, com introdução e notas de Hélio Vianna. Recife: Arquivo Público Estadual, 1955. O livro foi preparado no governo de Diogo de Meneses (1608-12). O regimento de Gaspar de Sousa está publicado em Marcos Carneiro de Mendonça, *Raízes da formação administrativa do Brasil*. Rio de Janeiro: IHGB/Conselho Federal de Cultura, 1972, tomo 1, p. 413-436.

A burocracia do Estado do Brasil em 1612: ofícios remunerados

Capitania	Total	Governo	Justiça	Fazenda	Guerra	Igreja
Porto Seguro	16			3	10	3
Ilhéus	8			5		3
Bahia	305	16*	14	14	202	59
Sergipe d'El Rei	5	1		2		3
Pernambuco	137			6	101	28
Itamaracá	9	1		3	1	5
Paraíba	39			5	30	4
Rio Grande	98			3	92	3
TOTAL	**617**	**18**	**14**	**41**	**436**	**108**
GASTO TOTAL		**1:820$000**	**3:454$000**	**2:569$430**	**15:734$000**	**8:955$960**

Os valores estão em réis. *Estão incluídos os 15 homens da guarda pessoal do governador geral.
FONTE: Diogo de Campos Moreno, *Livro que dá razão do Estado do Brasil* [1612]. Edição crítica, com introdução e notas de Helio Vianna. Recife: Arquivo Público Estadual, 1955.

A burocracia já configurava um sistema solidário, no qual as capitanias deficitárias eram sustentadas pelas mais ricas. Um forte aparato militar no Rio Grande, por exemplo, consumiu 3:183$600 réis no ano de 1612. A capitania, recentemente conquistada, tinha apenas um engenho funcionando e não havia arrecadado nada naquele ano. Contudo, tinha uma força militar regular equivalente à da capitania de Pernambuco. De uma maneira geral, os gastos militares eram os mais altos neste sistema mais amplo do governo geral: 48,4%, ou 15:734$00 réis, eram gastos com o soldo dos oficiais e da tropa. Em segundo lugar, estava o custo da manutenção dos quadros da Igreja: bispo, clero e missionários que consumiam 8:895$960 réis, ou 27,6% do total.

Quando da criação do Estado do Brasil, a dignidade do vice-reinado não se aplicava. Tomé de Sousa, como vimos, vinha antes como capitão de uma fortaleza, responsável pelo projeto de construção de uma capital política, capaz de articular a tênue rede colonial que se formava. Seu ofício, desdobrado no de capitão general, mais o aproximava das capitanias africanas do que da distinção vice-reinal. É verdade que, na Índia, o ofício de vice-rei era também nomeado de governo. Saldanha, falando do Estado da Índia, não vê diferença na designação do delegado régio, seja governador ou vice-rei. Prova-o a "inalterabilidade do modelo da carta de poder" ao longo de três séculos. Não obstante, importaria reter que, no caso da Índia, "o vice-rei ou o governador se assume efetivamente como uma imagem majestática, tão adequada num Oriente mais do que permeável às grandes representações formais do poder".[46] No Brasil, terra ocupada por populações que eram tidas por "selvagens" – isto é, do ponto de vista do colonizador, vivendo na lei da natureza, sem fé, sem lei e, sobretudo, sem rei –, a construção do domínio sobre um território levou à formulação de um sistema governativo baseado na fixação de uma máquina administrativa e militar.[47] Nada que fosse muito custoso, ainda mais porque não havia ainda certeza do rendimento que se podia daí tirar.

Depois de Tomé de Sousa, foram ainda quatros governadores nomeados pelos reis portugueses, antes da União das Coroas. Neste período, em termos formais, o sistema permanece praticamente inalterado. Apenas é de se destacar o fato de que, ao contrário do

---

46 António Vasconcelos de Saldanha, *Justum Imperium. Dos Tratados como fundamento do Império dos portugueses no Oriente*. Macau: Instituto Português do Oriente, 1996, p. 338. Sobre o ofício do vice rei, veja p. 333-341.

47 Assim podemos entender de que maneira "o perfil militar aparece como elemento decisivo da escolha [do governador] em pelo menos 20 casos [dos 30, entre 1570 e 1697], o que permite afirmar que o perfil típico do governador do Brasil era o de um aristocrata da carreira das armas". Francisco Bethencourt, "O complexo atlântico". In: Francisco Bethencourt e Kirti Chauduri (eds.), *História da expansão portuguesa*. Lisboa: Círculo de Leitores, 1998, vol. 2, p. 331.

longo governo de Mem de Sá (1558-72), a partir do final do XVI e ao longo do século XVII a comissão de serviço de três anos, estabelecida nos provimentos, era em geral cumprida. Na verdade, segundo os cálculos feitos por Francisco Bethencourt, "o tempo médio de exercício do poder por parte dos governadores do Brasil foi de 4,2 anos entre 1570 e 1697".[48] O primeiro escolhido por Filipe II foi Manuel Telles Barreto (1583-87), para quem se passou um regimento – infelizmente ainda hoje perdido. Em 1587, com a morte deste governador, no exercício de seu cargo, as vias de sucessão indicavam que o seu mando deveria passar para uma junta formada pelo provedor-mor, o bispo e o ouvidor geral. Como este último, Martim Leitão, estivesse cuidando da matança dos indígenas na Paraíba, entraram a governar os dois primeiros. Por pouco tempo, pois logo a Coroa escolheu o quinto donatário de Ilhéus, Francisco Giraldes, para o cargo.

Membro do Conselho do rei, Giraldes vinha com poderes renovados. O seu regimento, de oito de março de 1588, certamente repõe algumas novidades já avançadas no de seu antecessor. Todavia, mais do que tudo, a monarquia planejava uma reforma profunda em todo o sistema do governo geral, que previa a criação do ofício de sargento-mor do Brasil e de um tribunal superior na Bahia. Nomeado dez dias depois de Giraldes, Antônio de Magalhães foi escolhido para acompanhar o governador e inspecionar, em todo o Estado do Brasil, as tropas de ordenanças e, mais ainda, supervisionar as fortificações e a artilharia. Como se sabe, o ofício de sargento-mor, no Reino, limitava-se ao controle das ordenanças nas comarcas. No Brasil, a dilatação destes poderes vinha com um título também ampliado: a patente de Magalhães

---

48 *Ibidem*, vol. 2, p. 329.

o nomeava sargento-mor e capitão do Brasil.[49] Clara tentativa de organizar as forças militares locais, cuja energia já transbordava, controlando e orientando o poderio dos moradores. Ao lado disso, o sistema governativo era ampliado com a criação do tribunal da Relação da Bahia. A inovação era parte das reformas da estrutura administrativa e jurídica de Portugal feitas por Filipe II, que havia logo cedo nomeado uma junta que examinou o sistema legal português. Negociando com a nobreza, o rei conseguiu implementar uma série de mudanças, como a reforma geral de 1582, que criou a Casa de Suplicação em Lisboa e a Relação do Porto. Além disso, a compilação dos diplomas e leis resultou nas *Ordenações Filipinas*, publicadas apenas em 1603. Segundo Stuart Schwartz, "durante este mesmo período a reforma começou a alcançar as colônias". No caso do Brasil, a criação do Tribunal era um passo importante para a racionalização das decisões, como uma resposta ao crescimento dos litígios, que acompanhavam a maior complexidade da vida social. Ao mesmo tempo, o Tribunal, muito mais do que apenas o ouvidor geral, exerceria um contrapoder necessário ao do governo geral. O capítulo 48 do regimento do governador indicava que, no caso de decisões que não tenham sido previstas, era recomendável que ele convocasse um conselho, formado pelo chanceler da relação, o bispo, o provedor e demais oficiais e pessoas que

---

49 "Patente, 19.04.1588", ANTT, Chancelaria Mor, Felipe I, livro 17, f. 165.
  Sobre o assunto, é preciso ver a tese de David Lewis Tengwall, *The portuguese military in the Seventeenth century: the Sargento Mor in the portuguese South Atlantic Empire, 1640-1706*. PhD Dissertation. Santa Barbara: University of California, 1978. Como Giraldes não chegaria ao Brasil, o primeiro sargento-mor a exercer o ofício na América foi Pedro de Oliveira, que veio junto com o governador d. Francisco de Sousa. Cf. David Lewis Tengwall, "A study in military leadership: The sargento mor in the portuguese South Atlantic Empire", *The Americas*, 40, p. 73-94, 1983.

lhe parecesse.[50] Contudo, nem o chanceler e os desembargadores, nem Giraldes chegariam à Bahia. Curiosamente, como lembrou Schwartz, este fracasso foi antes causado pelos ventos do que "por qualquer conflito político ou administrativo".[51] Segundo Rodolfo Garcia, o galeão São Lucas, com o governador e alguns dos magistrados, "andou à matroca da Madeira para a costa da Guiné" e acabou arribando no Caribe. Desanimados, resolveram voltar para Lisboa, onde iria Giraldes falecer algum tempo depois, deixando a metrópole na mão.[52]

A junta, com o bispo e o ouvidor geral, continuaria no comando, até que em 1591 viesse D. Francisco de Souza – que ficaria como governador até 1602. Sua atividade devia se orientar para a definitiva ocupação do norte, criando-se a capitania do Rio Grande, a melhor defesa contra ataques de corsários e a busca de novos caminhos para a valorização do território, no que reproduzia as indicações passadas no regimento de Giraldes. Assim, a busca de minas de ferro, salitre e, sobretudo, metais preciosos (capítulos 43 e 44) apareciam como possíveis soluções para a ampliação da empresa colonial.[53] D. Francisco *das manhas*, como também ficaria conhecido pela sua habilidade política, permaneceu no cargo por dez anos, até que em 1602 o viesse substituir Diogo Botelho. Com o aumento da riqueza produzida pelo açúcar da Bahia e de Pernambuco e o au-

---

50 "Regimento de Francisco Giraldes, 8.3.1588". In: M. C. de Mendonça (ed.), *Raízes da formação administrativa do Brasil*. Rio de Janeiro: IHGB/CFC, 1972, tomo 1, p. 276.

51 Stuart Schwartz, *Burocracia e sociedade no Brasil Colonial: a suprema corte da Bahia e seus juízes, 1609-1751*. São Paulo: Perspectiva, 1979, p. 35-45.

52 Francisco Adolpho de Varnhagen, *História geral do Brasil*. São Paulo: Melhoramentos, 1975, tomo II, p. 31.

53 "Regimento de Francisco Giraldes, 8.3.1588". In: M. C. de Mendonça (ed.), *Raízes da formação administrativa do Brasil*. Rio de Janeiro: IHGB/CFC, 1972, tomo 1, p. 274-275.

mento consequente das gentes, o mando requeria uma ampliação dos seus instrumentos de força e simbólicos. O ofício de governador ganhava maior importância e isso era reconhecido pela Coroa, que concedia ao dignitário o poder de trazer consigo homens para sua guarda de honra. Esta guarda, composta de vinte homens e seu capitão, ganhava soldo e representava, além da maior dignidade ao ofício, a possibilidade de fazer valer sua posição pela força.[54] Mais ainda, pela primeira vez o ocupante de tal posto reivindicava sua equivalência ao delegado régio do Estado da Índia. Tão logo provido, em 1601, Botelho encaminhou uma memória ao rei solicitando que se lhe fosse dado "o título de vice-rei pelas razões que para isso alega, por aquele Estado ter crescido muito, e ir crescendo, e merecer este título, assim como tem o da Índia".[55] Não foi atendido, o que demonstra a diferença existente entre os dois sistemas governativos criados nos dois polos do Império, ou ainda, a resistência da Coroa em sobrevalorizar o ofício do governador geral.

Conflitos de jurisdição

A conformação do governo geral como um sistema político, estabelecido também com a derrogação de alguns poderes dos donatários, levaria a uma necessária acomodação destes espaços jurisdicionais sobrepostos ou conflitantes. Os problemas jurisdicionais

---

54 Veja, por exemplo, o Alvará ao governador autorizando que possa levar vinte homens para seu serviço, ganhando cada um deles 15$ por ano, 20.11.1606, ANTT, Chancelaria Mor, Felipe II, 30, fl.45-45v; Patente para o capitão da guarda do Governador do Brasil, recebendo 100$ de ordenada por cada ano, 07.08.1616, ANTT, Chancelaria Mor, Felipe III, 22, fl. 158v e 29, fl. 222.

55 Esta informação vem na "Carta régia aos governadores de Portugal sobre o memória de Diogo Botelho, 24.04.1609", ABN, 57, p. 50-60. Veja, sobre este governador, o estudo de Manuel Tomaz Nápoles Magalhães Crespo, *Diogo Botelho no Governo do Brasil (1602-1608)*. Dissertação de mestrado. Lisboa, Faculdade de Letras da Universidade de Lisboa, 1964.

remontavam ao século XVI, sendo mais fortes, sobretudo, com relação aos governos de Pernambuco e ao Rio de Janeiro. Os poderes destas capitanias foram ampliados quando da titulação dos seus mandatários como governadores, o que lhes tirava da ordinária *capitania-mor* e lhes dava preeminência sobre as capitanias ditas anexas.[56] Em Pernambuco, porém, os conflitos opunham o poder donatarial ao governo geral desde a sua origem. Como vimos, as capitanias hereditárias, entendidas como doações territoriais tendo por fim o desenvolvimento de uma empresa de valorização e ocupação das terras descobertas, implicavam, desde o início, a definição de uma série de prerrogativas e privilégios dos seus detentores. O governo dos povos e a distribuição da justiça cabiam, em determinada instância, ao donatário; e seu exercício, na maior parte das vezes, era atribuído a um lugar-tenente, ou um capitão-mor. Desde 1570, esse capitão-mor exercia também as funções relativas ao corpo das ordenanças, como eram chamadas as forças auxiliares da Colônia que haviam sido regulamentadas com o disposto no "regimento geral das ordenanças".[57] Em verdade, à medida que as capitanias hereditárias passavam ao controle da Coroa, isto é, tornavam-se capitanias reais e portanto território sob a ad-

---

56 Segundo Francisco Bethencourt, esta prática de designar alguns capitães-mores de governador era "velha de um século", repetindo "aquilo que tinha acontecido com o capitão de Mazagão, designado como governador depois da vitória sobre o cerco marroquino de 1562". Para o historiador, no entanto, "tratava-se de uma prática de compensação simbólica que revertia em maior prestígio do cargo, embora sem significar um ascendente hierárquico funcional permanente face às restantes capitanias". Como se percebe, não é este o caso no Brasil. Francisco Bethencourt, "O complexo atlântico". In: Francisco Bethencourt e Kirti Chauduri (eds.), *História da expansão portuguesa*. Lisboa: Círculo de Leitores, 1998, vol. 2, p. 333.

57 "Regimento geral das ordenanças, 1570". In: M. C. de Mendonça (ed.), *Raízes da formação administrativa do Brasil*. Rio de Janeiro: IHGB/CFC, 1972, tomo 1, p. 157-178.

ministração direta da Monarquia, o posto administrativo superior nos limites de sua jurisdição (sendo provido pelo rei) confundia-se nominalmente com o de capitão-mor. Como se vê, nesta dimensão (como em outras) poder militar e poder político entremeavam-se. Neste sentido, na dimensão militar, todos os capitães-mores estavam subordinados ao governador geral, pois este exercia o supremo comando das forças militares, como capitão general. Em termos políticos (ou administrativos, como preferimos dizer modernamente) as coisas não eram tão simples assim. Apesar de os capitães-mores das capitanias do rei serem nomeados por períodos de três anos, sua subordinação política à Bahia não era letra clara. Conflitos de jurisdição sacodem as relações políticas na América portuguesa ao longo dos três séculos de colonização.[58]

A carta de poder de 1549, para além de criar o novo ofício, redefinia o espaço jurisdicional das terras do Brasil, concentrando a justiça no sistema que se fixava na capital. O cargo do capitão da Bahia era ao mesmo tempo o de capitão general do Brasil, o que lhe imputava uma proeminência nos assuntos da defesa e segurança do domínio. Ao lado disso, a redefinição do sistema jurisdicional se completava com a nomeação do ouvidor geral. Em um primeiro momento, são os termos da derrogação dos poderes delegados nos forais dos donatários que causaram maiores dificuldades à afirmação da autoridade do governo geral. Como já se falou, o regimento de Tomé de Sousa deixava claro que os conflitos jurisdicionais, se houvessem, seriam resolvidos com a preeminência do seu ofício. Mas tal não se fazia tranquilamente, sobretudo em relação à capitania de Duarte Coelho, a mais rica e bem sucedida de todas. Assim, em carta de 1 de junho de 1553, ao final de seu tempo no Brasil, o

---

58 Para a questão dos conflitos de jurisdição, veja a tese de Vera Lúcia Costa Acioli, "Jurisdição e conflitos: a força política do senhor de engenho", *Cadernos de História 7*, Recife, 1989.

governador geral relatava ao rei suas dificuldades e sugeria mudanças. Considerava que era importante que a justiça do rei pudesse entrar "em Pernambuco e em todas as capitanias desta costa". O cargo de ouvidor geral fora criado juntamente com o do governo geral com clara intenção de sobrepor-se às jurisdições dos donatários. Apesar de o seu regimento não ter sido encontrado, podemos crer (seguindo Varnhagen) que, "com pequenas diferenças nos dezoito primeiros artigos e omissão dos cinco últimos, era análogo ao de 14 de abril de 1628, dado ao ouvidor geral Paulo Leitão de Abreu".[59] Rodolfo Garcia notar que, apesar de o documento ter se perdido nos arquivos, podemos entender suas funções e capacidade a partir de uma carta, datada de sete de fevereiro de 1550, escrita por Pero Borges, primeiro ouvidor, ao rei. Também Max Fleuiss, na sua *História Administrativa*, supõe que o magistrado tinha alçada de morte, no caso de escravos, peões, indígenas, e de até cinco anos de degredo para pessoas de "maior qualidade".[60] Varnhagen anota que, no cível, tinha alçada de até 60$000. O ouvidor nomeado pelo donatário, por sua vez, tinha alçada maior. No cível, podiam julgar "sem apelação nem agravo até a quantia de 100$000 reais". Nos casos de crimes, escravos, indígenas e homens livres podiam ser condenados à morte. Já as pessoas de "mor qualidade" tinham alçada de dez anos de degredo. A derrogação de alguns direitos do donatário significava, também, a redução da alçada dos ouvidores por eles nomeados. A partir de agora, no crime não teriam mais nenhuma sem apelo ao ouvidor geral e, no cível, até 20$000. Se nos fiarmos nessas informações, podemos concluir que a centralização e a superposição das jurisdições fora acompanhada por uma redução da alçada da justiça na América. Na verdade, o ouvidor geral desempenhava o papel

---

59 Francisco Adolpho de Varnhagen, *História geral do Brasil*. Melhoramentos: São Paulo, 1975, tomo I, p. 297.
60 Max Fleuiss, *História administrativa do Brasil*. Rio de Janeiro, 1925, p. 27.

de corregedor, devendo – com um meirinho (e seus seis auxiliares) e um escrivão – acompanhar o governador nas suas andanças pela América, fiscalizando e corrigindo a justiça feita pelos juízes ordinários e, igualmente, pelos ouvidores.[61] Com efeito, Pero Borges, que fora corregedor em Elvas, vinha por mando nas incertezas da justiça nas terras que se povoavam. Em 1557, el-rei publicava um alvará que limitava a jurisdição dos capitães-donatários do Brasil, reduzindo-lhes a alçada em caso de condenação à morte natural, e nos casos de heresia, traição, sodomia e moeda falsa, concedendo sempre apelação. Além disso, o alvará estabelecia "que daqui em diante sem embargo das cláusulas das ditas doações" ele poderia "mandar a eles corregedor ou alçada quando me parecer necessário e a cumprir ao meu serviço e a boa governança das terras."[62]

Desde sua fundação, Salvador, a cidade-capital, era imaginada como o centro de gravidade do aparato fiscal da monarquia na América. O provedor-mor tinha por funções lá levantar "umas casas para alfândega perto do mar em lugar conveniente para o bom despacho das partes e arrecadação dos [...] direitos" do rei. Era esperado que ele também trabalhasse para que nas demais capitanias fossem feitas casas de alfândegas, o que significava, em ambos os casos, a organização de uma contabilidade em livros e registro dos oficiais e outras provisões.[63] Tomé de Sousa havia sido instruído,

---

61 Rodolfo Garcia, *História política e administrativa do Brasil (1500-1810)*. Rio de Janeiro: José Olympio, 1956, p. 74-77.

62 "Alvará de 5.03.1557", apud António Vasconcelos de Saldanha, *As capitanias do Brasil: antecedentes, desenvolvimento e extinção de um fenômeno atlântico*. Lisboa: CNCDP, 2001, p. 311.

63 "Regimento do provedor-mor do Brasil, Antônio Cardoso de Barros, Almerim, 17.12.1548" e "Regimento dos provedores da Fazenda do Brasil. Almerim, 17.12.1548", M. C. de Mendonça (ed.), *Raízes da formação administrativa do Brasil*. Rio de Janeiro: IHGB/CFC, 1972, tomo 1, p. 91-98/ 99-116. Os dois regimentos, feitos no mesmo dia, apresentam de forma entrelaçada as suas

também, para visitar as capitanias, juntamente com o provedor-mor, para se informar se havia nelas oficiais da Fazenda real e, caso contrário, nomeá-los, ainda que provisoriamente. Procurava-se, com isso, compreender primeiro o estado em que estavam os direitos devidos ao patrimônio do rei, sem intervenção ao que fora cedido aos donatários. D. João III pretendia apenas se informar "das rendas e direitos que tinha em cada capitania, assim como se haviam arrecadado e despendido até o presente". Buscava-se fazer chegar à Coroa o que lhe era devido. Os navios que chegassem ao Brasil deveriam agora ir "direitamente a cada uma das partes onde houver Alfândega" para ali serem cobrados os direitos régios.[64] O controle repetindo-se no caso dos navios que partiam, sendo exigida uma certidão passada pelo provedor que atestasse a naturalidade dos que exportavam as mercadorias, para que pudessem gozar da isenção concedida nos forais. Com efeito, segundo os forais passados aos donatários, os moradores e colonos do Brasil poderiam levar suas mercadorias para o Reino sem nenhum embaraço ou constrangimento, podendo vendê-las onde quisessem, não pagando "direito algum, somente a sisa do que venderem, posto que pelos forais, regimentos ou costumes dos tais lugares fossem obrigados a pagar outros direitos e tributos".

Contudo, assim que se tomou conhecimento de tal medida, os moradores de Pernambuco a interpretaram como uma ingerência intolerável aos seus direitos. É o que aparece na carta de Duarte Coelho ao rei, de 15 de abril de 1549. Isto porque, para passar tal

---

disposições. Cabia ao provedor-mor organizar, nos termos do regimento dos provedores, a Fazenda do rei em cada uma das capitanias do Brasil.

64 "Regimento que levou Tomé de Souza, Governador do Brasil, Almerim 17.12.1548", capítulo 12. In: Joaquim Romero Magalhães e Susana Munch Miranda, "Tomé de Souza e a instituição do Governo Geral (1549): documentos", *Mare Liberum*, Lisboa, CNCDP, 17, p. 7-38, 1999.

certidão, o procurador deveria definir os "moradores" do Brasil como aqueles que residissem com família em Pernambuco. O donatário alertava ao rei que a notícia dessas atribuições do provedor--mor causou "grande alvoroço e ajuntamento" de todo o povo e de todos os oficiais e pessoas nobres e honradas, que logo "se juntaram em conselho e fizeram Câmara" para escrever uma petição a ele, donatário, que relata ter despistado os exaltados "dando-lhes algumas desculpas de [Sua] Alteza não ser disso sabedor... e dando--lhes esperança de que [Sua] Alteza os atenderia nisso". O desconforto era justificado pelo fato de moradores terem suas mulheres no Reino ou, na maior parte dos casos, os negócios estarem aqui sendo geridos por prepostos de "pessoas nobres ou poderosas que moram no Reino mas aqui povoam". Em novembro do ano seguinte, escrevendo novamente ao rei, Duarte Coelho reiterava que "todo este povo e república desta nova Lusitânia esteve e está muito alterado e confuso com essas mudanças". Não fosse por ele, "muitos se queriam ir da terra", "isto sobretudo por não lhes quererem os funcionários de [Sua] Alteza, aqui e no Reino, guardar suas liberdades e privilégios contidos [...] nas doações e foral". Sem embaraços, apelava abertamente ao rei:

> é coisa muito odiosa e prejudicial ao serviço de Deus e seu proveito de sua fazenda e bem e aumento das cousas que tão caro custam, quebrar e não guardar as liberdades dos moradores e povoadores e vassalos que já estão de posse e de usam, depois de lhe serem publicados e apregoados, como eu, por minhas doações, lhes anunciei e apregoei, o que em tempo algum nem em parte alguma se deve fazer, quanto mais tão cedo e nestas partes tão distantes do Reino, e que

com tanto trabalho, perigo e gasto se fazem e povoam e sustentam, como são estas terras.[65]

Assim, como se percebe, o poder do governo da Bahia incomodava e avançava sobre o dos donatários. Tanto o ouvidor geral como o governador irão interferir diretamente na justiça das terras, dadas em senhorio a uns poucos, mas deixadas, na sua maior parte, no completo descaso. Com relação ao fisco, contudo, as preces de Duarte Coelho seriam em parte ouvidas. Como mostrou Francis Dutra, em deferência aos esforços de colonização e o sucesso alcançado, d. João teria solicitado que Tomé de Sousa isentasse a capitania de Pernambuco das inspeções previstas no regimento de 1548. Durante os seguintes governos, Duarte da Costa, Mem de Sá e d. Francisco de Sousa, por motivos mais conjunturais do que políticos, negligenciaram propositadamente o dever de controlar, deixando Pernambuco desenvolver-se, assim, quase que autonomamente em relação ao Estado do Brasil.

Na verdade, Olinda ia se fazendo (pela sua riqueza e melhor condição) um tipo de "sede extraoficial" do governo geral. No início do século XVII, a presença dos governadores gerais em Pernambuco era a regra. Entre 1602 e 1619, os quatro governadores passaram oito anos em Olinda e nove, apenas, na Bahia.[66] Em 1617, o rei mandava d. Luis de Sousa voltar assim que possível para Salvador. No ano seguinte, como o governador não largava de Olinda, a ordem foi repetida... em janeiro, maio, agosto e

---

65 "Carta de Duarte Coelho ao rei, 15.04.1549", José Antonio Gonsalves de Mello e Cleonir Xavier de Albuquerque (ed.), *Cartas de Duarte Coelho a el-rei*. Recife: Massangana, 1997, p. 117-121.

66 Francis Anthony Dutra, *Matias de Albuquerque: a Seventeenth-Century Capitão-mor of Pernambuco and Governador-general of Brazil*. Tese de doutorado. Nova York, New York University, 1968, p. 25 e 27.

novembro![67] O expediente dos governadores era motivo de chacota. Brandônio, nos *Diálogos das grandezas* (1618), explicava ao recém-chegado as coisas do Brasil, opinando, em uma passagem, como o mandato do governador-geral vinha sendo "defraudado... em grande maneira, porque se contentam mais os governadores de assistirem na capitania de Pernambuco, ou seja, por tirarem dela mais proveito ou por estarem mais perto do Reino".[68] Chegou-se ao ponto de, no ano de 1620, um alvará de Filipe III estabelecer que "nenhum governador que [ele] daqui por diante enviar ao dito Estado do Brasil deixe de residir, enquanto durar o seu governo, na dita Bahia, para onde se embarcará em direitura desta cidade e dali não mudará por acidente algum para Pernambuco sem expressa ordem".[69] Em 1677, os termos deste alvará foram transcritos no artigo primeiro do regimento de Roque da Costa Barreto.[70]

Com relação ao Rio de Janeiro, cuja colonização inicia com a expulsão dos franceses e a criação de uma cidade, as questões remontam, certamente, a este estatuto diferenciado em razão do mando ali exercido pelos herdeiros de Mem de Sá e, sobretudo, pela herança política de Salvador Correia de Sá. Como se sabe, depois da morte de Mem de Sá, em 1572, o Brasil foi dividido em dois governos gerais: Luís Brito de Almeida foi nomeado como governador das capitanias do Norte, enquanto que as capitanias

---

67 Cartas do Rei a d. Luis de Sousa, 16.09.1617, 08.10.1617, 13.02.1618, 30.05.1618, 06.11.1618, *Livro 2º do Governo do Brasil (1615-1634)*. Lisboa: CNCDP, 2001, p. 68-69; 70-71; 82; 92-93; 110-111.

68 Ambrósio Fernandes Brandão, *Diálogos das grandezas do Brasil* (1618). Recife, 1966, p. 7; e Frei Vicente do Salvador, *História do Brasil, 1500-1627*. (1627). São Paulo/Belo Horizonte, 1982, p. 29-30.

69 "Alvará sobre a residência dos governadores, 21.02.1620", *Livro 1º do Governo do Brasil (1607-1633)*. Lisboa: CNCDP, 2001.

70 "Regimento de Roque da Costa Barreto, 23.01.1677". In: Marcos Carneiro de Mendonça, *Raízes da formação administrativa do Brasil*. Rio de Janeiro: IHGB/Conselho Federal de Cultura, 1972, tomo 2, p. 746.

do Sul foram delegadas a Antônio de Salema. Esta tentativa de criação de dois polos de colonização, fundados em duas cidades--capitais, fracassou - sendo que, já em 1577, a monarquia resolvia pela reunificação do governo geral. As causas deste fracasso dizem respeito às dificuldades militares de manutenção da conquista, diante da resistência dos grupos indígenas e das ameaças de outras forças coloniais. No início do século XVII, decidiu-se novamente pela divisão do Estado do Brasil em duas repartições. Em 1608, foi criada a Repartição do Sul (reunindo São Vicente, Espírito Santo e Rio de Janeiro).[71] No ano seguinte, uma ouvidoria que correspondesse ao novo espaço jurisdicional. No entanto, morto prematuramente o governador d. Francisco de Sousa (1611), d. Gaspar de Sousa receberia o governo novamente unido em 1612. Em 1613, Salvador Correia de Sá (o velho), que já havia sido governador da capitania do Rio de Janeiro por duas vezes (1568-72 e 1578-92), foi nomeado governador das "capitanias de baixo" para prosseguir na busca das minas de ouro. O regimento que lhe foi passado, com data de 4 de novembro de 1613, estabelecia uma jurisdição, "em todo tocante as ditas minas e diligências", isento do governador do Estado do Brasil. Deveria estar acompanhado de um letrado que servisse de ouvidor e seu escrivão.[72] Se por um lado a vocação mineral das capitanias do Sul sugeria uma excepcionalidade política na gestão do empreendimento colonial, por outro, a cristalização do poder dos Sás associava tal solução ao seu projeto oligárquico. As principais minas do Rio de Janeiro não eram as do minguado ouro de Itanhaém, mas as de prata do Potosi, que vinham pelo

---

71 "Alvarás, 02.01.1608 e 28.03.1608" e "Carta patente, 02.01.1608". In: Marcos Carneiro de Mendonça, *Raízes da formação administrativa do Brasil*. Rio de Janeiro: IHGB/Conselho Federal de Cultura, 1972, tomo 2, p. 746.

72 "Regimento dado a Salvador Correia de Sá, 4.11.1613". In: Francisco Adolpho de Varnhagen, *História geral do Brasil*. São Paulo: Melhoramentos, 1975, tomo 2, p. 136-137.

caminho de Tucumán. Como mostrou Charles Boxer, o comércio e contrabando com a região platina, no qual o tráfico de escravos com a África aparecia como meio de se obter a prata do Potosi, constituía uma rede de interesses na qual o neto e homônimo de Salvador fora o principal articulador. Explica-se, assim, que em março de 1647, Salvador Correia de Sá, almirante da costa do sul do rio da Prata e governador do Rio de Janeiro, fosse nomeado também governador e capitão general de Angola.[73] Nomeado, na primeira hora, como membro do Conselho Ultramarino,[74] Salvador não desejava assumir um posto que o subordinasse ao

---

73 Charles Ralph Boxer, *Salvador de Sá e a luta pelo Brasil e Angola 1602-1686*. São Paulo: Companhia Editora Nacional/Edusp, 1973 (1952), p. 233-235 (trad. port.). Tal encargo vinha na conjuntura das guerras contra os holandeses, e respondia às necessidades de um plano militar definido pelo governador. Em 1643, d. João IV procurava meios para defender Salvador de um eminente ataque holandês. O recém-criado Conselho Ultramarino sugeria que se tratava também de acudir Angola, porque "sem Angola não se pode sustentar o Brasil e menos Portugal sem aquele estado". Este parecer, datado de 17 de outubro de 1643, pedia ainda que Salvador Correia de Sá, que na ocasião encontrava-se em Évora junto à corte, preparasse uma informação sobre este particular. Nos três papéis apresentados no dia 21, o almirante opinava sobre a importância deste empreendimento, seja para o restabelecimento do comércio com Buenos Aires (dependente dos escravos), "estrada aberta para o Potosí", seja pela "falta do comércio com Angola porque sem ela se prejudica muito as fazendas do Brasil". Propunha então uma expedição ao Sul do Brasil, outra à Angola, e que se encorajasse a guerra "dissimulada" ao Brasil holandês sob a proteção do governador geral na Bahia. Reunido no dia 24, o Conselho aprovava as propostas de Salvador de Sá. Cf. Luís Norton, "Os planos que Salvador Correia de Sá e Benevides apresentou em 1643 para se abrir o comércio com Buenos Aires e reconquistar o Brasil e Angola", *Brasília*. Coimbra, II, p. 594-613, 1943; *Idem, A Dinastia dos Sás no Brasil: a fundação do Rio de Janeiro e a restauração de Angola*. Lisboa: Agência Geral do Ultramar, 1965, p. 44 ss. Veja também Luiz Felipe de Alencastro, *O trato dos viventes: a formação do Brasil no Atlântico Sul, séculos XVI e XVIII*. São Paulo: Companhia das Letras, 2000, p. 115 e Evaldo Cabral de Mello, *Olinda restaurada: guerra e açúcar no Nordeste, 1630-1654*. Rio de Janeiro: Topbooks, 1998 (1975), p. 53-146.

74 "Provisão de 28,11,1644", ANTT, Chancelaria Mor, D. João IV, livro 17, fl. 94.

governador geral, Antônio Telles da Silva, com quem tinha relações tensas. Assim, solicitou que se reconstituísse a repartição do Sul, separando as capitanias de baixo da jurisdição do Estado do Brasil. O que foi feito, parcialmente, limitando-se a isenção apenas nos tempos de guerra.[75]

Poderes ampliados, maior controle

Desde a Restauração, um conselho específico para assuntos do Império fora criado, o que representava uma dimensão intermédia a mais entre a elite colonial e o poder do soberano. O Conselho Ultramarino, instituído em 14 de julho de 1642, era sucedâneo do Conselho das Índias do período do segundo Felipe. De vida curta, dez anos entre 1604 e 14, o Conselho das Índias fora criado para tratar de todas as matérias relativas ao ultramar.[76] Sua dissolução

---

75 Charles Ralph Boxer, *Salvador de Sá e a luta pelo Brasil e Angola 1602-1686*. São Paulo: Companhia Editora Nacional/Edusp, 1973 (1952), p. 233-234 (trad. port.).

76 Seu regimento, datado de 26 de julho de 1604, rezava: "Atendendo el-rei aos grandes inconvenientes que resultam de não haver no Reino de Portugal um tribunal separado, por onde corram exclusivamente os negócios dos domínios ultramarinos, os quais têm estado até agora a cargo de diferentes ministros, distraídos por outras ocupações, há por bem criar o Conselho da Índia, que se regulará pelas seguintes disposições". Sobre o Conselho Ultramarino há o estudo pioneiro de Marcelo Caetano (*Do Conselho Ultramarino ao Conselho do Império*. Lisboa: Agência Geral das Colónias, 1943). Este folheto, publicado para a comemoração do terceiro centenário, foi depois expandido e republicado em 1967 (*O Conselho Ultramarino: esboço da sua história*. Lisboa: Agência Geral do Ultramar, 1967). Para uma história mais detalhada do Conselho Ultramarino e um estudo prosopográfico, veja a tese de doutoramento de Erik L. Myrup, *To rule from Afar: The Overseas Council and the making of the Brazilian West, 1643-1807*. New Haven, Yale University, 2006. Sobre o Conselho, nos seus primeiros anos de atuação, veja o livro de Edval de Souza Barros, *Negócios de tanta importância: o Conselho Ultramarino e a disputa pela condução da guerra no Atlântico e no Índico (1643-1661)*. Lisboa: Centro de História de Além-Mar, 2008.

responde mais à conjuntura específica das necessidades orçamentárias impostas pela Guerra dos Trinta Anos do que a um abandono do projeto centralista e racionalizante da monarquia Habsburgo. O fato é que, passados alguns anos, o novo rei, d. João IV, considerando o "estado em que se acham as coisas da Índia, Brasil, Angola e mais conquistas do Reino, e pelo muito que importa conservar e dilatar o que nelas possu[ia], e recuperar o que se perdeu nos tempos passados", resolveu "nomear tribunal separado em que particularmente se tratem os negócios daquelas partes, que até agora corriam por Ministros obrigados a outras ocupações, sendo as das conquistas tantas e da qualidade que se deixa entender, e que este tribunal tenho no paço a casa que se assinará e se chame Conselho Ultramarino".[77] Este conselho, que tinha poderes determinativos nos assuntos ligados às colônias, tornar-se-ia um importante agente na política da América portuguesa. Apesar de deter o controle das indicações para o preenchimento dos cargos dos governadores das capitanias (os chamados capitães-mores, que exerciam em parte poderes administrativos e sobretudo militares), os membros do Conselho Ultramarino apenas influíam na nomeação do governador geral, cargo destinado (cada vez mais) aos grandes nomes da privança do rei. Como notava Monteiro, em estudo recente, a escolha dos governadores, "matéria por excelência da 'alta política', passava por demoradas conversações e diretamente por consulta apresentada pelo secretário de Estado aos membros do Conselho de Estado, nos períodos (até o primeiro quartel dos setecentos) em que este ainda se reunia". Neste estudo, Monteiro mostra, ainda, como que a remuneração dos serviços prestados pelos governadores gerais e vice-reis consubstanciava-se, principalmente, nas honras concedidas pela Coroa, sobretudo o acesso aos títulos. Em alguns

---

77 Regimento de 14.07.1642.

aspectos, reproduzia-se a dinâmica aristocrática do provimento no sistema vice-real do Estado da Índia: predominantemente reinóis e filhos das casas de primeira nobreza. Não obstante, "a extrema aristocratização do ofício não excluía [...] a sua dimensão promocional, o 'acrescentamento' que lhe esteve associado". Tanto cá como lá. Com relação à escolha dos capitães-mores e governadores das capitanias que haviam retornado ao patrimônio régio, a escolha ficava mesmo a partir de candidaturas preparadas no âmbito do Conselho Ultramarino e, então, submetidas apenas à chancela do rei. Segundo Monteiro, na segunda metade do século XVII, dois terços dos indicados eram providos.[78] Uma análise impressionista nos permite dizer que não eram comuns os processos de escolha dos capitães-mores que não resultassem de decisões consensuais. A partir da análise das folhas de serviço (comprovadas por declarações anexas) dos candidatos que se apresentassem e pela proposição, em uma consulta ao rei, da uma lista classificada, o indicado com preferência, geralmente, era sempre o escolhido. Respeitava-se assim os espaços próprios dos poderes estabelecidos, no caso, o Conselho.

Na América, o controle sobre a ação governativa dos delegados régios tenderia a aumentar, na mesma proporção em que se tornava mais complexo o próprio sistema de poder do Estado do Brasil. Ao

---

78 Nuno Gonçalo Monteiro, "Trajetórias sociais e governo das conquistas: notas preliminares sobre os vice-reis e governadores gerais do Brasil e da Índia nos séculos XVII e XVIII". In: Mafalda Soares da Cunha (org.), *Do Brasil à metrópole, efeitos sociais (séculos XVII-XVIII)*. Évora: Universidade de Évora, 2001, p. 257; e Nuno Gonçalo Monteiro e Mafalda Soares da Cunha, "Vice-reis, governadores e conselheiros do governo do Estado da Índia (1505-1834): recrutamento e caracterização social", *Penélope*, Lisboa, Cosmos, 15, p. 102-103, 1995. Sobre o assunto, ver também a tese de Ross L. Bardwell, *The governors of Portugal's South Atlantic Empire in the Seventeenth Century: social backgroud, qualifications, selection and reward*. Santa Barbara, University of California, 1974.

mesmo tempo, a distância do centro político metropolitano era fator amplificador dessa autonomia. É clássica a imagem de Vieira, no sermão pregado no domingo vigésimo segundo pós-pentecostes. Pronunciado na ocasião em que o Estado do Maranhão foi extinto e, no lugar, foram criadas duas capitanias – em fevereiro de 1652 –,[79] este sermão discutia, entre outras coisas, o desempenho dos representantes do soberano:

> a sombra, quando o sol está no zênite, é muito pequenina, e todo se Vos mete debaixo dos pés; mas quando o sol está no Oriente ou no ocaso, essa mesma sombra se estende tão intensamente, que mal cabe dentro dos horizontes. Lá onde o sol está no zênite, não só se metem estas sombras debaixo do pé do príncipe, senão também dos de seus ministros. Mas quando chegam àquelas Índias, onde nasce o sol, ou a estas, onde se põe, crescem tanto as mesmas sombras, que excedem muito a medida dos mesmos reis, de que são imagens.[80]

Além do afastamento, da distância, Vieira está se referindo às condições políticas e aos arranjos de poder locais, que poderiam levar os governadores a agirem de forma às vezes cúmplice com os interesses diversos que poderiam se cristalizar nesta ou em qualquer outra parte do Império.[81] Neste sentido, é na sua configura-

---

79 Francisco Adolpho de Varnhagen, *História geral do Brasil*. São Paulo: Melhoramentos, 1975, tomo III, p. 161

80 *Sermões do padre Antônio Vieira da Companhia de Jesus*. Lisboa: Officina de Miguel Deslandes, 1689, quinta parte, p. 343.

81 É o que Stuart Schwartz chamou de o "abrasileiramento" da burocracia. Sua análise mostra como no Brasil burocracia e sociedade "formavam dois sistemas de organização que se entrelaçavam": "A administração dirigida pela metrópole, caracterizada por relações impessoais e categóricas, servia de esqueleto básico para o governo imperial, de estrutura soberana que amarrava politicamente a Colônia à Coroa, como carne e osso. Como no desenho de um livro de textos médicos, contudo, a pele da estrutura formal

ção institucional e na dinâmica política que o anima que se poderá compreender em que medida o sistema político do governo geral acaba se definindo como um espaço intermédio de poder. A maior institucionalização dos poderes dos governadores, já em meados do século XVII, pode ser aferida também com a sua elevação, em termos honoríficos, ao vice-reinado. Com efeito, a partir de 1640 os governadores gerais receberam, no início ocasionalmente, o título de vice-reis. Informada dos reveses da armada do conde da Torre em Pernambuco, em janeiro de 1640, a Corte em Madri resolveu nomear Jorge Mascarenhas, marquês de Montalvão, como "vice-rei e capitão general de mar e terra do Estado do Brasil, empresa e restauração de Pernambuco". Montalvão, fiel ao golpe de dezembro e à nova dinastia, pôde então conservar este título. Isto apenas até o fim atravessado de seu governo em abril de 1641. Título, como se percebe, em certa medida conjuntural. Isto porque, de outro lado, podemos perceber alguma conexão com as reformas administrativas induzidas pelos Habsburgos em Portugal e no espaço imperial.[82] Assim, a formalização e "reinstitucionalização" do

---

do governo podia ser levantada para revelar um complexo sistema de veias e nervos criado pelos relacionamentos primários interpessoais baseados em parentesco, amizade, apadrinhamento e suborno. Aqui acaba a analogia diagramática, já que a teia de relações pessoais era constantemente mudada na medida em que as personalidades, forças e alianças buscavam fontes cada vez maiores de poder e influência. A natureza dinâmica desse processo oferece, pelo menos, uma explicação parcial para a resistência e a longevidade da elite brasileira no regime colonial". Stuart Schwartz, *Burocracia e sociedade no Brasil Colonial: a suprema corte da Bahia e seus juízes, 1609-1751*. São Paulo: Perspectiva, 1979, p. 292. Sobre o assunto, veja meu artigo "Bernardo Vieira Ravasco, secretário do Estado do Brasil: poder e elites na Bahia do século XVII", *Novos Estudos*, São Paulo, Cebrap, 68, p. 107-126, 2004.

82 Sobre o assunto, veja a síntese de Pedro Cardim, "Política e identidades corporativas no Portugal de D. Filipe I''. In: *Estudos em homenagem a João Francisco Marques*. Porto: Faculdade de Letras da Universidade do Porto,

governo geral do Brasil durante o período filipino, e a própria nomeação de um vice-rei, está agora apoiada na criação, no Reino, deste mesmo ofício.[83] Não sem ironia, o padre Vieira dizia que o Brasil, tão decaído depois da invasão holandesa, ganhava os títulos por epitáfios. Citando o poeta, podia dizer que da província, "levantada a Vice-Reino entre as mortalhas, bem se pode dizer por ela também: que depois de [ser] morta, foi rainha".[84]

As guerras holandesas (1630-54) causariam sérios distúrbios jurisdicionais no Estado do Brasil. Antes mesmo, durante o tempo de Matias de Albuquerque, irmão do donatário, os conflitos com o governo da Bahia já tinham resultado na corrosão do poder donatarial.[85] Como mostrou Francis Dutra, a insistência dos governadores gerais, desde o tempo de Diogo Botelho, de permanecerem em Pernambuco e não na Bahia, já implicava no embotamento da

---

2002, p. 275-306. Veja também o livro de Jean-Frédéric Schaub, *Le Portugal au temps du Comte-duc d'Olivares (1621-1640) : les conflits de juridictions comme exercice de la politique*. Madri: Casa de Velásquez, 2001, e o estudo de Roseli Santaella Stela, *O domínio espanhol no Brasil durante a monarquia dos Felipes (1580-1640)*. São Paulo: Unibero, 2000.

83 Regimento do governo [de Portugal], feito a 5 de julho de 1593 (BPE, cod. CV/2-7 a fl. 237-251v); regimento do governo [de Portugal], feito a 21 de março de 1600 (BPE, cod. CV/2-7 a fl. 223-234v); regimento dos governadores [de Portugal] feito em Madri a 23 do mês de julho de 1621 (BPE, cod. CXII/2-15 a fls. 112 - 127v); e o regimento dos vice-reis de Portugal, dado em 18 de junho de 1633 (BPE, cod. CV/2-7 a fl. 252-254).

84 "Sermão da Visitação de Nossa Senhora (1640)". In: *Sermões do padre António Vieira da Companhia de Jesus*. Lisboa: Officina de Miguel Deslandes, 1689, quinta parte, p. 391.

85 Sobre os conflitos entre André Vidal de Negreiros, governador de Pernambuco, e Franscisco Barreto, governador geral, veja alguns parágrafos em meu livro *A Guerra dos Bárbaros: povos indígenas e a colonização do sertão nordeste do Brasil, 1650-1720*. São Paulo: Hucitec/Edusp, 2002, p. 185 e ss.

autoridade dos capitães.[86] Diante dos problemas causados justamente pela indefinição dos limites jurisdicionais dos poderes estabelecidos na América, a monarquia resolveu arbitrar e fixar os limites de cada governo. Quando Afonso Furtado de Mendonça foi nomeado para o governo geral, em 1671, o príncipe esclarecia em regimento que os governos do Rio de Janeiro e de Pernambuco eram a ele subordinados – evitando as dúvidas que surgiam por pretenderem ser independentes.[87] Princípio reafirmado no regimento de Roque da Costa Barreto – o que nos ajuda e compreender a densidade relativa dos dois centros políticos que competiam com a Bahia. Pernambuco, ao Norte, e o Rio de Janeiro, ao Sul, esvaziavam efetivamente o poder do sistema governativo do Estado do Brasil. Reconhecendo a existência de "dúvidas que até agora houve entre o governador geral do Estado e o de Pernambuco e Rio de Janeiro sobre a independência, que pretendiam ter do governador geral", o príncipe resolveu ali "declarar que os ditos governadores são subordinados ao governador geral e que hão de obedecer a todas as ordens que ele lhes mandar, dando-lhe o cumpra-se e executando--as assim as que forem dirigidas a eles, como aos mais ministros da justiça, guerra ou fazenda".[88]

---

86 Francis Anthony Dutra, *Matias de Albuquerque: a Seventeenth-Century Capitão-mor of Pernambuco and Governador-general of Brazil*. Tese de doutorado. Nova York, New York University, 1968, principalmente o capítulo 3 ("Pernambuco vs. Bahia"), p. 140-256.

87 "Regimento do governador e capitão general do Estado do Brasil, concedido pelo príncipe regente D. Pedro a Afonso Furtado de Mendonça... 4 de março de 1671". In: Virgínia Rau (ed.), *Os manuscritos do arquivo da Casa do Cadaval respeitantes ao Brasil*. Coimbra: Universidade de Coimbra, 1955, vol. 1., p. 211.-229.

88 "[...] e para que o tenham entendido, lhe mandei passar cartas que o dito governador leva em sua companhia para lhes remeter com a sua ordem, e lhes ordenará as mandem registrar nos livros de minha fazenda e câmaras, de que lhes enviarão certidões para me dar conta de como assim se executou".

O governo da Bahia, com sua atuação limitada, procurava meios de intervir no empreendimento colonial. Na Guerra dos Bárbaros (1650-1720) ou mesmo nas guerras contra o "quilombo" dos Palmares, a intensa atuação do governo geral deu-se na negociação direta com as câmaras municipais, sobretudo no episódio da contratação das tropas de paulistas, e desprezando acintosamente as jurisdições dos governadores.[89] Como mostrou Dauril Alden, a despeito de os governadores gerais tentarem recuperar sua proeminência nesta segunda metade do século XVII, eles tiveram que conviver com os poderes ampliados dos seus colegas feitos governadores do Rio de Janeiro e de Pernambuco. Com efeito, em 1697, aos governadores do Rio de Janeiro foi concedido definitivamente o título de "governador e capitão general", ampliando os poderes militares do ofício. Em 1714, foi a vez do governo de Pernambuco também incorporar ao ofício tal responsabilidade.[90] Isto feito, os territórios administrados por ambos governadores eram tidos como "capitanias gerais", para distingui-las das demais. No início do século XVIII, já manifesto o ouro no sertão da América, os governadores do Rio de Janeiro passaram claramente a disputar o controle da região com os governadores gerais.[91] A luta pelo controle dos caminhos do sertão é um importante episódio destas décadas iniciais do século.

"Regimento de Roque da Costa Barreto, 23.01.1677". In: Marcos Carneiro de Mendonça, *Raízes da formação administrativa do Brasil*. Rio de Janeiro: IHGB/Conselho Federal de Cultura, 1972, tomo 2, p. 804-805.

89 Pedro Puntoni, *A Guerra dos Bárbaros: povos indígenas e a colonização do sertão nordeste do Brasil, 1650-1720*. São Paulo: Hucitec/Edusp, 2002.

90 Dauril Alden, *Royal Government in Colonial Brazil, with special reference to the Administration of Marquis de Lavradio*. Berkeley: University of California Press, 1968, p. 36-39

91 Veja a tese de Maria Verônica Campos, *Governo de mineiros*. São Paulo, USP, 2002.

A concessão do título vice-reinal para os governadores a partir de 1720, certamente está associada à ampliação dos poderes das capitanias gerais ao sul. Como se sabe, apenas dois outros governadores ostentaram o título antes desta data, quanto o atributo tornase obrigatório: Vasco Mascarenhas, conde de Óbidos (1663-1667), e Pedro Antônio de Noronha Albuquerque e Sousa, conde de Vila Verde e marquês de Angeja (1714-1718). Estes títulos honoríficos, na verdade, diziam respeito mais ao titular do cargo do que às estruturas políticas do governo geral. Como efeito, o Estado do Brasil jamais tornar-se-ia um vice-reinado com autonomia relativa ou poderes amplos, como no caso do Império colonial espanhol.

Percebemos assim, um deslizamento em direção ao sul. Deslizamento acompanhado de um reforço dos poderes metropolitanos ao mesmo tempo que se arquitetava uma redefinição espacial do Estado do Brasil. A resolução de 16 de maio de 1716, feita em provisão dez dias depois, estabelecia expressamente que todos os governadores deveriam cumprir as ordens dos governadores gerais, ou vice-reis (quando fosse o caso), a menos que sejam "contrárias às da Secretaria de Estado ou do Conselho Ultramarino, ou ao notório interesse do real Serviço, e que são obrigados a dar-lhe contos dos seus governos". Contudo, desde a provisão de 19 de janeiro de 1729, a prática fixada era de que os vice-reis não poderiam prover os postos vagos nos diferentes governos do Brasil, onde haviam "governadores imediatos a Sua Majestade".[92] A ampliação dos poderes de um centro político concorrente com a Bahia cul-

---

92 A opinião de D. Fernando José de Portugal e Castro, no ano de 1806, era de que os vice-reis mantinham ainda a preeminência nas matérias relativas à defesa da terra, sendo que quanto à sua "economia e governo interior", as capitanias que passaram a ser administradas por governadores e capitães--generais, tinham "igual jurisdição e poder". M. C. de Mendonça (ed.), *Raízes da formação administrativa do Brasil*. Rio de Janeiro: IHGB/CFC, 1972, tomo 2, p. 804-806.

minará, em 1733, na nomeação de Gomes Freire de Andrade como governador e capitão general do Rio de Janeiro. Na ocasião, de forma excepcional, a capitania de Minas ficou sujeita ao seu governo. Passados quatro anos, a capitania de São Paulo ficou subordinada ao Rio de Janeiro. Desta forma, o governo de Gomes Freire compreendia a maior parte do Brasil: o Rio de Janeiro, São Paulo, Minas Gerais, Mato Grosso, Goiás, Santa Catarina, Rio Grande do Sul e, no extremo, a Colônia de Sacramento. Até a sua morte, em 1663, ele exerceria estes poderes dilatados, contando com a proteção da metrópole. Sendo assim, quando o conde da Cunha, Antonio Alvares da Cunha, foi nomeado vice-rei do Brasil em outubro de 1763, ordenou-se que viesse residir no Rio de Janeiro, o que apenas consumava o deslocamento gravitacional do sistema político do Estado do Brasil.

2. "COMO CORAÇÃO NO MEIO DO CORPO":
Salvador, capital do Estado do Brasil

> Depois que el-rei soube da morte de Francisco Pereira Coutinho e da fertilidade da terra da Bahia, bons ares, boas águas e outras qualidades que tinha para ser povoada, e juntamente estar no meio das outras capitanias, determinou povoá-la e fazer nela uma cidade, que fosse como coração no meio do corpo, donde todas se socorressem e fossem governadas.
>
> Frei Vicente do Salvador, *História do Brasil*, 1627, III, 1.

AS PRIMEIRAS VILAS na América portuguesa antecedem a criação do Estado do Brasil. Durante o período de proeminência exclusiva das capitanias, várias vilas foram criadas por iniciativa dos donatários a quem as competia definir, segundo o foro e os costumes do Reino, com seu termo, jurisdição, liberdades e insígnias respectivas. A vila de São Vicente, ereta em 1532, foi o primeiro município instituído na América portuguesa. Reproduzindo a ordem política da sociedade ibérica, tendo por base as instituições romanas, os municípios foram criados no território americano como entidade político-administrativa. Desde meados do século XV, as *Ordenações Afonsinas*

(1446) já haviam reduzido a instituição concelhia portuguesa a um único tipo, uniformizando-a para todo o Reino. Regidas pelos forais que previam a delimitação de um território e seus habitantes, administradas pelo senado da Câmara, por juízes, um procurador, escrivão, almotacel e outros pequenos funcionários, essas corporações locais desempenharam as mesmas funções e atividades relacionadas à higiene, abastecimento, tributação, obras públicas, ordenamento do solo urbano, segurança etc. Diferentemente do Reino (onde eram, sobretudo, manifestação dos poderes locais e de arranjos da sociedade feudal), no caso da América portuguesa cabia-lhes também, como organismos da colonização, disciplinar os indivíduos, instituir a comunidade e fazer cumprir as ordenações do rei e autoridades metropolitanas.[1] As cartas de doação dos

---

1 Sobre a história do município no Brasil veja clássico estudo de Edmundo Zenha, *O Município no Brasil, 1532-1700*. São Paulo: Instituto Progresso Editorial, 1948. Precursor foi João Francisco Lisboa, n'algumas páginas do seu *Jornal de Timon* (1852-54): *Obras de João Francisco Lisboa* (editadas por Luiz Carlos Pereira de Castro e Antônio Henriques Leal). Lisboa: Typographia Mattos Moreira & Pinheiro, 1901, vol. 2, p. 164. Acho também importante o pequeno estudo de Diogo de Vasconcelos, "Linhas gerais da administração colonial", *Revista do Arquivo Público Mineiro*, Belo Horizonte, XIX, p. 101-125, 1921. Para uma abordagem da história dos Concelhos no império veja o trabalho de Charles Ralph Boxer, *Portuguese Society in the tropics: the municipal councils of Goa, Macao, Bahia and Luanda, 1510-1800*. Madison e Milwaukee, 1965. Richard Morse estudou as relações entre o público e o privado na municipalidade, destacando o papel das câmaras: "A evolução das cidades latino-americanas", *Cadernos do Cebrap*, São Paulo, nº 21, 1975. No mesmo sentido, veja o artigo de A. J. R. Russel-Wood, "O governo local na América portuguesa: um estudo de divergência cultural", *Revista de História*, São Paulo, USP, 109, p. 25-79, 1977. Para Portugal é imprescindível partir das tentativas de classificação de Alexandre Herculano nos seus 4 volumes da *História de Portugal* (Lisboa, 1846-53); veja também os estudos de Maria Helena Coelho e Joaquim Romero de Magalhães, *O Poder Concelhio: das origens às cortes constituintes*. Coimbra, 1986; de Joaquim Romero de Magalhães, "Reflexões sobre a estrutura municipal portuguesa e a sociedade colonial portuguesa", *Revista de História Econômica e Social*, 16, 1986; e os capítulos "Os

capitães, assim como os forais, delegavam poderes de "por si" fazerem vilas "todas e quaisquer povoações que na dita terra se fizerem". Aos donatários cabia definir quais povoados chamariam de "vilas e terão termo e jurisdição, liberdade e insígnias de vilas segundo o foro e costume" do Reino.[2] Juntamente, recebiam como patrimônio os ofícios das alcaidaria-mores e, também, os poderes necessários para criar e prover alguns dos ofícios municipais, como tabeliães do público e do judicial. Com isso, reproduziam os privilégios que o rei concedera a Martim Afonso, quando este fora nomeado capitão-mor da armada e da terra do Brasil. A carta de poder, de 20 de novembro de 1530, dava-lhe autoridade para criar ofícios, assim que tomasse posse da terra, para que as "coisas da justiça e governança" fossem corretamente administradas. A princípio, deveria prover dois tabeliães, mas, se lhe parecesse necessário, poderia "criar e fazer de novo e prover por falecimento dos que criar os ofícios da justiça e governança da terra". Com total e plena

---

Concelhos", de José Mattoso, "Os Concelhos" de Joaquim Romero Magalhães, e "Os concelhos e as comunidades", de Nuno Gonçalo Monteiro. In: José Mattoso (org.), *História de Portugal*. Lisboa: Estampa, 1993, vol. 2, p. 205-241, vol. 3, p. 175-185 e vol. 4, p. 303-331. Veja também o importante trabalho de Nuno Gonçalo Monteiro e César Oliveira, *História dos municípios e do poder local (dos finais da Idade Média à União Europeia)*. Lisboa: Círculo dos Leitores, 1996; Maria Fernanda Baptista Bicalho, "Centro e periferia: pacto e negociação política na administração do Brasil Colonial", *Leituras*, Biblioteca NHacional de Lisboa, 6, p. 17-39, primavera 2000; e, da mesma autora, o livro *A Cidade e o Império: o Rio de Janeiro na dinâmica colonial portuguesa, séculos XVII e XVIII*. Rio de Janeiro: Civilização Brasileira, 2003. Sobre os municípios no período da dominação holandesa e sua adaptação ao novo contexto colonial, veja o recente estudo de Fernanda Trindade Luciani, *Munícipes e escabinos: poder local e guerra de restauração no Brasil holandês (1630-1654)*. São Paulo: Alameda, 2012.

2   "Foral da capitania de Pernambuco, para Duarte Coelho, 24.09.1534". In: Maria José Mexia Bigotte Chorão (ed.), *Doações e forais das capitanias do Brasil*. Lisboa: IAN/TT, 1999, p. 21-25.

autoridade derivada da pessoa do Rei, no que o diploma enfatizava: "como se por mim e por minhas provisões o fossem".[3]

No caso da América portuguesa, a presença do governo geral orientava de maneira decidida a empresa colonial – de acordo com os interesses dos poderes do centro e dos interesses localmente negociados pelos próprios mandatários. Desde a chegada de Tomé de Souza, em 1549, a força política do governo geral se fez sentir aliada ao seu poder militar estratégico. O consenso com os colonos e ou outros agentes foi pouco a pouco sendo forjado no sentido de permitir a expansão de uma sociedade que se inventava e que necessitava desta mesma orientação centralizada e da segurança oferecida pelas armas do rei, seja diante dos índios bravos ou dos ataques de piratas e corsários.[4] É importante notar ainda que o governo geral tinha a missão inicial de fundar uma cidade, Salvador, para ser a sede de uma jurisdição que seria, mais tarde, conhecida como o Estado do Brasil. Esta cidade, por sua vez, deveria organizar-se politicamente em torno do instituto concelhio. No caso particular, a força política do sistema do governo geral teve de constituir ao mesmo tempo o poder local com o qual articularia o empreendimento de colonização. Como já havia percebido Oliveira Vianna, no período colonial, os núcleos urbanos nas regiões periféricas da América "eram resultantes da ação urbanizadora das autoridades coloniais, e não criações espontâneas da massa".[5]
Edmundo Zenha notara, no mesmo sentido, que na América o

---

3   Carta de poder para Martim Afonso de Souza, Vila Verde, 22.11. 1530, ANTT, Chancelaria Mor, D. João III, fl. 103.

4   Fernando A. Novais, *Portugal e o Brasil na crise do Antigo Sistema Colonial (1777-1808)*. São Paulo: Hucitec, 1979 (1974); e Luiz Felipe de Alencastro, *O trato dos viventes: a formação do Brasil no Atlântico Sul, séculos XVI e XVIII*. São Paulo: Companhia das Letras, 2000.

5   Oliveira Vianna, *Instituições políticas brasileiras*, 2ª ed. revista pelo autor. Rio de Janeiro: José Olympio, 1955, vol. 1, p. 135.

"município surgiu unicamente por disposição do Estado que, nos primeiros casos, no bojo das naus, mandava tudo para o deserto americano: a população da vila, os animais domésticos, as mudas de espécies cultiváveis e a organização municipal encadernada no livro I das *Ordenações*...".[6]

Sendo assim, as vilas na América eram, desde o início, símiles dos concelhos municipais do Reino. Símiles, porque não reproduziam exatamente a dinâmica social portuguesa, mas a reinventava em um ambiente social movediço e excêntrico às regras do Antigo Regime peninsular. Faoro percebia este aparente paradoxo, afinal, "para dominar as populações dispersas fixou-se o estatuto do governo local".[7] Na periferia, o município apresentou-se como o mecanismo institucional mais próximo da realidade da colonização, organizando civil e politicamente a comunidade de empreendedores que se incrustavam em determinada região, isolada e de difícil acesso. A fraqueza inicial dos poderes intermédios, que se constituiriam no encontro dos interesses dos dois polos do sistema colonial (ambos orientados pelo mercado), transformou os municípios nessas zonas de fronteira do Império como que em verdadeiros motores políticos da colonização. Seguindo ainda a sugestão de Zenha, podemos acreditar que, enriquecidos de funções em comparação com os do Reino, no Brasil os poderes locais não cabiam nos capítulos das *Ordenações*.[8]

O caso da cidade de Salvador é ainda mais interessante. Isto porque sua criação, conjuntamente com o governo geral, lhe

---

6 Edmundo Zenha, *O Município no Brasil, 1532-1700*. São Paulo: Instituto Progresso Editorial, 1948, p. 23.

7 Raymundo Faoro, Os *donos do poder: formação do patronato político brasileiro*. Porto Alegre, 1976 (1958), vol. 1, p. 147.

8 Edmundo Zenha, *O Município no Brasil, 1532-1700*. São Paulo: Instituto Progresso Editorial, 1948, p. 40.

destinava um papel diferenciado e mais ativo no sistema político do Estado do Brasil. Como já foi dito, Tomé de Sousa havia sido nomeado, sobretudo, como capitão de uma fortaleza que deveria erguer na Baía de Todos os Santos, fundamento de uma cidade que fosse, nas palavras de frei Vicente do Salvador, "*como coração no meio do corpo*", donde todas as demais pudessem se socorrer e serem governadas. O regimento de 1548 e a carta de poder de 1549, neste particular, são muito claros: el-rei mandara que o governador fizesse "uma fortaleza e povoação grande e forte na Bahia de Todos os Santos, por ser para isso o mais conveniente lugar que há nas ditas terras do Brasil, para dali se dar favor e ajuda às outras povoações, e se ministrar justiça e prover nas coisas que cumprem a [seu] serviço e aos negócios de [sua] Fazenda". Assim, notificava-se a "todos os capitães e governadores das ditas terras do Brasil, ou a quem seus cargos tiverem, e aos oficiais da Justiça e de minha Fazenda em elas, e aos moradores das ditas terras", que havia sido nomeado Tomé de Sousa por "capitão da dita povoação e terras da Bahia e governador geral da dita capitania e das outras capitanias e terras da dita costa".[9]

9 "Tanto que chegardes à dita Bahia, tomarei posse da cerca que nela está, que fez Francisco Pereira Coutinho, a qual sou informado que está ora povoada de meus vassalos, e que é favorecido de alguns gentios da terra, e está de maneira que, pacificamente, sem resistência, podereis desembarcar e aposentar-vos nela com a gente que convosco vai; e, sendo caso que a não acheis assim, e que está povoada de gente da terra, trabalhareis por tomá-la o mais a vosso salvo e sem perigo da gente que puder ser, fazendo guerra a quem quer que vos resistir; e o tomardes posse da dita cerca será, em chegando ou depois, em qualquer tempo que vos parecer mais meu serviço". "Regimento que levou Tomé de Souza, Governador do Brasil, Almerim 17.12.1548". In: Joaquim Romero Magalhães e Susana Munch Miranda, "Tomé de Souza e a instituição do Governo Geral (1549): documentos", *Mare Liberum*, Lisboa, CNCDP, 17, p. 7-38, 1999.

Soares de Sousa, escrevendo quase trinta anos passados da fundação, historiava que, uma vez morto o donatário pelos índios, D. João III havia decido retomar a capitania "para a fazer povoar *como meio e coração de toda esta costa* e mandar edificar nela uma cidade onde se pudesse ajudar e socorrer todas as mais capitanias e capitães delas como membros seus". Com efeito, a expedição liderada por Tomé de Sousa contava com pelo menos mil homens, entre soldados e povoadores.[10] Luís Dias, que ia por mestre de obras da fortaleza, recebera provimento, com ordenado de 72$000 réis, para traçar os planos e levantar a cidade do "Salvador" (provisão de 7.01.1549). Não obstante, Luís Dias era apenas executor (com autonomia para decidir o sítio exato e fazer os ajustes necessários) de um desenho pré-definido pelo arquiteto Miguel de Arruda. Segundo Beatriz Bueno, que analisou minuciosamente o planejamento da construção da cidade, podemos concluir que Salvador "não se fez portanto de improviso".[11] Sua fundação indicava o "início de uma nova era". Nas palavras do historiador Rafael Moreira,

> tratou-se de um grande empreendimento logístico cuidadosamente preparado, de larga escala, envolvendo um milhar de povoadores (600 soldados e 400 degredados) e uma

---

10 Gabriel Soares de Souza, "Tratado Descritivo do Brasil, em 1587", *RIHGB*, 1851, XIV, parte 2, cap. 1.

11 Beatriz Piccolotto Siqueira Bueno, *Desenho e desígnio: o Brasil dos engenheiros militares (1500-1822)*. Tese de doutorado. FAU-USP, 2001, p. 142-143. Sobre o papel de Miguel de Arruda (que era filho de Francisco de Arruda, o autor da Torre de Belém) no desenho da cidade, veja o artigo de Rafael Moreira, "O arquiteto Miguel de Arruda e o primeiro projeto para Salvador" e o de Manuel C. Teixeira, "A cidade da Bahia no contexto da modernização dos traçados urbanos portugueses quinhentistas", *Anais do IV Congresso de História da Bahia*, Salvador, IHGBa, 2001, p. 123-145 e p. 391-407. Para um estudo da concepção militar e urbanística da cidade de Salvador, veja o livro de Luiz Walter Coelho Filho, *A fortaleza de Salvador na Baía de Todos os Santos*. Salvador: Secretaria da Cultura e Turismo, 2004.

equipe de técnicos – 14 pedreiros, 8 carpinteiros, caiadores, taipeiros – treinados na construção expedita em lugares distantes e inóspitos. Pela primeira vez, transplantava-se para o outro lado do Oceano uma capital inteira, não pensada em termos de possibilidade, como Goa, mas efetiva.[12]

A escolha da Bahia era quase natural, não apenas a sua localização geográfica (num ponto central das possessões americanas de Portugal), pelas qualidades naturais da baía (em termos de defesa da terra, possibilidade de implantação de um polo colonial), como pela conjuntura do domínio senhorial: falecido o donatário, Francisco Pereira Coutinho, resultou tranquila a retomada da terra, mediante pagamento aos herdeiros. Escrevendo em começos de abril de 1549, o padre Manoel da Nóbrega dava notícia ao seu superior da chegada à Bahia e do estado da terra do Brasil. Quando a armada, que levava o governador Tomé de Sousa, seus colegas jesuítas e toda a gente necessária para a empresa, aportou na Baía de Todos os Santos, lá estavam "quarenta ou cinquenta moradores na povoação que antes era". Neste dia 29 de março, estes primeiros moradores receberam os novos colonos, em sua povoação primitiva e mal arrumada, na qual o padre pôde achar "uma maneira de igreja" e lá se aposentar com seus colegas.[13] Cuidando de confessar a gente, dizer logo uma missa (dali a dois dias), os jesuítas se arranjavam, enquanto que o resto da gente da armada foi tomar as providências para a construção de uma nova povoação: na verdade, uma cidade.

A cidade se fez mais ao sul do antigo povoado, erradamente fixado na barra quase indefensável (que passou a se chamar de vila velha), no porto mais seguro na entrada da baía. A primeira providência foi a de

---

12 Rafael Moreira, "O arquiteto Miguel de Arruda e o primeiro projeto para Salvador", *Anais do IV Congresso de História da Bahia*, Salvador, IHGBa, 2001, p. 127.

13 Manoel da Nobrega, *Cartas do Brasil*. Belo Horizonte/São Paulo: Itatiaia/Edusp, 1988, vol. 1, p. 71.

cercar o território da nova cidade com uma cerca de pau a pique, para então arruar e erguer as casas "cobertas de palma ao modo do gentio". Em seguida, decidiu-se pela substituição desta cerca por outra melhor, agora de taipa grossa, "com dois baluartes ao longo do mar e quatro a banda da terra", todos equipados com a artilharia trazida na armada para este mesmo fim. Só então, no relato de Soares de Sousa, o governador cuidou de fundar "a Sé, o colégio dos padres da Companhia e outras igrejas e grandes casas para viverem os governadores, casas da Câmara e cadeia, Alfândega, Contos, Fazenda, armazéns e outras oficinas".[14] O sítio escolhido favoreceu a adoção do modelo português de cidade, implantada em acrópole, destinando à cidade alta as funções administrativas e residenciais, e à baixa, o porto. As condições defensivas eram asseguradas pelo grande desnível entre os dois planos, situados na falha geológica, do lado do mar, e no seu oposto, pelo vale onde havia o Rio das Tripas, tendo sido inicialmente murada. Segundo o risco do arquiteto Luiz Dias, a primeira capital do país desenvolveu-se no sentido longitudinal, paralelo ao mar, seguindo a linha de cumeada, numa trama de ruas praticamente ortogonal, adaptando-se à topografia do sítio. Com os anos, os limites da cidade são rapidamente ultrapassados e dois polos logo se identificam: a praça administrativa, com o Senado e a Casa de Câmara, e o Terreiro de Jesus, onde se estabelecem os jesuítas e o seu Colégio.[15]

Salvador nascia capital – o que denota o seu papel na empresa colonial. Na América, ao contrário da Índia, procurou-se antes a constituição de um sistema político centralizado (o governo geral), definindo *a priori* uma jurisdição territorial (o que seria

---

14 Gabriel Soares de Souza, "Tratado Descriptivo do Brasil, em 1587", *RIHGB*, 1851, parte 2, cap. 3.
15 Inventário de Proteção do Acervo Cultural da Bahia – IPACB. Salvador, 1999 [CD-ROM]; Thales de Azevedo, *O povoamento da cidade do Salvador*. Salvador: Itapuã, 1969.

Estado do Brasil) e, ao mesmo tempo, um projeto de colonização particular (definido no regimento). No Oriente, buscou-se definir o modelo da conquista na ocupação descontínua, dispersa e quase sem território da costa africana. Para Luís Felipe Thomaz, o Estado da Índia deve ser entendido, na sua essência, como "uma *rede*, isto é, um sistema de comunicação entre vários espaços abertos", caracterizado pela "descontinuidade geográfica e pela heterogeneidade das suas instituições", assim como pela imprecisão dos seus limites, tanto geográficos como jurídicos".[16] Analisando o papel desempenhado por Goa no Estado da Índia, Catarina Madeira Santos nota que a localização do poder central não fora definida prontamente. O problema da legitimidade de Goa como capital e, portanto, sede do vice-reinado, fora contestada por projetos alternativos e era indício de uma opção que procurava compatibilizar o modelo europeu aos modelos indígenas preexistentes. Apesar de Afonso de Albuquerque ter criado a Câmara de Goa em 1510, a "localização definitiva do poder central" só ocorreria no governo de Nuno da Cunha, em 1530.[17] Não obstante, é claro que a criação do ofício de vice-rei, que duplicava as *regalias* (isto é, "o conjunto efetivo dos poderes do rei") numa situação exterior ao espaço do Reino, pressupunha o seu assentamento numa cidade que correspondesse à cabeça política do Estado. O que a historiadora nos mostra é que, se "a instituição vice-real e o regime vice-real potenciavam o desenvolvimento de uma cidade capital", tal não se deu imediatamente no caso do Estado da Índia. Desde 1505 estavam dadas as condições jurídicas para a criação da uma cidade-capital ("existia uma capital no sentido jurídico do termo, mas

---

16 Luís Felipe Thomaz, "Estrutura política e administrativa do Estado da Índia no século XVI". In: *Idem, De Ceuta a Timor*. Lisboa: Difel, 1994, p. 208-210.

17 Catarina Madeira Santos, "*Goa é a chave de toda a Índia": perfil político da capital do Estado da Índia (1505-1570)*. Lisboa: CNCDP, 1999, p. 130 e 139.

sem expressão territorial"), que demandaria a conformação das possibilidades da sua cristalização nas situações urbanas preexistentes. Processo que andava junto com o de relativa "territorialização" do sistema vice-real. No caso do Brasil, como se percebe, a criação de um sistema de tipo vice-real (seria necessário realizar aqui uma comparação da natureza dos ofícios) se deu, ao contrário, a partir da fundação de uma cidade-capital. Aliás, Tomé de Sousa fora nomeado primeiramente como "capitão da povoação e terras da dita Bahia de Todos os Santos" e, só então, "governador geral da dita capitania e das outras capitanias e terras da costa do dito Brasil". Como vimos, sua missão era a de erguer inicialmente uma cidade que fosse cabeça política do Estado do Brasil, para então instaurar um novo espaço jurisdicional, múltiplo, e, ao mesmo tempo, proceder à acomodação dos diversos outros poderes. O regimento de 1548 explicitava assim a vontade do rei:

> uma povoação grande, e tal qual convém que seja, para dela se proverem as outras capitanias, como, com ajuda de Nosso Senhor, espero que esta seja e deve ser em sítio sadio e de bons ares, e que tenha abastança de águas, e porto em que bem possam amarrar os navios e vararem-se quando cumprir, porque todas estas qualidades ou as mais delas que puderem ser, cumpre que tenha a dita fortaleza e povoação, *por assim ter assentado que dela se favoreçam e provejam todas as terras do Brasil*.[18]

Sendo assim, cabe destacar o papel desempenhado pela autoridade na própria edificação material da cidade da Bahia - autoridade

---

[18] "Regimento que levou Tomé de Souza, Governador do Brasil, Almerim 17.12.1548", item 7 (os grifos são meus). In: Joaquim Romero Magalhães e Susana Munch Miranda, "Tomé de Souza e a instituição do Governo Geral (1549): documentos", *Mare Liberum*, Lisboa, CNCDP, 17, p. 7-38, 1999.

que ao mesmo tempo lhe instituía a existência jurídica. Daí que, nas palavras de Zenha, podemos afirmar que, no Brasil, "o município foi edificado".[19]

A missão universal era, ao mesmo tempo, móbile e pretexto para a colonização do Novo Mundo. Neste sentido, no regimento de Tomé de Souza, o rei pontificava: "a principal causa que me moveu a mandar povoar as ditas terras do Brasil, foi para que a gente dela se convertesse à nossa fé católica". A cidade de Salvador foi projetada, desde o princípio, também para desempenhar a função de centro da missionação. A bula para criação do bispado nas terras que se chamam do Brasil foi passada no dia 25 de fevereiro de 1551. O bispo indicado por d. João era um clérigo em Évora, Pero Fernandes Sardinha, bacharel que havia tomado grau em Paris. Partiu logo em setembro do Reino, tendo chegado na sua diocese, chamada de São Salvador, ainda no fim do ano. Tomé de Sousa, empenhado por ordem do rei em fortalecer a *capitalidade* de Salvador, comprou entrementes (por 80$000 réis) algumas casas de Pêro de Góis para ali construir, ao lado da catedral, uns modestos paços para o bispo.[20] Fernão Cardim, em carta de outubro de 1583 ao Padre Provincial, dava informação da missão dos jesuítas no Brasil e, entre outras coisas, descrevia a animada vida religiosa de Salvador. A cidade já tinha para ele a vida de uma capital: "a Bahia é cidade del-rei e a corte do Brasil; nela res*idem* os srs. bispo, governador, ouvidor geral, com outros oficiais e justiça de sua majestade".[21]

---

19 Edmundo Zenha, *O Município no Brasil, 1532-1700*. São Paulo: Instituto Progresso Editorial, 1948, p. 25.
20 Francisco Adolpho de Varnhagen, *História geral do Brasil*. São Paulo: Melhoramentos, 1975, tomo 1, p. 254-256.
21 Fernão Cardim, *Tratados da terra e gente do Brasil*. Lisboa: edição de Ana Maria de Azevedo, CNCDP, 2000, p. 217.

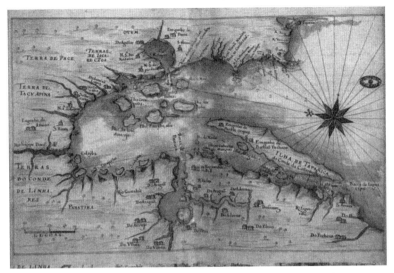

Descrição de todo o marítimo da Terra de S. Cruz chamado vulgarmente o Brazil, feito por João Teixeira [Albernaz], cosmógrafo de sua Majestade, ano de 1640.

O governo político da cidade

Não se sabe, com precisão, quando começou a funcionar a Câmara da cidade. Teodoro Sampaio imaginava que no primeiro de junho de 1549, com base no registro da compra de papel para Garcia d´Ávila, feito almoxarife da Cidade. Affonso Ruy discorda, preferindo o dia 13 daquele mês, quando, segundo relato de Manoel da Nóbrega, se realiza, de forma solene e aparatosa, a procissão do corpo de Cristo, "obrigatoriamente de iniciativa dos conselhos".[22] A Câmara funcionou como previam as *Ordenações* do Reino, com um modesto corpo de oficiais. O Conselho de vereança, ou mesa de vereação, era composto de dois juízes ordinários,

---

22 Affonso Ruy, *História da câmara municipal da cidade de Salvador*. Salvador: Câmara Municipal de Salvador, 1953, p. 25; e Manoel da Nobrega, *Cartas do Brasil...* vol. 1, p. 86.

três vereadores e um procurador. Em 1581, incluiu-se nessa mesa a figura do mestre, representante dos oficiais mecânicos, introduzido na Câmara por ingerência do governo geral, representado na ocasião pelo ouvidor geral Cosme Rangel, em razão da morte de Lourenço da Veiga. Este mestre tinha como atribuição "cooperar com os camaristas na criação dos regimentos dos ofícios e fixação de preço de seus salários e trabalhos de arte".[23]

Desde o seu nascimento, a Câmara desempenhou um papel importante no sistema político do governo geral, revelando-se, muito mais do que a expressão dos poderes locais, um organismo que permitia enfeixar os interesses das elites econômicas e políticas de toda a região produtora do açúcar, isto é, de todo o Recôncavo, e conduzi-los no interior do sistema político superior criado para administrar e gerenciar o projeto colonial português na América. Avanete Pereira de Souza, em estudo minucioso sobre a economia e a política em Salvador no século XVIII, não deixou de notar que, em sua pesquisa, foram encontradas "inúmeras evidências da imbricação e articulação entre o poder monárquico, seus organismos periféricos e a instituição camarária". O fato de Salvador ser reconhecida como *cabeça deste povo e Estado*, como "sede jurisdicional de uma circunscrição que extrapolava a cidade e o termo a ela correspondentes", é decisivo na compreensão do papel que desempenhou no sistema político do Estado do Brasil.[24]

A cidade, como capital do Brasil, deveria organizar-se politicamente em torno do instituto concelhio. No caso particular, a força

---

23 Affonso Ruy, *História da câmara municipal da cidade de Salvador*. Salvador: Câmara Municipal de Salvador, 1953, p. 31; Frei Antônio de Santa Maria Jaboatão, *Novo orbe serafico brasilico ou Chronica dos frades menores da provincia do Brasil*. Rio de Janeiro: Typ. brasiliense de M. Gomes Ribeiro, 1858-62 (1761), parte 2, vol. 1, p. 18-21.

24 Avanete Pereira Souza, *Poder local, cidade e atividades econômicas (Bahia, século XVIII)*. Tese de doutorado. São Paulo, FFLCH-USP, 2003, p. 63.

estatal teve de constituir ao mesmo tempo o poder local com o qual articularia esse "comércio político". Salvador, até meados do século XVIII, desempenharia então um papel central no sistema político do Estado do Brasil. Sua preeminência seria mantida pelas relações especiais que seus oficiais mantinham com os outros corpos mais elevados da República e, em particular, com o próprio governo geral. Em vários momentos de crise, a Câmara de Salvador fora uma das principais protagonistas na política americana de Portugal. No contexto da crise da Restauração, por exemplo, a Câmara de Salvador foi fundamental no processo de reconhecimento e legitimação do duque de Bragança como rei de Portugal, excedendo o desempenho dos corpos intermédios, como era previsto na lógica da legitimação do processo aclamatório. Tão logo a notícia chegou à América, o vice-rei, Montalvão, dirigiu-se à Câmara, onde, reunido com todas as autoridades, aclamaram ao "rei verdadeiro e natural nosso" que se tinha levantado em Lisboa. Na Sé, sobre um missal, todos juraram obediência, a começar pelo marquês e o prelado, seguidos pela Câmara, que o fez em nome de todo o povo. O assento, feito neste dia 15 de fevereiro de 1641, relata o papel dos oficiais municipais no final da cerimônia: "tomando o vereador mais velho, Manoel Maciel Aranha, a bandeira da Câmara nas suas mãos, com vozes altas que todos ouviram, disse *Real, Real, Real, por el-rei d. João IV, rei de Portugal*, o que todo o povo, clero e mais gente em muito número aclamou por três vezes *Viva, Viva, Viva, el-rei d. João IV de Portugal*".[25] O papel da Câmara ainda foi mais importante. Cooperando com o vice-rei, o senado da Bahia enviou, no dia seguinte, para todas as mesas de vereação das demais vilas da América portuguesa uma carta explicando sua adesão e apelando para que fizessem o mesmo.[26] O papel do

---

25 Assento de 15.02.1646, *apud* Affonso Ruy, *História da Câmara Municipal da Cidade de Salvador*. Salvador: Câmara Municipal de Salvador, 1953, p. 116-117.
26 Carta 16.02.1546, *apud ibidem*, p. 118-119.

vice-rei mostrou-se ambíguo, ou pelo menos alguns assim o viram. Com efeito, dois de seus filhos preferiam ficar em Madri e, segundo Calmon, a marquesa teria mesmo concitado o marido a trair o primeiro de dezembro. Antes mesmo do juramento, com as notícias de Lisboa tinham vindo ordens de que o vice-rei deveria ser deposto, no caso de se recusar a reconhecer o novo rei. O jesuíta Francisco de Vilhena trazia estas disposições e não as usou de imediato. Apenas depois de haverem partido para Portugal os emissários com as novidades da América, e talvez por "algum despeito ou ressentimento", como imagina Varnhagen, o jesuíta resolveu exibir a ordem na Câmara. O governador foi então deposto e enviado para Lisboa, assumindo no seu lugar um triunvirato.[27] Lá seria, posteriormente, reparado por esse excesso de zelo dos camaristas.

De todo modo, em recompensa por esses serviços prestados nesta crítica ocasião, e pela fidelidade demonstrada, os cidadãos da Bahia receberiam de D. João, pelo alvará de 22 de março de 1646, mercê dos privilégios iguais aos da cidade do Porto (em 1490). Em meados da década de 1650, D. João IV ainda concedeu a Salvador e a Goa o privilégio de enviar dois procuradores para as cortes que se realizassem em Portugal.[28] Os privilégios eram de natureza a enobrecer os cidadãos, permitindo que portassem armas, que não fossem atormentados em caso de cometerem algum crime, como era prática para com os fidalgos. Na letra do alvará, a principal razão indicada para a mercê era bem concreta, quase

---

27 Francisco Adolpho de Varnhagen, *História geral do Brasil*. São Paulo: Melhoramentos, 1975, tomo 1, p. 320-321. Por carta patente de 4.03.1641, D. João provia D. Pedro da Silva, bispo do Brasil, Luiz Barbalho Bezerra e Lourenço de Brito Correa, um triunvirato para uma "nova forma de governo do Estado do Brasil". AHMS, códice 122.2, Provisões, f. 265-271.

28 Francisco Bethencourt, "As capitanias". In: Francisco Bethencourt e Kirti Chauduri (eds.), *História da expansão portuguesa*. Lisboa: Círculo de Leitores, 1998, vol. 1, p. 344.

venal: o fato de os moradores terem imposto "sobre si subsídios e vintenas para acudir ao sustento do presídio" da cidade.[29]

O local e o intermédio

Retomamos aqui a sugestão de Edmundo Zenha, para quem o governo geral tinha como seu papel fundamental o de instituir e coordenar um "pequeno comércio político-administrativo" com as vilas recentemente criadas. Este "comércio", que pode ser entendido mais como a criação de uma sistema de trocas, fazia-se tendo por pivô o sistema do governo geral – que incluía, além dos ofícios diretamente ligados ao governo (como a provedoria), a Câmara da Bahia, o bispado e, posteriomente, o Tribunal da Relação. Zenha acabou sobrevalorizando o papel das vilas, na medida em que para ele eram os "pontos de referência" da colonização, e "não as capitanias que, praticamente, tiveram existência mais ou menos teórica". Nas suas palavras, "essas vilas municipais formam o todo brasileiro colonial e por elas gira a força estatal que a metrópole desviava para cá".[30] Como vimos, nos séculos XVI e XVIII, o papel desempenhado por outros centros políticos, principalmente Pernambuco e Rio de Janeiro, deve complicar ainda mais este esquema.

Não obstante, o "protagonismo" dos poderes municipais, que organizam no nível local a atuação dos moradores e da elite colonizadora, deve ser acentuado. Não se pode, certamente, imaginar uma rede urbana formada, o que ocorrerá apenas no

---

29 Para o alvará, de 22.03.1646, e uma cópia da carta para a Câmara do Porto, de 04.11.1506 que descreve em minúcias os privilégios concedidos, veja a nota 37 de Braz Amaral em Inácio Accioli de Cerqueira e Silva, *Memórias históricas e políticas da província da Bahia*. 2ª edição anotada por Braz do Amaral. Salvador: Imprensa Oficial do Estado, 1919-1940, vol. 2, p. 84-91.

30 Edmundo Zenha, *O Município no Brasil, 1532-1700*. São Paulo: Instituto Progresso Editorial, 1948, p. 26-27.

século XVIII, com o ouro e os diamantes alterando a gravidade dos núcleos coloniais e produzindo uma conexão inter-regional na América. Até a fundação da cidade de Salvador, em 1549, apenas oito vilas haviam sido criadas no Brasil. A saber: São Vicente (1532), Espírito Santo (1535) Porto Seguro (1535), Santa Cruz (1536), S. Jorge de Ilhéus (1536), Igarassu (1636), Olinda (1537) e Santos (1545). Se o poder local se cristalizava nas instituições municipais, tal processo era, com efeito, débil, O que fica mais claro se comparamos o desempenho dos portugueses com a colonização espanhola. Como mostrou Luis Weckmann, em estudo sobre as "heranças medievais do México", tal como fariam os portugueses, os primeiros povoadores espanhóis do Novo Mundo introduziram o município "como organismo político local, tanto nas Antilhas como na Terra Firme". Como se sabe, "constituição do cabildo era o ato que se seguia a da tomada de posse da nova terra". Os primeiros municípios datam das primeiras viagens dos conquistadores. Colombo, na sua segunda navegação, fundou o município de Isabela, em La Española. Baracoa, em Cuba, data de 1512. Vera Cruz é de 1519.[31] A comparação com a colonização espanhola é eloquente. Enquanto Portugal criara no século XVI apenas 18 núcleos urbanos na América, em suas colônias Castela fundara, apenas até o ano de 1580, cerca de 230! No século XVII, até o fim do domínio habsburgo, Portugal havia criado, no total, 36 núcleos urbanos, enquanto que nos territórios de Espanha, até 1630, estes eram 330.[32] Em termos populacionais, o confronto é ainda mais interessante. Segundo Fernão Cardim, que percorreu a costa do Brasil em 1583, as vilas pareciam quase despovoadas: Itanhaém, Santos e São Vicente, 80 vizinhos cada; Vitória

---

31 Luis Weckmann, *La Herencia Medieval de México*. México: FCE, 1994 (1984).

32 Beatriz Piccolotto Siqueira Bueno, *Desenho e desígnio: o Brasil dos engenheiros militares (1500-1822)*... p. 644.

tinha 150 vizinhos; São Paulo, 150; Ilhéus, cerca de 50 vizinhos; Porto Seguro e Santa Cruz, não mais que 40. As maiores povoações eram Olinda, com mais de dois mil vizinhos ("entre a vila e termo, com muita escravaria da Guiné, que serão perto de dois mil escravos"), e Salvador, com três mil "vizinhos portugueses, oito mil índios cristãos e três ou quatro mil escravos de Guiné".[33]

Criação de vilas e cidades na América Portuguesa

Reinados	Período	Vilas	Cidades	Nomes das cidades
D. João III	1521-1557	10	1	Salvador
D. Sebastião	1557-1580	3	1	Rio de Janeiro
Filipe II	1581-1598	2	1	Filipeia
Filipe III	1598-1621	3	4	Natal, Belém, São Luís, Cabo Frio
Filipe IV	1621-1640	11		
D. João IV	1640-1656	5		
D. Afonso VI	1656-1667	5		
D. Pedro II	1667-1706	10	(1)	(Olinda)
D. João V	1706-1750	31	(2)	(São Paulo) e Mariana (Carmo)
D. José I	1750-1777	60	(1)	Oeiras (Vila de Mocha)
D. Maria I	1777-1808	35		
D. João VI	1808-1822	33	2	Cuiabá e Vila Boa
TOTAL		**208**	**13**	**(sendo 5 anteriores vilas)**

FONTE: Beatriz Piccolotto Siqueira Bueno, *Desenho e desígnio: o Brasil dos engenheiros militares (1500-1822)*. Tese de doutorado, São Paulo, FAU-USP, 2001, p. 643.

Na Hispano-América, em função do que já havia do período pré-colombiano, os colonizadores herdaram algumas cidades gigantescas. A antiga Tenochtitlan, com supostos 300.000 habitantes, mesmo depois da conquista não ficaria abaixo da metade

---

33 Fernão Cardim, *Tratados da terra e gente do Brasil* (1590). São Paulo/Belo Horizonte: Edusp/Itatiaia, 1980, p. 158.

disto. Nos domínios incas, Cuzco não tinha menos de 100.000 moradores. Com a colonização houve uma enorme *débâcle* demográfica. De toda a forma, duas características despontam do sistema de colonização na Hispano-América. De um lado a manutenção das estruturas urbanas existentes, com grande densidade, e, por outro, a multiplicação de núcleos urbanos, sejam municípios ou *pueblos* indígenas, apoio e mecanismo central da construção do império. No final do século XVI, Lima e Potosí, tão distantes das rotas marítimas, tinham mais ou menos 10.000 e 2.500 moradores, respectivamente.[34] A diferença de natureza entre os espaços imperiais é ainda mais clara se observarmos a rede de dioceses que se constituía concomitantemente com a conquista dos espaços e das gentes. No século XVI, antes dominadores de territórios e povos do que de redes mercantis, como eram os portugueses no Oriente, os espanhóis logo cedo desenvolveram uma "complexa estrutura episcopal", que no final do século "já contava com 35 dioceses, subordinadas a cinco arquidioceses, enquanto os portugueses tinham criado doze bispados e apenas um deles tinha dignidade metropolitana".[35]

As cidades e vilas na América portuguesa não se configuram, pois, como centros populacionais – são sobretudo núcleos políticos. Estão decididamente articuladas aos mecanismos em formação do sistema colonial. Sendo assim, acredito que o processo de conquista do território aos indígenas, de implantação de sistemas produtivos, que implicavam na formação de ordenamentos sociais novos e distintos dos que encontramos na metrópole,

---

34 Susan Migden Socolow, "Introduction". In: Louisa Schell Hoberman e Susan Migden Socolow (eds.), *Cities and society in Colonial Latin America*. Albuquerque: University of New Mexico Press, 1986, p. 5.
35 José Pedro Paiva, "Pastoral e evangelização". In: Carlos Moreira Azevedo (org.), *História religiosa de Portugal*. Lisboa: Circulo de Leitores, 2001, p. 282.

tem seus fundamentos na montagem de um sistema político que articula um centro – o governo geral e a capital – e os poderes locais, estes, na verdade, sempre de atuação mais ampla, de caráter quase regional.

Poderes locais e centro político

Como se tem afirmado, a relação entre as instituições municipais e os poderes do centro (próximos ao monarca) é capítulo importante para o entendimento da natureza do poder em Portugal e, consequentemente, do Império. Segundo Romero Magalhães, em Portugal não havia subunidades intermediárias entre os poderes do centro e os poderes locais.[36] O processo de fortalecimento dos poderes centrais em Portugal se fez em dois sentidos aparentemente contraditórios: a partir da expansão imperial, ao mesmo tempo em que a centralização política avançava com a criação de novos conselhos e tribunais articulados à gestão central do poder, isto é, em que o Poder real regulamentava sua vida institucional, este mesmo poder central passa a delegar cada vez mais funções administrativas aos concelhos (e.g., o encabeçamento da sisa em 1527-64, a criação das ordenanças em 1570, a regularização do abastecimento etc.), buscando a consolidação das estruturas políticas orientadas pelo Estado em todas as dimensões da vida social. Seguindo estes passos, Nuno Gonçalo Monteiro tem procurado caracterizar esta dimensão "anti-regional" dos poderes municipais, refletindo sobre o que considera a "escassa

---

36 Joaquim Romero Magalhães, "Os Concelhos". In: José Mattoso (org.), *História de Portugal*. Lisboa, 1993, vol. 3, p. 185; veja também Maria Helena Coelho e Joaquim Romero de Magalhães, *O Poder Concelhio: das origens às cortes constituintes*. Coimbra, 1986; Joaquim Romero de Magalhães, "Reflexões sobre a estrutura municipal portuguesa e a sociedade colonial portuguesa", *Revista de História Econômica e Social*, 16, 1986.

importância dos corpos políticos intermédios e da sua quase nula expressão territorial". Assim, nas suas palavras, "não será apenas a inexistência de instâncias autárquicas regionais o que marca a singularidade portuguesa. É possível estender esta caracterização ao conjunto dos 'corpos intermédios', quer dizer, à totalidade dos corpos que à escala do Reino se situavam entre o centro e a escala (micro) local".[37] É claro que Monteiro está se referindo exclusivamente ao "território continental", isto é, nos marcos do Antigo Sistema Colonial, à região central do sistema, o espaço metropolitano. Se ampliarmos esta reflexão para incorporarmos à análise das estruturas políticas do império português, isto é, da dimensão colonial, teremos uma situação notadamente diferente. Nos territórios ultramarinos, as relações entre os poderes centrais e locais eram mediadas pela presença do governo geral e, neste sentido, pelo aparelho burocrático do Estado do Brasil. No século XVI e até a segunda metade do XVII, o desenho político da América portuguesa fixava no sistema de governo do Estado do Brasil a dinâmica mais efetiva de intermediação entre os poderes metropolitanos e os poderes locais. Sem levarmos em conta o caso do Estado do Maranhão e Grão-Pará, apenas o governo de Pernambuco e o do Rio de Janeiro alimentavam, não sem tensões, outros polos intermédios capazes de desafiar o poder da Bahia. Por algumas vezes, as hierarquias tinham de ser passadas a limpo. Por exemplo, quando foi nomeado Afonso Furtado de Mendonça para o governo geral, em 1671, o príncipe esclarecia em regimento que os governos do Rio de Janeiro e de Pernambuco eram a ele subordinados

---

[37] Nuno Gonçalo Monteiro e César Oliveira, *História dos municípios e do poder local (dos finais da Idade Média à União Europeia)*. Lisboa: Círculo dos Leitores, 1996, p. 114.

– evitando as dúvidas que surgiam por pretenderem ser independentes.[38] O que se reafirmou no regimento do seus sucessor, Roque da Costa Barreto.[39]

Na metade do século XVII, quando a Coroa procura redesenhar o aparelho militar e de controle político do território americano, definiram-se limites ao exercício dos poderes municipais, em particular da Câmara da Bahia. Se o regimento dos governadores gerais estabelecia, desde 1663, "o direito de reexame e impugnação de atos da vereação",[40] isto indicava apenas a forma como a Câmara de Salvador se integrava no sistema político do Estado do Brasil, isto é, do governo geral. Por outro lado, a presença do Tribunal da Relação na Bahia (restabelecido em 12.09.1652) inibia a atuação dos edis, sobretudo nas suas funções de justiça. Assim, não é estranho que a Câmara de Salvador foi a primeira a ter um juiz nomeado por uma junta específica do Tribunal da Relação, a "mesa do desembargo do paço", que reunia o chanceler e o desembargador dos agravos mais velho com o governador geral.[41] A maior intromissão dos poderes centrais viria com a nomeação dos juízes de fora. No caso da cidade da Bahia, mais ainda, todo o senado era eleito pelos desembargadores da Relação. De acordo com Rocha Pita, desde 1696

---

38 Veja o capítulo 39 do "Regimento do governador e capitão general do Estado do Brasil, concedido pelo príncipe regente D. Pedro a Afonso Furtado de Mendonça... 4 de março de 1671". In: Virgínia Rau (ed.), *Os manuscritos do arquivo da Casa do Cadaval respeitantes ao Brasil*. Coimbra: Universidade de Coimbra, 1955, vol. 1., p. 211.-229.

39 "Regimento de Roque da Costa Barreto, 23.01.1677". In: Marcos Carneiro de Mendonça, *Raízes da formação administrativa do Brasil*. Rio de Janeiro: IHGB/Conselho Federal de Cultura, 1972, tomo 2, p. 804-805.

40 Affonso Ruy, *História da câmara municipal da cidade de Salvador*. Salvador: Câmara Municipal de Salvador, 1953, p. 33-34.

41 José da Costa Correia foi nomeado em 27.02.1696. A mesa do Desembargo do Paço era responsável também pelas cartas de seguro, fiança e concessão de perdão.

deixaram de fazer-se por pelouros as eleições dos oficiais do senado da Câmara da Bahia, remetendo-se as pautas dos eleitores ao desembargo do paço, que se faz na relação dela, e em cada um ano as alimpa e escolhe os vereadores e procurador que hão de servir nele, vão nomeando em provisão passada em nome do rei.[42]

Como mostrou Maria Fernanda Bicalho,

> no caso específico das cidades marítimas mais importantes da América portuguesa, uma das principais razões para a criação do cargo de juiz de fora foi sem dúvida a necessidade sentida pela Coroa de intervir nas funções administrativas e financeiras – especificamente tributárias – das câmaras coloniais, para controlar os "descaminhos" e os possíveis prejuízos da Real Fazenda.[43]

Segundo Dauril Alden, na década de 90 do século XVII, a autonomia das câmaras seria ainda afetada pela criação de novas ouvidorias, cujas funções eram também de supervisionar as disposições das câmaras. No início do século XVIII, ampliando o esvaziamento dos poderes municipais, a Coroa irá transferir à Fazenda real a responsabilidade sobre a arrematação dos principais contratos de

---

42 O decreto de constituição dos cargos de juiz de fora e de ouvidores na Bahia é datado de 7.02.1696, AHU, papéis avulsos, Bahia, caixa 3, 253. Veja também Sebastião da Rocha Pita, *História da América Portuguesa* (1730). São Paulo, 1976, livro 8, p. 51. Como mostrou Boxer, tal medida fora antecipada com a nomeação do juiz de fora em Goa. Cf. Charles Ralph Boxer, *Portuguese society in the tropics: the municipal councils of Goa, Macao, Bahia and Luanda, 1510-1800*. Madison and Milwaukee: The Wisconsin University Press, 1965, p. 16.

43 Maria Fernanda Bicalho, *A cidade e o Império: Rio de Janeiro no século XVIII*. Rio de Janeiro: Civilização Brasileira, 2003, p. 349.

impostos.[44] Além disso, neste momento, outras vilas e cidades logo sofreriam intervenção dos poderes centrais: Olinda teve um juiz de fora indicado em 28 de fevereiro de 1700 e o Rio de Janeiro em 14 de março de 1703. Alguns anos depois, a fragmentação do termo de Olinda gerou um dos conflitos mais conhecidos desse início do século. De toda maneira, é importante estar atento para o fato de que a historiografia tem exagerado, aquém e além-mar, o papel dos juízes de fora como agentes da centralização. Affonso Ruy, por exemplo, tinha que desde então a vereação da Bahia tornou-se "um simulacro de corporação executiva, não passando de simples colaboradora do governo geral, submissa, inexpressiva".[45] Ao contrário, como propôs António Manuel Hespanha, nas terras diretamente subordinadas à justiça do rei, por vezes a presença do juiz de fora era a garantia de certa autonomia em relação à atividade dos corregedores. Sendo assim, pode o autor concluir que "o juiz de fora apenas de uma forma muito indireta servia ao controlo pelo poder central dos poderes periféricos".[46] Não obstante, no contexto peculiar do

---

44 Dauril Alden, *Royal Government in Colonial Brazil, with special reference to the Administration of Marquis de Lavradio.* Berkeley: University of California Press, 1968, p. 423-424.

45 Affonso Ruy, *História da câmara municipal da cidade de Salvador.* Salvador: Câmara Municipal de Salvador, 1953, p. 34.

46 No início do século XVIII, o regimento das alfândegas e câmaras do Brasil reviu os emolumentos e propinas dos oficiais da Câmara. Apesar de datado de 20 junho de 1704, entrou em execução em 11 janeiro de 1710 (Affonso Ruy, *História da câmara municipal da cidade de Salvador.* Salvador: Câmara Municipal de Salvador, 1953, p. 34). O senado da Câmara (em 1646, a mesa de vereação passou a poder assim nomear-se) contava, então, com um juiz de fora, três vereadores e um procurador. Eram assistidos por um escrivão (com seus oficiais), pelo tesoureiro das rendas do conselho, por um síndico, pelo porteiro, pelo juiz do povo e por dois mestres. Revelador da importância desmedida do juiz de fora neste corpo de oficiais é, para além dos ordenados, o valor das propinas recebidas por ocasião das procissões. Enquanto o

Estado do Brasil, o desempenho do juiz de fora estava diretamente subordinado às estratégias do sistema político que, em última instância, movia-se para preservar o empreendimento colonial. O papel central da cidade de Salvador e dos outros núcleos políticos no território seria preservado e aperfeiçoado com o controle dos ofícios camarários pelo governo geral. Não parece assim razoável aproximar os dois contextos, nem em termos jurídicos, nem em termos da lógica política. Devemos notar que, no caso da Bahia, a ingerência era mais ampla. Tratava-se do apuramento da pauta e nomeação de todos os oficiais do senado. Tal prática se estenderia para os sistemas locais que estivessem próximos dos aparelhos administrativos periféricos da Coroa. A dissolução da autonomia municipal se faria sentir mais forte no século XVIII. Assim, como ponderava Gomes Freire em 1752, as câmaras não faziam mais "que seguir, aprovar e cumprir o que lhes insinuavam os ouvidores, porque da simpatia dessas autoridades, prestigiosas junto à Relação, dependia muita vez a indicação para um novo período de mando".[47] Com efeito,

---

juiz de fora receberia 80$000 por cada ocasião festiva, os demais vereadores levavam apenas 4$000. (Affonso Ruy, *História da câmara municipal da cidade de Salvador*. Salvador: Câmara Municipal de Salvador, 1953, p. 49). Sendo um oficial letrado, fomentaria a aplicação do direito oficial. Suas rendas permitiam-lhe inserir-se mais alto nas hierarquias locais, realizando conexões que valorizavam a posição social do indivíduo e elevavam o exercício das suas funções. Estes fatores, somados ao simples fato de ser, por princípio, um elemento estrangeiro à terra, garantiam ao juiz de fora o papel de "desagregação da autonomia do sistema jurídico-político local". Cf. António Manuel Hespanha, *As Vésperas do Leviathan: instituições e poder político. Portugal - séc. XVII.* Coimbra: Almedina, 1994, p. 196 e ss. Sobre o papel do juiz de fora, veja também Dauril Alden, *Royal Government in Colonial Brazil, with special reference to the Administration of Marquis de Lavradio.* Berkeley: University of California Press, 1968, p. 431-432.

47 Apud Affonso Ruy, *História da câmara municipal da cidade de Salvador.* Salvador: Câmara Municipal de Salvador, 1953, p. 35.

no Setecentos, quando os governos das capitanias ganham força – com o processo de centralização política e a reestruturação da espacialidade da Colônia com as descobertas das minas de metais e pedras no sertão –, define-se todo um novo desenho destes corpos intermédios de poder, cada vez mais regionalizados, cada vez mais centralizados. Por outro lado, como queria Capistrano de Abreu, este era um momento de construção de identidades locais, ou mesmo regionais, inspiradoras do nativismo e dos interesses particulares que alimentaram diversos motins, sedições e revoltas no século que se iniciava. Para o sertão, "imenso mar de territórios", convergiam os influxos dos múltiplos interesses (coloniais e colonizadores) organizados (ou por sua vez conectados) nos diversos centros políticos da América portuguesa.

3. A PROVEDORIA-MOR:
fiscalidade e poder no Brasil colonial

COM A CRIAÇÃO, EM 1534, de um sistema das capitanias hereditárias, inicia-se, efetivamente a colonização das Américas por Portugal. As doações foram estabelecidas por meio de cartas de doação e forais. Este arranjo político, esta construção jurídica inovadora, estabelecia os marcos de um projeto de colonização – pensado como uma oportunidade para efetiva ocupação, povoamento e valorização daquele vasto território. O domínio régio, legitimado por bulas e tratados, só estaria consolidado com a presença efetiva dos súditos e a promoção dos meios para a conversão (e conquista) dos povos autóctones. Segundo estes dois diplomas, repetidos na prática para cada gesto de doação, ficava estabelecido que (1) seus titulares seriam feitos capitães ou governadores (o capitão-governador poderia nomear um lugar-tenente para tomar conta de sua donataria, e este receberia o título de capitão-mor); (2) as doações seriam feitas em termos hereditários, seriam indivisíveis e estariam dispensadas da Lei Mental (1434); (3) as terras estariam isentas das jurisdições de correição e alçada, conferindo ao capitão-governador senhorio sobre as justiças da terra, com competência para nomear ouvidor, meirinho, escrivães, tabeliães e vetar os juízes ordinários; (4) os donatários receberiam poderes para fundarem vilas e povoados; (5) os donatários seriam responsáveis para defesa da terra; e, por fim, (5) os donatários poderiam (e deveriam) conceder terras em conformidade com o regime das sesmarias. As terras, repartidas seguindo o que estabeleciam as *Ordenações*, seriam doadas a "quaisquer pessoas de qualquer qualidade e condição que sejam, contanto que sejam cristãos". Mais ainda, seus titulares as receberiam "livremente, sem foro nem direito algum", devendo as pagar à Ordem do Mestrado de Nosso Senhor Jesus Cristo somente o dízimo.[1]

Imposto de natureza eclesiástica, o dízimo era na América direito da Monarquia.[2] Como as terras no ultramar estavam sob o padroado régio, cabia ao rei a cobrança do dízimo, como recompensa e mecanismo dos esforços para a expansão da fé. Assim, como lembrava Costa Porto, pagava-se "menos sobre o solo do que sobre a produção – 'os frutos que da dita terra houverem' – ônus menor sobre o morador na qualidade de proprietário, do que de cristão, como tal obrigado a concorrer para o programa da 'propagação da fé'".[3]

A conquista da terra, a implantação destes mecanismos institucionais implicavam que outros tributos e direitos seriam então criados. Em linhas gerais, o sistema fiscal estabelecido era totalmente controlado pelo donatário e previa uma partilha da arrecadação com a Coroa. Cabia à Fazenda do rei: 1) o dízimo eclesiástico (10% dos produtos da terra); 2) o dízimo (chamada, mais comumente, de dízima) dos produtos exportados e importados (10% de direitos

---

1 "Foral da capitania da Bahia, 26.08.1534". In: Maria José Mexia Bigotte Chorão (ed.), *Doações e forais das capitanias do Brasil*. Lisboa: IAN/TT, 1999, p. 53-57.

2 Em razão do que estabelecia a Bula *Praeclara cahrissimi*, de 4 de Janeiro de 1551. Na ocasião, culminando um longo processo de crescente sujeição ao poder régio, o Papa Júlio III concedeu a D. João III, e seus sucessores *in perpetuum*, a união dos mestrados das três ordens militares à Coroa de Portugal.

3 José da Costa Porto, *O sistema sesmarial no Brasil*. Brasília: Edunb, 1979, p. 96.

alfandegários); 3) o quinto dos metais e pedras preciosas (20% sobre a riqueza do subsolo); 4) o estanco do pau-brasil (monopólio desta mercadoria); e 5) o dízimo dos pescados (10% do que era pescado). O donatário receberia: 1) uma pensão anual de 500.000 réis; 2) a vintena da dízima do pescado; 3) redízima (dos tributos recolhidos – dízima e quinto –, isto, é 1%); 4) vintena sobre a exportação do pau-brasil (20% do valor exportado); 5) arrendamento das terras reservadas; 6) direitos banais (moendas d'água, sal e engenhos de açúcar); 7) rendimentos das alcaidarias-mor; direitos de passagem; 8) isenção do pagamento de certo número de escravos.[4]

Os forais estabeleciam que o capitão e os moradores poderiam livremente comerciar com outros portos do Reino e conquistas, respeitando, contudo a cobrança devida às alfândegas (seguindo os direitos reais).[5] A dízima (dez por cento das mercadorias) era recolhida seja no embarque no Reino ou no desembarque no Brasil. Do mesmo modo, as mercadorias vendidas para fora do Reino deveriam pagar a dízima no Brasil antes de serem embarcadas. No caso de se destinarem ao mercado metropolitano, estavam (neste momento) isentas de pagar. Os forais estabeleciam, também, que as "pessoas estrangeiras" deveriam sempre (independente do destino das mercadorias ou de pagamentos anteriores em alfândegas portuguesas) pagar a décima parte no desembarque ou no embarque. Sobre estes ganhos, cabia ao capitão (como falamos) a décima parte.

---

4   "Foral da capitania da Bahia, 26.08.1534". In: Maria José Mexia Bigotte Chorão (ed.), *Doações e forais das capitanias do Brasil*. Lisboa: IAN/TT, 1999, p. 53-57. Para uma tentativa de quantificação destes direitos dos donatários, veja o trabalho de Alberto Gallo, "Aventuras y desventuras del gobierno señorial del Brasil". In: Marcelo Carmagnani, Alicia Hernández Chávez e Ruggiero Romano (coords.), *Para uma Historia de America. II. Los nudos 1*. México: El Colégio de México/FCE, 1999, p. 236 e ss.

5   *Ordenações Filipinas* (1603). Edição de Cândido Mendes de Almeida. Rio de Janeiro, 1870, livro II, tit. XXVI, 13.

Nestes anos iniciais, como se vê, era de responsabilidade do capitão (ou de seu loco-tenente) controlar, fiscalizar e contabilizar todo o sistema fiscal, inclusive a parte da Coroa. Esta, na verdade, podia contar com a presença de um oficial particular, o feitor e almoxarife. No caso de Pernambuco, temos notícia da nomeação (ainda em 1534) de Vasco Fernandes para "arrecadar, feitorizar e aproveitar" a parte que cabia ao rei. Este oficial, uma vez reconhecido e empossado por Duarte Coelho, receberia uma "comissão" de 3% de tudo que arrecadasse para a Fazenda do rei.[6] Havia, por outro lado, plena liberdade de comércio entre as capitanias – isento que estava de quaisquer gravames.

Tal situação seria alterada com a criação do governo geral, em 1548, e com a introdução da provedoria-mor na América. O novo ofício de "governador geral da dita capitania e das outras capitanias e terras da costa do dito Brasil" estorvaria a jurisdição dos capitães donatários. Afinal, o sistema das capitanias criara espaços em parte isentos da interferência da Coroa, isto é, de seus corregedores e de "outras algumas justiças". Este modelo pouco funcionou – com algumas exceções, é claro –, mas foi sobreposto por poder que, apesar de não anular o espaço de autoridade dos donatários, substitui--los-ia em algumas funções, notadamente fiscais e fazendárias.[7] Ao mesmo tempo que foi passado regimento do primeiro governador, Tomé de Souza, foram instituídas as funções e poderes de um ouvidor geral, Pero Borges, de um provedor-mor, Antonio Cardoso de Barros, e de um alcaide-mor, Diogo Moniz Barreto. Assim, além do que estabelecia o regimento de Tomé de Souza, outros dois diplomas criaram e fixaram, conexo ao sistema do governo geral, um *regime fiscal e fazendário peculiar*. O regimento do Provedor-mor,

---

6   DH, vol. 35, p. 35-37; ANTT, Chancelaria-mor, D. João III. livro 7, fls. 164
7   Jorge Couto, *A construção do Brasil: ameríndios, portugueses e africanos, do início do povoamento a finais de Quinhentos*. Lisboa: Edições Cosmos, 1998, p. 231-232.

de Antonio Cardoso de Barros (Lisboa, 17.12.1548) e o Regimento dos Provedores da Fazenda (Lisboa, 17.12.1548) articulam-se com as normas existentes nos quadros das capitanias e propõem mecanismos muito precisos de gestão de um sistema de arrecadação e controle dos direitos da Fazenda real. Os dois regimentos, feitos no mesmo dia, apresentam de forma entrelaçada as suas disposições.[8] Nesse princípios e nessas distâncias, a Fazenda se via naturalmente esbulhada. D. João III, diante do desenvolvimento da produção do açúcar (ainda que pouco significativo em comparação com as rendas do Oriente), considerava a possibilidade de que seus rendimentos crescerem na América ("daqui em diante espero que com a ajuda de Nosso Senhor irão em muito crescimento"). Neste sentido, e como (nas suas palavras) as suas "rendas e direitos da ditas terras, até aqui, não foram arrecadas como cumpriam, por não haverem quem provesse nelas", resolveu por nomear um provedor-mor de sua Fazenda. A escolha recaiu sobre o cavaleiro fidalgo Antonio Cardoso de Barros, então donatário da capitania na costa norte do Brasil, no que seria o Ceará-Piauí. É da opinião de Varnhagen que, para indenizar seus pequenos (e mal sucedidos) esforços para ocupar estas terras, a Coroa lhe fez mercê deste novo ofício.[9]

De partida, interessante é notar que tal ofício não corresponde diretamente a nenhum existente no Reino. Em Portugal, os provedores conhecem principalmente dos testamentos, das albergarias, capelas e confrarias. Segundo Melo Freire, com a introdução do Direito Canônico em Portugal, isto é, das Decretais,

---

8 "Regimento do provedor-mor do Brasil, Antônio Cardoso de Barros, Almerim, 17.12.1548" e "Regimento dos provedores da Fazenda do Brasil. Almerim, 17.12.1548". In: M. C. de Mendonça (ed.), *Raízes da formação administrativa do Brasil*. Rio de Janeiro: IHGB/CFC, 1972, tomo 1, p. 91-98 e 99-116.

9 Francisco Adolpho de Varnhagen, *História geral do Brasil*. São Paulo: Melhoramentos, 1975, tomo I, p. 197-198.

surgiram os privilégios de causas pias, isenções dos clérigos, distinção entre bens eclesiásticos e seculares e outras coisas de igual teor, em numero tão elevado, que para as resolver os nossos reis viram-se na necessidade de criar, em diversas épocas, magistrados especiais, que defendessem e cuidassem de seus direitos e bens, que julgassem em matéria de testamentos e causas pias, que decidissem dos pupilos, órfãos, viúvas, capelas e confrarias, que julgassem em assuntos náuticos e mercantis e de questões de guerra em terra e mar.[10]

Assim, no Reino, os provedores deveriam cuidar sobretudo das "fazendas dos ausentes", tal como definido nas "Leis Extravagantes" (1569)[11] ou nas *Ordenações Filipinas* (1603).[12] Com o tempo, nos mostra António Manuel Hespanha, os provedores, entre funções ligadas à administração dos interesses dos ausentes e da Fazenda, assim como capelas e morgados, assumiram o controle da arrecadação das sisas, impostos recolhidos a nível local, e das terças, que era a parte dos rendimentos das câmaras que cabia ao governo central, sendo normalmente utilizado no reforço das defesas das vilas e cidades.[13]

Com a expansão ultramarina, assistimos uma redefinição do papel deste provedor, quando posto nas margens da economia

---

10 Pascoal José de Melo Freire, *Instituições de Direito Civil Português*, Boletim do Ministério da Justiça, n° 161 e 162, 1966, livro I, p. 114.

11 Duarte Nunes do Lião, *Leis Extravagantes Collegidas e relatadas pelo licenciado... mandado do muito alto e muito poderoso rei Dom Sebastam, nosso senhor*. Lisboa: Antonio Gonçalves, 1569, título XV "Do provedor das capelas" e título XVI "Dos provedores das comarcas", p. 38-43.

12 *Ordenações Filipinas* (1603). Edição de Cândido Mendes de Almeida, Rio de Janeiro, 1870, livro I, título 62, p. 116 ss.

13 *Ordenações Filipinas* (1603). Edição de Cândido Mendes de Almeida, Rio de Janeiro, 1870, livro I, título 62; António Manuel Hespanha, *As vésperas do Leviathan: instituições e poder político. Portugal séculos XVI-XVIII*. Lisboa: Pedro Ferreira Artes Gráficas, 1986, p. 206 e ss.

mercantil do Império. Da "fazenda dos ausentes", o provedor passa cada vez mais a cuidar da Fazenda real. Na ausência deste e, sobretudo, atento ao rendimentos resultantes da atividade comercial e produtiva, quando conexa ao comércio ultramarino. O caso da Ilha da Madeira é particularmente interessante. A implantação de um aparelho administrativo responsável pela percepção das rendas no contexto de uma colonização baseada na produção agrícola revela um caminho que será depois, em parte, seguido para o Brasil. Como nos mostra o estudo de Susana Munch Miranda, em um primeiro momento, a crescente integração da produção da Ilha nos circuitos comerciais europeus levaram à necessidade do "estabelecimento de estruturas aduaneiras orientadas especificamente para a interpretação dos reditos fiscais provenien-te do comercio marítimo".[14] Em 1477, são criadas as alfândegas de Funchal e Machico, subordinadas ao contador – oficial responsável pelo exercício dos direitos fiscais do donatário (no caso o Duque D. Manuel, feito rei em 1495 e, três anos depois, integrando os direitos senhoriais à Coroa).[15]

Em 1508, o cargo de contador será ampliado com o acrescentamento do ofício de provedor. O novo ofício, intitulado de provedoria da Fazenda, reunia essas competências. Ampliadas, talvez, pelo papel cada vez mais importante da alfândega, da contabilidade e controle do seu movimento e dos seus livros e, sobretudo, do arrendamento dos direitos – cada vez menos percebidos diretamente. Hespanha havia considerado que tal aproximação entre a contadoria e a provedoria

---

14 Susana Munch Miranda, *Fazenda Real na Ilha da Madeira (segunda metade do século XVI)*. Funchal: Secretaria Regional do Turismo, Cultura e Emigração – CHAM (FCSH-UNL), 1994, p. 36.
15 Ver também Nelson Veríssimo, *Relações de poder na sociedade madeirense do século XVII*. Funchal: SRTC, 2000, p. 279-294.

era fenômeno corrente no Reino, sempre no nível das comarcas.[16] Contudo, o que assistimos no ultramar parece ser algo diverso. O estudo da institucionalização do aparelho fiscal conexo ao comércio no Reino pode revelar mais da natureza destes mecanismos do que a comparação com os espaços senhoriais e interiores do continente.

Em 1516, o regimento dos Vedores da Fazenda indicava o caminho de centralização a autonomização da estrutura fiscal da Monarquia, pelo menos na dimensão que efetivamente interessava: o comércio ultramarino. No caso do Brasil, o regimento de Antonio Cardoso de Barros inovava ao criar um sistema centralizado e articulado de controle dos direitos reais e da economia no espaço colonial. Se "a experiência é madre das coisas", não só as técnicas de fabrico do açúcar seriam para cá trazidas (e aperfeiçoadas): também os mecanismos de controle dos direitos régios, questão impositiva para a manutenção do aparelho de dominação que se criava gravitando em torno do governador geral na Bahia.

Era esperado que Antonio Cardoso, assim que chegasse à Bahia, se informasse da presença de outros oficiais da Fazenda real em cada capitania do Brasil para realizar um perfeito diagnóstico da situação das rendas e direitos existentes, o que era cobrado e de que forma. Deveria estabelecer na Bahia uma alfândega, perto do mar, estabelecendo uma "casa" para que se fizesse o "negócio de minha fazenda e contos", onde pudesse haver livros (contabilidade). O provedor--mor é feito, pelo Regimento, juiz dos assuntos referentes à Fazenda, tendo jurisdição local até 10$000 réis e respondendo pelas apelações e agravos de outras capitanias no que superasse esse valor. Assim que o governador fosse visitar as capitanias do Brasil, o provedor--mor deveria acompanhá-lo para bem ordenar o trabalho dos provedores, almoxarifes e demais oficiais da Fazenda que houvessem.

---

16 António Manuel Hespanha, *As vésperas do Leviathan: instituições e poder político. Portugal séculos XVI-XVIII*. Lisboa: Pedro Ferreira Artes Gráficas, 1986, p. 206.

Na falta desses, por seu conselho, deveria o governador nomear os necessários, criando assim, em cada capitania uma representação da provedoria. Da mesma foram, em cada capitania deveria haver uma alfândega e casa de contos, para que o provedor-mor pudesse ordenar todos os direitos régios em "ramos apartados" e, então, os arrendando, conseguir melhor resultados. Para normalizar as provedorias nas capitanias, na mesma ocasião foi escrito o Regimento para os Provedores e Oficiais. Como dizíamos, em cada capitania deveria agora existir uma Casa dos Contos, em cujos livros seriam transcritos os direitos dos donatários e (re)escritos os direitos da Coroa. Não foi certamente como efetivamente se estabeleceram as jurisdições fazendárias, ainda incertas e sobrepostas – com provedores de algumas capitanias assumindo o fisco de outras, no mais desprovidas de oficiais dedicados.[17] De toda forma, a provedoria deve ser entendida não como parte das estruturas políticas da capitania, mas como ramificação do sistema centralizado que tinha a cabeça em Salvador e, em última instância, deveria estar sintonizado com ou ainda responder aos comandos do governo geral.

Com o crescimento da produção do açúcar em Pernambuco e a expectativa de implantação de mais engenhos na Bahia, com o estímulo previsto pela presença do governo geral, a Coroa procurou estabelecer um sistema bem ordenado para poder fazer fluir à Fazenda os ganhos fiscais esperados. Ao mesmo tempo, era importante oferecer ao sistema econômico um espaço de arbitragem dos conflitos e de integração da classe produtora (leia-se senhores de engenho e lavradores). Neste momento inicial, para além do estanco do pau-brasil, duas são as principais fontes de renda esperadas: (1) os dízimos dos frutos da terra e (2) as dízimas das mercadorias.

---

17 Mozart Vergetti de Menezes, *Colonialismo em ação – fiscalismo, economia e sociedade na Capitania da Paraíba (1647-1755)*. Tese de doutorado, São Paulo, USP, 2005, p. 64 e ss.

O dízimo era o principal imposto da terra. Imaginado desde o início da colonização, fora estabelecido na América *ex ante* da montagem do sistema produtivo. A responsabilidade pela sua cobrança era do donatário em cada capitania. Na teoria, com o estabelecimento do governo geral, passava-se a responsabilidade para um provedor de cada capitania, supervisionado pelo provedor-mor, nomeado pelo governador do Brasil. Na correta opinião de Ângelo Carrara, em trabalho recente e essencial para o estudo da fiscalidade colonial, o dízimo foi "a principal fonte de rendas do Estado do Brasil até pelo menos 1700, quando a mineração começou a alterar profundamente as estruturas fiscais da Colônia".[18] A cobrança, contudo, foi logo arrendada a particulares e resolvia-se num esquema de ganhos compartilhados com a elite da açucarocracia.[19] O mecanismo de arrecadação dos dízimos já estava estabelecido no Regimento do Governador Geral. De acordo com este, "lavrador algum, nem pessoa outra que fizer açúcares nas ditas terras, não tirará por si, nem por outrem, fora da casa de purgar o dito açúcar, sem primeiro ser alealdado e pago o dízimo dele, sob pena de o perder".[20] O Regimento dos Provedores, no capítulo 52, estabelece

---

18 Ângelo Alves Carrara, *Receitas e despesas da Real Fazenda no Brasil: século XVII*. Juiz de Fora: Editora UFJF, 2009, vol. 1. p. 39.

19 "O arrendamento dos dízimos era um negócio ao qual participavam muitas pessoas porque o contrato, uma vez arrematado, era retalhado e vendido. Vendido uma primeira vez *por atacado* pelo próprio contratador aos chamados *ramistas*. Revendidos depois pelos ramistas, e enfim novamente vendido *ao varejo* nas paróquias, em porções minúsculas. Estas porções eram mesmo minúsculas: a vigésima ou a trigésima parte dos dízimos de uma paróquia, o que significa menos de 1% dos dízimos de uma capitania. Em suma, em cada capitania eram centenas as pessoas que compravam os dízimos". Alberto Gallo, "Racionalidade fiscal e ordem colonial", trabalho apresentado no Colóquio Internacional *Economia e Colonização na Dimensão do Império Português*, São Paulo, 30.09.2008, p. 5.

20 Veja o capítulo 32. Assim, era obrigação do "lavrador ou pessoa outra que tiver açúcar na dita casa do purgar o tiver feito e acabado" comunicar à

que, "para que o açúcar que nas ditas terras do Brasil se houver de fazer, seja da bondade e perfeição que deve ser", haja em cada capitania um alealdador a) escolhido pelo provedor-mor; b) na falta deste, pelo provedor da capitania com o capitão e a Câmara. Este alealdador, para cada arroba que "alealdar e se carregar para fora", ganharia um real à custa do produtor. Era recomendado, naturalmente, que não se alealdasse açúcar "senão sendo da bondade e perfeição que deve".[21] Até 1628, os contratos para a arrecadação do dízimo foram feitos de forma centralizada, para todo o Estado do Brasil. Sendo assim, cabia ao arrematador recolher o imposto em todas as capitanias. Um alvará de 3 de junho de 1630 modificava o sistema e determinava que o dízimo fosse arrecadado em cada capitania – sob a supervisão da provedoria-mor.[22]

O papel do alealdador, com o desenvolvimento do sistema econômico, passou, cada vez mais, a ser exercido por outros indivíduos em sintonia com o arrendatário da cobrança dos dízimos. Segundo o dicionário de Bluteau, o termo, corrente nos séculos anteriores, não mais se usava no começo do século XVIII.[23] Andreoni, no seu *Cultura e opulência*, explica

---

Provedoria que seu açúcar fora "já alealdado, de que mostrará certidão de alealdador, e lhe requererá que vá receber o dízimo". Se o almoxarife, ou quem for, demorar mais de três dias da requisição, pagará vinte cruzados (8$000) de multa, metade para o fabricante e outra "para uma obra pia que o provedor ordenar". Se reincidisse no atraso, outros vinte cruzados. Uma vez separado o dízimo, deveria ser levado para onde fosse encaixotado. M. C. de Mendonça (ed.), *Raízes da formação administrativa do Brasil*. Rio de Janeiro: IHGB/CFC, 1972, tomo 1, p. 108.

21 M. C. de Mendonça (ed.), *Raízes da formação administrativa do Brasil*. Rio de Janeiro: IHGB/CFC, 1972, tomo 1, p. 117-116.

22 "Alvará de 3.06.1628", DH, 15, 293; veja também Ângelo Alves Carrara, *Receitas e despesas da Real Fazenda no Brasil: século XVII*. Juiz de Fora: Editora UFJF, 2009, vol. 1. p. 39.

23 "Lealdarse" era um termo do foral da alfândega, cujo regimento, feito por d. João III, estabelecia que "todo homem que mandasse trazer alguma mercadoria para a sua casa, o fosse dizer primeiro ao provedor e oficiais, e estes

que o caixeiro, trabalhador especializado e presente em cada engenho, era quem deveria pesar o açúcar e reparti-lo com fidelidade entre os lavradores e o senhor do engenho. Em acordo com o contratante, era ele também que deveria tirar "o dízimo que se deve a Deus".[24]

Como notou Koster, no início do século XIX, os impostos pesam "sempre sobre as classes baixas e não alcançam quem os poderia suportar desafogadamente". O contrato do dízimo associava os interesses da elite da açucarocracia com o dos arrendatários, uma vez que a cobrança (na ponta da produção, no "chão da fábrica", era sempre em espécie) que ficava por conta dos senhores de engenho (isentos, por sua vez) resultava em participação nos ganhos. Como notava o senhor de engenho Koster, no caso do dízimo,

> todas as taxas são negociadas ao melhor preço. Divididas em distritos extensos são contratadas a preço razoável mas os proprietários adquirem estas taxas em menores porções, que ainda são retalhadas para outras pessoas e, como há sempre ganho em cada transferência, o povo deve ser, necessariamente, explorado para que esses homens possam satisfazer seus superiores e enriquecer também. O sistema é por si mau e a partilha do espólio o torna ainda mais vexatório".[25]

Quase três séculos decorrem entre a implantação deste sistema e as queixas do engenheiro. Mas esse lamento já se via nos primeiros

---

lhe dessem juramento, se aquilo que pedia se havia de gastar aquele ano em sua casa, e sendo o que pedia conforme a razão, lho concedessem e se escrevesse em certos livros. Este negócio chamam *ir lealdar*". Raphael Bluteau, *Vocabulario portuguez & latino: aulico, anatomico, architectonico...* Coimbra: Collegio das Artes da Companhia de Jesus, 1712-1728, vol. 4, p. 60.

24 André João Antonil, *Cultura e opulência do Brasil, por suas drogas e minas etc.* Lisboa: Officina Real Deslandesiana, 1711, livro I, VIII. Do caixeiro do engenho, p. 21-22.

25 Henry Koster, V*iagens ao nordeste do Brasil*. Recife: Fundação Joaquim Nabuco/Massangana, 2002 (1816), vol. 1, p. 106-107.

anos da colonização. Duarte Coelho, em carta ao rei de 1546, explicava que na cobrança dos dízimos os "senhores de engenho queriam esfolar o povo", afinal "a negra cobiça do mundo é tanta, que turva o juízo aos homens."[26]

É possível imaginar que a arrecadação dos dízimos era atividade de fato lucrativa. Temos, contudo, poucos registros que nos permitam corretamente avaliar o funcionamento desta cobrança. Há, no códice do *Livro Primeiro do Governo do Brasil*, guardado no Itamaraty, um "[papel em] que se mostra o quanto rende assim os dízimos dele [Estado do Brasil] como os direitos que as suas alfândegas se lhe [ao rei] pagam",[27] cuja datação incerta pode ser estimada para 1627. Neste documento, é feita uma avaliação da produção (que era exportada) da economia colonial nas capitanias do Brasil – açúcar, sobretudo – e dos impostos arrecadados. O quadro seguinte sumariza estas informações. Como se percebe, o açúcar corresponde a 92% da produção colonial que era exportada. O dízimo, neste ano, foi contratado por 44:000$00 réis, o que corresponde a apenas 3,1% do valor total do que era exportado. Já o valor efetivamente arrecadado – segundo o documento – foi de 83:750$000 réis, ou seja, 5,9% do valor total. O contrato tinha resultado em um ganho de quase o valor pago. Contudo, a maior parte da arrecadação era obtida na Alfândega, que, de maneira geral, não configurava rendas consignadas diretamente ao Estado do Brasil. Como veremos, os custos mais diretos da máquina burocrática eram cobertos pelos dízimos e, em período posterior à expulsão dos holandeses, também pelas câmaras municipais – sobretudo a da Bahia e suas

---

26 "Carta de Duarte Coelho ao rei, 15.04.1546". In: José Antonio Gonsalves de Mello e Cleonir Xavier de Albuquerque (eds.), *Cartas de Duarte Coelho a el-rei*. Recife: Massangana, 1997, p. 103.

27 "[Papel em] que se mostra o quanto rende assim os dízimos dello [Estado do Brasil] como os direitos que as suas alfândegas se lhe [ao rei] pagam"... (c. 1627), *Livro primeiro do governo do Brasil, 1607-1633*. Edição de João Paulo Salvado e Susana Münch Miranda. Lisboa: CNDP, 2001, fl. 27-31v.

anexas –, que arcaram com grande parte das despesas para o sustento das tropas. Os recursos arrecadados pela alfândega tem destinos outros – por vezes vinculados ao pagamento de algum direito ou tença localmente –, mas ainda falta uma pesquisa mais sistemática que esclareça este aspecto. Vale lembrar que outros tantos seriam cobrados no Reino, e sobre a circulação destas mercadorias, cujos preços ainda seriam majorados no mercado europeu.

No dizer de Brandônio, os rendimentos dos dízimos eram suficientes para sustentar as estruturas políticas e militares do governo da América. No começo do século XVII, o que se recebia dos frutos do açúcar permitia que o rei não gastasse nem despendesse "na sustentação do Estado um só real de sua casa, porquanto o rendimento dos dízimos, que se colhem na própria terra, basta para sua sustentação".[28] Passados poucos anos, o autor de um papel em "que se mostra o quanto rende assim os dízimos dele [estado do Brasil] como os direitos que as suas alfândegas se lhe [ao rei] pagam" (posterior a 1624), incluso no códice do Itamaraty, conhecido como Livro 1º do Governo do Brasil (1607-1633), esclarece que, com os rendimentos do dízimo (que montavam, então, à 110 mil cruzados = 44.000$000),

> sustenta Vossa Majestade o clero, governadores, padres da Companhia, provedor mor e mais ministros da justiça e fazenda, e sustentava o presídio que havia na dita capitania antes de ser tomada dos holandeses, e ainda paga nelas tenças e capitães entretenidos por serviços que fizeram neste Reino.[29]

---

28 Ambrósio Fernandes Brandão, *Diálogos das grandezas do Brasil* (1618). Recife, 1966, p. 74.

29 *Livro 1º do Governo do Brasil (1607-1633)*. Transcrição do manuscrito e edição de João Paulo Salvado e Susana Münch Miranda. Lisboa: CNCDP, 2001, fl. 27.

Açúcar: estimativa da produção e da carga fiscal no Estado do Brasil, c. 1627

PRODUÇÃO DO AÇÚCAR E OUTROS						DIREITOS RÉGIOS				DÍZIMO	
produto	qtde.	un.	valor un.	total	por @	alfândega	por @	consulado	total (1)	contratado (2)	arrecadado (3)
açúcar	**800.000**	**arrobas**		**1.173,6 mi**		**150 mi**		**24 mi**	**174 mi**		**66,15 mi**
açúcar branco	534.000	arrobas	1.600	854,4 mi							
açúcar mascavado	266.000	arrobas	1.200	319,2 mi							
senhores de engenho	350.000	arrobas	1.470	514,5 mi	120	42 mi	30	10,5 mi			51,45 mi
particulares	450.000	arrobas	1.470	661,5 mi	240	108 mi	30	13,500 mi			66,15 mi
açúcar panela	**150.000**	**arrobas**	**800**	**20 mi**		**13,5 mi**		**2, 25 mi**	**15,75 mi**		**6 mi**
senhores de engenho	75.000			60 mi	60	4,5 mi	15	1,125 mi			6 mi
particulares	75.000			60 mi	20	9 mi	15	1,125 mi			6 mi
outros				**116 mi**		**2,4 mi**			**2,4 mi**		**11,6 mi**
tabaco	600.000	quintais	1.600	96 mi		–					
couro, algodão, madeiras e conservas...				20 mi							
TOTAL				**1.409,6 mi**		**165,9**		**26,25 mi**	**192,15 mi**	**44 mi**	**83,75 mi**
total em cruzados				3.524.000		414.750		65.625	480.375	110.000	209.375
						11,8%		1,9%	13,6%	3,1%	5,9%

NOTAS: (1) menos as isenções de Viana e outros portos; (2) valor dos contratos do Brasil; (3) estimativa com base na produção

FONTE: "[Papel em] que se mostra o quanto rende assim os dízimos dello [Estado do Brasil] como os direitos que as suas alfândegas se lhe [ao rei] pagam" ... (c. 1627). *Livro primeiro do governo do Brasil, 1607-1633*. Edição de João Paulo Salvado e Susana Münch Miranda. Lisboa: CNDP, 2001, fl. 27-31v.

Podemos ver isso com detalhes no governo de Gaspar de Souza. Quando foi nomeado, o governador geral recebeu um regimento (31.08.1612) no qual Filipe III mandara que, "para o bom governo do dito Estado", fosse

> ordenado um livro no qual assentassem todas as capitanias dele, declarando as que são da Coroa e as que são de donatários, como as fortalezas e fortes que cada um tem e assim a artilharia que nelas há, com a declaração necessária do número das peças, peso e nome de cada uma, as armas, munições, que nelas ou nos meus armazéns houvesse, gente que tem de ordenança, oficiais e ministros, com declaração de ordenados, soldos e despesas ordinárias que se fazem em cada uma das ditas capitanias, e assim do que cada uma delas rende para a minha fazenda, pondo-se ao dito Livro título de *Livro do Estado*.

Este livro extraordinário foi efetivamente preparado no ano de 1612 com o título de *Livro que dá razão do Estado do Brasil*.[30] Na época, eram sete as capitanias que importavam, cada qual com seus engenhos de açúcar, rendendo dízimos e suportando gastos com os ofícios remunerados. O quadro seguinte mostra como a maior parte da produção concentrava-se em Pernambuco (99 engenhos) e na Bahia (50 engenhos), assim como a arrecadação: 42,65% do dízimo anual do Estado do Brasil provinha da Bahia e 40,34% de Pernambuco.

---

30 Diogo de Campos Moreno, *Livro que dá razão do Estado do Brasil* [1612]. Edição crítica, com introdução e notas de Helio Vianna. Recife: Arquivo Público Estadual, 1955. O regimento de Gaspar de Sousa está publicado em Marcos Carneiro de Mendonça, *Raízes da formação administrativa do Brasil*. Rio de Janeiro: IHGB/Conselho Federal de Cultura, 1972, tomo 1, p. 413.-436.

Quadro financeiro do Estado do Brasil em 1612

Capitania	Qtde. de engenhos	Arrecadação anual dos dízimos	Qtde. de ofícios remunerados	Gastos anuais com os ofícios	Razão gastos/ arrecadação
Porto Seguro	1	80$000	16	442$520	553%
Ilhéus	5	260$000	8	124$050	48%
Bahia	50	18:356$000	305	19:107$840	104%
Sergipe d'El Rei	1	580$000	5	323$920	56%
Pernambuco	99	17:360$000	137	10:311$500	59%
Itamaracá	10	2:400$000	9	432$840	18%
Paraíba	12	4:000$000	39	1:841$760	46%
Rio Grande	1		98	3:561$960	
TOTAL	179	43:036$000	617	32:533$390	76%

Os valores estão em réis.

FONTE: Diogo de Campos Moreno, *Livro que dá razão do Estado do Brasil* [1612]. Edição crítica, com introdução e notas de Helio Vianna. Recife: Arquivo Público Estadual, 1955. Foram corrigidos alguns erros nas totalizações, a partir das indicações de Helio Vianna na colação que fez nos códices do IHGB e da Biblioteca do Porto. A região de São Francisco, apesar de não ser capitania, foi contabilizada por Moreno. Incluímos seus dados nos da capitania da Bahia.

Os dados, sumarizados no quadro acima, ainda mostram como havia uma política financeira que permitia a sustentação de um aparato militar e burocrático em todas as sete capitanias, mesmo no caso de serem deficitárias. Porto Seguro e Rio Grande eram bastante deficitárias. A primeira, gastando com ofícios mais de cinco vezes o que conseguia arrecadar, com um único engenho moendo. O Rio Grande, gastando uma enorme soma (3:561$960 réis) e nada arrecadando. A maior parte deste valor comprometida com os gastos militares: 92 postos que consumiam, anualmente, 3:183$600 réis. A Bahia, sede do governo geral, quase que empatava gastos e receitas.

Mas, somando com as capitanias do centro do Brasil, suas anexas, temos um déficit de 722$33 réis por ano. As capitanias do Norte, Pernambuco e suas anexas (com exceção do Rio Grande), por outro lado, garantiam bons resultados para a Fazenda Real. No final, havia um ganho fiscal de 7:611$940 réis por ano. No total, 76% do que era arrecadado com os dízimos serviam para cobrir a folha de pagamentos do clero, do governo, da fazenda e dos militares. No quadro abaixo podemos ter uma visão disto. Note que não estão incluídos os 3:879$000 réis que eram gastos anualmente com direitos dos donatários (redízima) e outras tenças e pagamentos a particulares. O saldo, em 1612, foi positivo para a Coroa: 3:010$610 réis.

A Coroa, desde o início da colonização, criou subsídios e isenções para estimular a implantação da economia açucareira. O principal deles foi, sem dúvida alguma, a associação do instituto da doação das terras em sesmarias com a doação patrimonial das capitanias hereditárias. Desde 1534, as terras das capitanias do Brasil, de acordo com os sucessivos forais, deveriam ser (em grande parte, com exceção da que poderia restar com o donatário) doadas livremente, isentas de foro, aos particulares interessados na colonização, isto é, na produção. A única condicionante, como definia a lei de 1375, era a obrigação de colocar a terra a produzir. Como mostrou Costa Porto, em Portugal medieval, o instituto da sesmaria fixava que "a cultura do solo é obrigatória tendo em vista o interesse coletivo – o abastecimento".[31] Assim foram mantidas, no Reino, as sesmarias. Nas *Ordenações Filipinas*, de 1603, fica claro que as "sesmarias são propriamente as dadas de terras, casais ou pardieiros, que foram, ou são de alguns senhorios e que já em outro tempo foram lavradas e aproveitadas, e agora o não são. As quais terras e os bens assim danificados e

---

31 José da Costa Porto, *O sistema sesmarial no Brasil*. Brasília: Edunb, 1979, p. 34.

destruídos podem e devem ser dados de sesmarias pelos sesmeiros que para isso forem ordenados". Em nota à edição que preparou das *Ordenações* em 1870, o jurista Candido Mendes comenta: "Como se vê, as dadas das terras virgens do Brasil não se poderia chamar de sesmarias, mas como se achavam desaproveitadas, assim foram também denominadas". A provisão de 5 dezembro de 1653 declarava que às datas de sesmaria não se reputavam bens da Coroa, embora estivessem lançadas nos livros dos *Próprios*.[32]

Desde a chegada do governo geral, a Coroa procurou estimular a implantação de engenhos de açúcar. Um dos mecanismos utilizados foi as isenções fiscais – sobretudo do dízimo, uma vez que as terras doadas em sesmarias estavam livres de foros. O alvará de 21 de julho de 1551 estabelecia que

> toda a pessoa que a sua custa e despesa se for a esta cidade e povoações para nelas viver e as povoar e aproveitar este ano de 51 e no que virá de 52 e assim os que lá mandarem no dito tempo e fazer de novo engenho de açúcares ou reformar os que tinham nesta capitania da Bahia e da de Espírito Santo sejam escusos de pagarem o dízimo de suas novidades por tempo de 5 anos.[33]

Estes mecanismos de isenção fiscal eram exclusivos para a elite da açucarocracia (leia-se, para os senhores de engenho), que detinha o papel de liderança na implantação do sistema econômico tal como projetado no regimento de Tomé de Souza – isto

---

32 *Ordenações Filipinas* (1603). Edição de Cândido Mendes de Almeida. Rio de Janeiro, 1870, livro IV, título 43, p. 822-826. Sobre as sesmarias no ultramar, veja o capítulo 6 do excelente livro de António Vasconcelos de Saldanha, *As capitanias do Brasil: antecedentes, desenvolvimento e extinção de um fenômeno atlântico*. Lisboa: CNCDP, 2001, p. 281-325. Veja também Rodrigo Ricupero, *A formação da elite colonial: Brasil, 1530-1630*. São Paulo: Alameda, 2009, p. 184 e ss.

33 *Documentos para a História do Açúcar*. Rio de Janeiro: Instituto do Açúcar e do Álcool, 1954, vol. 3, p. 111-112.

é, com o partilhamento das atividades agrícolas e manufatureiras (entre lavradores – dedicados apenas ao plantio da cana – e senhores de engenho), de modo a garantir uma expansão mais rápida da produção com menos ônus para o capital.

Uma provisão de 16 de março de 1570, no tempo do governador Mem de Sá, alargou a isenção para dez anos, beneficiando "as pessoas que no Brasil fizerem de novo engenhos de açúcares ou refizerem os que lá estavam feitos". A norma esclarecia que, para evitar "conluios e enganos em prejuízo de meus direitos", el-Rei ordenava que assim que "for de todo acabado e estiver moente e corrente", os engenhos fossem assentados em "um livro que para isso haverá em cada capitania numerado e assinado" pelo provedor.[34] Desta maneira, certidões poderiam ser passadas atestando que o açúcar que chegasse na alfândega provinha de um engenho ainda em exercício da isenção.

Na distância das Américas, com a conivência dos agentes da Coroa, as fraudes, contudo, prosperavam. Diante da falta de pagamentos e dos ardis e conluios resultantes do aproveitamento das inúmeras isenções existentes, a Coroa procura melhor organizar a cobrança do imposto sobre a produção. Em outubro de 1570, o rei fez uma lei para punir os autores de "contratos simulados, conluios e encobrimento de fazendas que se fazem em fraude do Fisco e minha Câmara Real". Em janeiro de 1573, pedia que tal provisão fosse enviada aos ouvidores.[35] Em 17 de setembro de 1577, é publicado o Regimento dos Dízimos do Brasil, que busca ampliar os poderes dos provedores nesta cobrança e

---

34 "Provisão de 16.03.1570", *Translado autêntico do Livro Dourado da Relação da Bahia*, BPE, códice CXV/2-3, fls. 352v-353v. Veja também Vera Lúcia Amaral Ferlini *Terra, trabalho e poder*. São Paulo: Brasiliense, 1988, p. 193.

35 *Translado autêntico do Livro Dourado da Relação da Bahia*, BPE, códice CXV/2-3, fl. 77v.

melhor ordenar a burocracia fiscal. Quando Gaspar de Souza foi nomeado governador, em 1612, o rei lhe passou uma carta em que informava que no "contrato que hora ultimamente se fez dos dízimos daquele estado, houve nele conluio e dano de minha fazenda", tendo o provedor-mor hesitado em assiná-lo. Tendo anulado o contrato, o rei pedia uma investigação para

> saber com nesta matéria se procedeu e se ʻouve dar ou receberem algumas peitas ou outro respeito, assim no arrendamento como no mais procedimento, e se teve o contratador algumas inteligências com alguma ministros da Relação por razão do qual se lhe deram os despachos tão favoráveis e extraordinários.

O rei pedia que, tão logo chegasse, Gaspar de Sousa tirasse informação de "tudo isto" e, ouvidas algumas testemunhas, mandasse um relatório para o Conselho das Índias.[36]

Passados dois anos, um alvará impunha um maior controle na concessão destas isenções por dez anos. Em 1613, a rápida difusão de uma mudança nas moendas da cana do açúcar havia contribuído para o aumento da produtividade dos engenhos. A moenda "de palitos", com três cilindros verticais, vinha substituir aquelas de "prensagem" ou de dois eixos horizontais.[37] Como o rei era agora

---

36 "Carta do rei para Gaspar de Sousa, 9.10.1612", *Cartas para Alvaro de Sousa e Gaspar de Sousa (1540-1627)*. Edição de João Paulo Salvado e Susana Münch Miranda. Lisboa: CNCDP, 2001, p. 155.

37 Nos *Diálogos das grandezas do Brasil* (de Ambrósio Fernandes Brandão, publicado em Leiden no ano de 1618), acompanhamos uma conversa entre Alviano e Brandônio sobre esta novidade. Comentava este último: "Mas agora novamente se há introduzido uma nova invenção de moenda, a que chamam *palitos*, para a qual convém menos fábrica, e também se ajudam deles de água e de bois; e tem-se esta invenção por tão boa que tenho para mim que se extinguirão e acabarão todos os engenhos antigos, e somente se serviam desta nova traça". Ao que respondeu Alviano: "Toda cousa que se faz com menos

"informado de que alguns meses a esta parte os moradores do dito estado inventaram novo modo de moer açucares, a que chamaram engenho, com tão pouca fábrica e despesa",

e se nestes tais engenhos se houvesse de estender a liberdade de vinte e dez por cento ficaria minha fazenda de todo sem direitos; e pois as liberdades que concederam foi por respeito da muita fábrica e despesa que faziam os moradores desta parte com os engenhos que tem, e ora fazendo com tão pouca que não é de consideração, nem gasto, vos mando que não consintais que em nenhuma das capitanias e mais partes deste estado se registrem os trapiches por engenhos, nem deles se passe certidão alguma para se haverem de guardar nas alfândegas deste Reino como se guardam nas outras, nem tenham nome de engenhos porquanto nestes se não entendem os regimentos e provisões que sobre as ditas liberdades são [foram] passadas; e o oficial que o contrário fizer perderá o seu ofício, e lhe será a mão cortada por haver cometido falsidade.[38]

Outras fraudes eram praticadas. No seu *Inquérito sobre a vida administrativa e econômica de Angola e do Brasil*, escrito no final do século

---

trabalho e despensa se deve estimar muito, e pois nesse modo dos *palitos* se alcança isto, não duvido que todos pretendam usar deles...". Cf. Ambrósio Fernandes Brandão, *Diálogos das grandezas do Brasil* (1618). Recife, 1966, p. 85. A grande inovação não estava somente no melhor aproveitamento da energia moente e, portanto, do caldo da cana. A historiadora Vera Ferlini mostra em seu estudo que o novo sistema possibilitou a economia de dois trabalhadores no processo, em razão da maneira mais racional do repasse da cana (a cana devia sempre passar duas vezes pelos cilindros, para o melhor aproveitamento do sumo). Cf. Vera Lúcia Amaral Ferlini, *Terra, trabalho e poder*. São Paulo: Brasiliense, 1988, p. 110-107 e 113. A tecnologia do fabrico do açúcar foi estudada por Ruy Gama, em seu livro *Engenho e tecnologia* (São Paulo, 1983) e pela própria Vera Ferlini no capítulo 3 de seu livro ora citado.

38 "Alvará de 26.05.1614, Lisboa", *Cartas para Álvaro de Sousa e Gaspar de Sousa (1540-1627)*. Edição de João Paulo Salvado e Susana Münch Miranda. Lisboa:

XVI, o licenciado Domingos de Abreu e Brito denunciava o uso geral em todas as capitanias do Brasil de artifícios. Senhores cuja isenção havia caducado logo arrumavam alguma maneira de fazer passar seu açúcar sem o pagamento do dízimo – o que se fazia com o "uso e costume dos donos de engenhos de venderem os tais açúcares em segredo, fazendo concerto com os tais mercadores que lhe compram os ditos açúcares e lhos dão foros [livres] de direitos".[39] Em dezembro de 1613, o governador Gaspar de Sousa denunciava o mesmo tipo de fraude, que se aproveitava justamente das liberdades que haviam sido concedidas aos engenhos. A Coroa havia passado uma provisão, em maio de 1614, para que os trapiches (engenhos menores movidos à força animal) não fossem registrados como engenhos, isto é, passíveis da isenção.[40] Para atalhar todos estes enganos, o governador havia proibido que outros açúcares que não os dos próprios senhorios dos engenhos fossem despachados por eles, a fim de se aproveitarem das liberdades concedidas na alfândega. Gaspar de Sousa, pelo que podemos inferir, havia criado um procedimento no qual os interessados em despachar desta forma seus açúcares deveriam apresentar as suas procurações ao governador para que este autorizasse as que lhe parecesse. O rei, contudo, na carta de 7 de agosto de 1614, contesta tal decisão e diz que nem com o

---

CNCDP, 2001, p. 242-243. Provisão idêntica foi passada ao provedor-mor: "provisão que os trapiches de fazer açúcar se não registre por engenhos em razão de gozarem de liberdade de direitos concedidos aos engenhos de açúcares", datada de Lisboa, 24.05.1614. *Translado autêntico do Livro Dourado da Relação da Bahia*, BPE, códice CXV/2-3, fls. 354-355.

39 Domingos de Abreu e Brito, *Um inquérito sobre a vida administrativa e econômica de Angola e do Brasil, em fins do século XVI, segundo o manuscrito existente na Biblioteca Nacional de Lisboa*. Editado por Alfredo A. Felner. Coimbra: Imprensa da Universidade, 1931, p. 60-61.

40 "Provisão que os trapiches de fazer açúcar se não registre por engenhos em razão de gozarem de liberdade dos dividendos concedidos aos Engenhos de Açúcar, Lisboa, 24.05.1614", *Translado autêntico do Livro Dourado da Relação da Bahia*, BPE, códice CXV/2-3, fls. 354-355.

"cumpra-se" do governador cabia permitir tal isenção.[41] Passados menos de cinco anos, um alvará ordenava que as justificações que devem fazer os senhores de engenho para "gozar da liberdade", isto é, não pagar o dízimo, deveriam obrigatoriamente ser feitas ao provedor-mor e não diante de "ministros a quem não pertencem" (estes assuntos).[42] Com efeito, o governador d. Luis de Sousa havia ordenado que todos os lavradores e senhores de engenhos que "carregam açúcares de liberdade para o Reino" viessem, ao fim do ano, declarar sua produção ao escrivão da Fazenda dos açúcares. Na ocasião, deveriam apresentar uma certidão do contratador dos dízimos do açúcar, para se conferir com a dita conta. Como não havia notícia deste acerto, o que atrasava a navegação e o comércio, o rei ordenava que, se em oito dias ela não aparecesse, os navios já carregados podiam partir sem o despacho da liberdade.[43] Segundo Mauro, em maio de 1644 discutiu-se um projeto do antigo capitão-mor da Paraíba, João Rabello de Lima, que resultou na criação, em cada porto, de um registro de engenhos, onde estariam inscritos aqueles que possuíam isenções. Outras medidas foram tomadas e reforçadas em 1655. Os moradores que possuíam hábitos das ordens militares – e no caso do Brasil, a de Cristo foi a mais comum – também reclamavam o privilégio de não pagar os dízimos. O que será seguidamente contestado pela Coroa, preocupada com os rendimentos

---

41 "Carta do rei para Gaspar de Sousa, 07.08.1614" *Cartas para Álvaro de Sousa e Gaspar de Sousa (1540-1627)*. Edição de João Paulo Salvado e Susana Münch Miranda. Lisboa: CNCDP, 2001, p. 244.

42 "Alvará sobre as justificações que se hão de fazer nos engenhos para efeito de haver de gozar de liberdade, Lisboa, 12.01.1619", *Translado autêntico do Livro Dourado da Relação da Bahia*, BPE, códice CXV/2-3, fls. 355v-356v.

43 "Carta ao governador, d. Luis de Sousa, 07.01.1619", *Livro primeiro do governo do Brasil, 1607-1633*. Edição de João Paulo Salvado e Susana Münch Miranda. Lisboa: CNDP, 2001, fl. 247.

da Fazenda.⁴⁴ Como as ordens religiosas se viam também na ausência deste pagamento, muitas brechas poderiam comprometer os ganhos fiscais, necessários para custear a máquina da burocracia colonial.

No tempo dos Braganças, com o açúcar já estabelecido como principal produto e riqueza do império, as isenções ainda tinham lugar. Mais ainda quando da necessidade de reconstruir a economia na saída da longa guerra contra os holandeses. Os gastos militares haviam crescido de forma extraordinária nestes anos e o custo da defesa do Brasil exigia uma nova atenção para a fiscalidade. Com efeito, um ano antes do golpe de primeiro de dezembro, Filipe IV havia promulgado um novo regimento para provedor-mor do Brasil sobre as despesas das gentes de guerra.⁴⁵ Com a Restauração, o aperto fiscal dos Habsburgos não seria substituído por anos melhores. Contudo, como mostrou Vera Ferlini, o senhores de engenho ganhavam algum alívio. Segundo a historiadora,

> a Coroa portuguesa voltou a reafirmar isenções de dízimo por dez anos, estimulando a retomada da produção, mas se acautelando do vício da proteção. Determinava ser o benefício apenas concedido uma vez a cada engenho, evitando-se a presunção que havia de, acabados os primeiros dez anos de liberdade, deixassem-nos cair, para reedificá-los e tornar a gozar a mesma liberdade. Era criado novo registro para investigar a necessidade de reformas nos engenhos, sendo os senhores obrigados a fazer os consertos necessários. A partir

---

44 Frédéric Mauro, *Portugal, o Brasil e o Atlântico (1570-1670)*. Lisboa: Editorial Estampa, 1989, vol. I, p. 300-301 (trad. port.).

45 "Regimento novo do Provedor mor sobre as despesas da Gente de Guerra & outras cousas, Lisboa, 9.05.1639", *Translado autêntico do Livro Dourado da Relação da Bahia*, BPE, códice CXV/2-3, fls.325v-339.

desta época a concessão da suspensão do pagamento do dízimo se fez com maior vigor.[46]

A evolução dos valores arrecadados com o dízimos foi estudada por Frederic Mauro que publicou, em seu *Portugal, o Brasil e o Atlântico*, um quadro-síntese de grande valor.[47] Com algumas outras informações, é possível desenhar o gráfico seguinte. Mais recentemente, a partir de uma pesquisa exaustiva e de grande valor, Ângelo Carrara apresentou um quadro relativamente diverso – que indica um movimento decrescente no valor real, não no nominal, dos contratos do dízimo a partir da expulsão dos holandeses. Isto depois de uma folga excepcional nos anos de 1655 e 1656, em razão da retomada de Pernambuco ao sistema fiscal.[48]

Se os dízimos eram então consumidos internamente, no sustento da máquina política e eclesiástica responsável pelo governo dos povos, outras receitas traziam ganhos importantes à Fazenda no Reino. Entre estas, a mais importante, sem dúvida, era a dízima das mercadorias. Parte dos direitos reais, como definidos no título XXIV, livro segundo das *Ordenações afonsinas*, as rendas e direitos que se costumam pagar nos portos de mar pertencem ao rei como direitos majestáticos essenciais, na opinião dos intérpretes do direito romano. Com o desenvolvimento do comércio ultramarino e o papel central que desempenha na expansão da economia portuguesa o capital comercial, as rendas

---

46 Vera Lúcia Amaral Ferlini, *Terra, trabalho e poder*. São Paulo: Brasiliense, 1988, p. 195. "Sobre a forma de liberdade que hão de gozar os senhores de engenho no Brasil", Lisboa, 17.12.1755, AHU, registro das provisões, códice 92, 271v-272v.

47 Frédéric Mauro, *Portugal, o Brasil e o Atlântico (1570-1670)*. Lisboa: Editorial Estampa, 1989, vol. 1, p. 335-339 (trad. port.).

48 Ângelo Alves Carrara, *Receitas e despesas da Real Fazenda no Brasil: século XVII*. Juiz de Fora: Editora UFJF, 2009, p. 83-85.

sobre a circulação das mercadorias tornam-se vitais para a sustentação do poder da Monarquia.

Valores dos contratos dos dízimos na Bahia – em cruzados e em marcos de ouro (deflacionados), 1608-1698

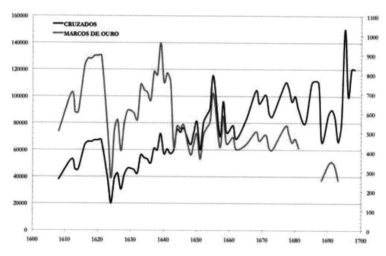

FONTE: Ângelo Alves Carrara, *Receitas e despesas da Real Fazenda no Brasil: século XVII*. Juiz de Fora: Editora UFJF, 2009, anexo 1, p. 125-145; CSS, 2º vol, 1953, p. 117; DH 54, 30 e 183.

Em um primeiro momento, e falamos aqui do século XV, foi sobre o comércio interno que a Monarquia pôde assentar boa parte dos seus ganhos fiscais. Magalhães Godinho, em estudo seminal, mostrava como a generalização das sizas (então um imposto irregularmente lançado à escala da comunidade concelhia), a partir da revolução de 1383-5, transformaram-na em uma fonte assente de receita para o Estado. Mais ainda, "das sizas ninguém está isento; face a este imposto existe igualdade entre todos os que estão no Reino"(...) "trata-se de um imposto de origem concelhia que passa a ser o primeiro imposto geral, definidor do Estado". Como as sizas são um imposto que incide sobre a compra e venda de toda sorte de bens, Godinho lembra que "é como dizer que este redito público assenta na comercialização do próprio Reino, na intensidade das trocas do mercado interno, logo, na irradiação da economia urbana e de mercado". Sinal da sua importância, em 1402 a siza representava ¾ da receita total da monarquia. Contudo, ainda seguindo a argumentação de Godinho, a "extraordinária contração das receitas do Estado", observada ao longo do século XV, teria sido o principal fator a compelir o Estado

> a transformar-se ele próprio em agente econômico extremamente ativo (como forçava as casas senhoriais a lançarem-se nos empreendimentos comercial-marítimos), buscando na navegação oceânica e respectivos tráficos, bem como em certas atividades industriais novas as rendas que a terra já não lhe dá em montante que satisfaça as necessidades crescentes e que a contração econômica lhe nega no mercado interno.[49]

Godinho estima que, em 1518, 68,2% dos recursos do Estado venham do tráfico marítimo (alfândegas, estancos, consulado).[50] Cem anos depois, em 1621, esta razão se mantinha, com as rendas do ultramar representando cerca de 64% das rendas globais.[51] Justamente os anos iniciais do século XVI são os da "ordenação sistemática e completa" dos mecanismos de administração financeira e econômica em novos moldes: a emergência de um Estado burocrático e mercantilista.[52]

---

49 Vitorino Magalhães Godinho, "Finanças públicas e estrutura do Estado". In: Idem, Ensaios. Vol. 2: Sobre história de Portugal. Lisboa: Sá da Costa, s.d. p. 44-45.
50 Idem, p. 44 e 49.
51 A. M. Hespanha, "A fazenda". In: José Mattoso (ed.). História de Portugal. Lisboa: Estampa, vol. 4, p. 223.
52 Um estudo mais detalhado poderia acompanhar este movimento no início do século XVI: (1497-1520) reforma dos forais; (1502) Regimento dos oficiais das cidades, vilas e lugares destes reinos; (1505) início do tombamento de todas as capelas, hospitais e albergarias; (1509) Regimento das Casas das

Na América, a criação da Provedoria em 1548 deve ser entendida neste quadro mais amplo, articulado com a proposição de um sistema político para o governo dos povos e o desenvolvimento da conquista. A Provedoria, braço fiscal e econômico do governo geral, dava condições para organizar a cobrança dos direitos reais e centralizar as despesas com o aparelho militar e administrativo alargado que se instalava na cidade de Salvador, coração do Brasil. Para além dos rendimento dos dízimos, diretamente dependentes dos frutos da terra (leia-se, do açúcar) e consignados na sustentação do governo, os ganhos fiscais da monarquia se ampliavam com a cobrança da dízima nas Alfândegas – agora também estabelecidas na América. À provedoria cabia ampliar o controle sobre a exportação e importação de mercadorias, fiscalizando a obrigatoriedade de que toda circulação fosse feita através dos portos onde houvesse casa de alfândega, ou seja, neste momento e por muitos anos vindouros, em Olinda e Salvador. No mesmo espírito do que fora definido nos forais das capitanias, o rei reservava o direito de cobrar (em espécie) dez por cento das mercadorias que entrassem no Brasil e o mesmo das que saíssem. As isenções eram relativas aos que já haviam pago a dízima no Reino e, no caso das exportações, para os moradores da terra. Definia-se, explicitamente, uma sobretaxa destinada a proteger o mercado português e, nos termos de uma política mercantilista, onerando a atividade de comerciantes estrangeiros.

Cornelis Jansz de Haarlem, que por mais de trinta anos trabalhou com os portugueses – sendo condestável (oficial responsável pelo cuidado com os cartuchos e a preparação da artilharia) em Pernambuco na véspera da conquista holandesa (1630) –, é autor de um dos fragmentos reunidos no relatório de Jean de Laet. Neste papel, entregue aos diretores da Companhia das Índias Ocidentais

---

Índias e Mina; (1512) Artigos das Sizas; (1521) Ordenações manuelinas; (1520) Ordenações da Índia.

quando retornou à Holanda, Cornelis apresenta uma descrição detalhada da fiscalidade no Brasil. Segundo ele,

> todos os gêneros de mercadorias – sem exceção alguma – importados de Portugal não pagavam nenhum imposto em Olinda, desde que trouxessem uma declaração dos cobradores dos portos donde tinham saído de que o imposto devido ao rei tinha sido pago: tratando-se de Portugal, 10% do valor que eles tinham custado segundo as faturas da compra.

O condestável explica, ainda, que se alguém tivesse esquecido ou não encontrasse esta declaração, poderia dar caução que apresentaria o documento em seis meses ou pagar o valor devido. Quando em Portugal, os açúcares pagam mais 23% na alfândega, como direitos de entrada: 20% para o rei e 3% para o consulado.[53] Este último, um tributo, introduzido por Filipe II no ano de 1592 (alvará de 30.7.1592), para que se preparasse uma armada grossa de doze galeões, necessária para se guardar a costa de Portugal e dar segurança às frotas das conquistas.[54]

---

53 Cornelis Jansz de Haarlem, "Os direitos que os portugueses costumam pagar em Pernambuco" (c. 1630). In: João de Laet, *Roteiro de um Brasil desconhecido: descrição das costas do Brasil*. São Paulo: Kapa Editorial, 2007, p. 16. O volume, com transcrição, tradução, introdução e anotação de B. N. Teensma, é publicação integral do manuscrito "Descrição das Costas do Brasil", pertencente à biblioteca John Carter Brown (codex DU. 1).

54 Veja a nota de André Mansuy sobre o *consulado* na sua edição de André João Andreoni, *Cultura e opulência do Brasil por suas drogas e minas etc* [1711]. Introdução e notas de André Mansuy Diniz Silva. São Paulo: Edusp, 2007, p. 175. François Pyrard, nascido em Laval, ficou na Bahia por dois meses (de 13/08/1610 até 7.10.1610), no curso de sua navegação pelo mundo. Descrevendo a cidade e a sua vida naquele ano de 1610, notava – com algum espanto – que não se cobrava nenhum direito sobre as mercadorias vendidas a retalho na terra, assim como não se pagava nenhum foro ou direito pelo uso das terras. As mercadorias, na entrada e na saída, pagam apenas 3% – "e todos os bens, sejam açúcares e outros frutos que

Todos os produtos, vindos de outros países, pagavam os mesmos 23% ao entraram em Portugal e pagariam outros 10% se fossem reexportados para o Brasil, por exemplo. Podemos ter uma visão mais clara do peso da fiscalidade na economia do açúcar ao dimensionar a composição do custo da mercadoria "desde que se levanta em qualquer engenho da Bahia até se por na Alfândega de Lisboa, e pela porta dela afora". O jesuíta Andreoni, no seu *Cultura e opulência*, publicado em 1711, apresenta um rol no qual detalha todos os custos de uma caixa padrão (35 arrobas) de açúcar. Como podemos ver no quadro resumo abaixo, uma caixa de 35 arrobas, que fosse vendida por 1.600 réis no engenho, implicava ainda em um conjunto de custos que resultava em ter ela colocada na alfândega em Lisboa a um valor de 2.416 réis: uma majoração de 51%. Se o que se pagava ao senhor de engenho representava 66,2% deste valor final, os custos com o acondicionamento e transporte local (encaixotamento e deslocamento do engenho até o trapiche e deste para dentro da nau) chegavam a 5%, e com o transporte atlântico, a 14,2%. Os direitos da terra eram irrisórios: 0,4%, referentes ao subsídio da terra (taxa de 300 réis por caixa, arrecadada pela Câmara para auxiliar no sustento da tropa), e o direito do Forte do Mar (pequena taxa de 80 réis por caixa para financiar a construção de uma fortificação na praia, em Salvador).

---

    crescem no país, pagam somente o dízimo, que o rei da Espanha [sic] obteve do Papa". François Pyrad de Laval, *Voyage de François Pyrard de Laval, contenant sa navigation aux Index Orientales, Maldives, Moluques, & au Bresil...* Paris: Chez Louis Billaine, MDCLXXIX [1679], parte segunda, p. 202.

Custo de uma caixa de açúcar branco macho de 35 arrobas, 1711

	réis	% item	% total
1. Valor do açúcar			
Por 35 arrobas de açúcar a 1$600	56.000	100%	66,2%
2. Transporte local			
Pelo caixão no engenho, ao menos	1.200	28,4%	1,4%
Por se levantar o dito caixão	50	1,2%	0,1%
Por 86 pregos para o dito caixão	320	7,6%	0,4%
Por carreto à beira-mar	2.000	47,3%	2,4%
Por carreto do porto do mar até o trapiche	320	7,6%	0,4%
Por guindaste no trapiche	80	1,9%	0,1%
Por entrada no mesmo trapiche	80	1,9%	0,1%
Por aluguel do mês no dito trapiche	20	0,5%	0,0%
Por se botar fora do trapiche	160	3,8%	0,2%
	4.230	100,0%	5,0%
3. Transporte transatlântico			
Por frete do navio a 20$	11.520	95,9%	13,6%
Por descarga em Lisboa, para a alfândega	200	1,7%	0,2%
Por guindaste na ponte da alfândega	40	0,3%	0,0%
Por se recolher da ponte para o armazém	60	0,5%	0,1%
Por se guardar na alfândega	50	0,4%	0,1%
Por cascavel de arquear, por cada arco	80	0,7%	0,1%
Por obras, taras e marcas	60	0,5%	0,1%
	12.010	100,0%	14,2%
4. Direitos da terra[55]			
Por direitos do subsídio da terra	300	78,9%	0,4%
Por direito para o forte do mar	80	21,1%	0,1%
	380	100,0%	0,4%
5. Direitos do Reino			
Por avaliação e direitos grandes, a 800 réis, e a 20 por 100	5.600	46,9%	6,6%
Por consulado a 3 por 100	840	7,0%	1,0%
Por combói a 140 réis por arroba	4.900	41,0%	5,8%
Por maioria	600	5,0%	0,7%
	11.940	100,0%	14,1%
O que tudo importa	84.560		100,0%

FONTE: Pe. André João Antonil (Antonio João Andreoni), *Cultura e Opulência do Brasil, por suas drogas e minas... etc.* Lisboa, 1711, Parte 1, livro III, cap. IX.

---

55 "Subsídio da terra: imposto municipal para a manutenção da tropa da praça. Constava de 300 réis por cada caixa de açúcar com 35 arrobas de peso, e de

O maior gravame era devido aos direitos alfandegários. Andreoni assim anota: "por avaliação e direitos grandes, a 800 réis, e a 20 por 100 = 5.600 réis". Está se referindo ao fato de que, tomando por base o preço do açúcar pago ao senhor (1.600 réis) cobra-se 20% sobre metade (800 réis). Em termos práticos, isto significava 10% do valor da caixa de 35 arrobas. Valor significativo era também o que se cobrava pelo *combóy* (comboio). Esta taxa de 140 réis por arroba fora instituída em 1650 para reforçar a segurança das armadas. O comboio era a forma como se denominavam os navios de escolta para as naus mercantes. Imposto criado na conjuntura da guerra da Restauração, representava, na visão de Antonil, 5,6% do valor final do açúcar. Um gravame à altura das décimas cobradas, na época, no Reino.[56] Segundo André Mansuy, a arrecadação inicial deste imposto permitiu manter 26 naus de guerra. Depois da paz com os holandeses em 1661, "foi reduzido a quatro naus, e logo a duas, sem que os direitos cobrados para assegurar as despesas fossem diminuídos ou suprimidos. Isto foi motivo de queixas dos senhores de engenho e dos negociantes do Brasil".[57] Além disso, havia o consulado (no valor de 3%), que tinha, no fundo, o mesmo propósito. Criado pelo alvará de

---

80 réis por cada fecho com 12 arrobas" e "O Forte do Mar era um dos fortes que defendiam a cidade da Bahia, à entrada do Recôncavo. Começado em 1623 por ordem do governador Diogo de Mendonça Furtado, com planta do arquiteto Francisco de Frias Mesquita, não foi acabado senão em 1728. Ao longo do tempo, o financiamento das obras, muitas vezes interrompidas, foi assegurado graças a vários impostos". Notas de André Mansuy sobre o consulado na sua edição de André João Andreoni, *Cultura e opulência do Brasil por suas drogas e minas etc* [1711]. Introdução e notas de André Mansuy Diniz Silva. São Paulo: Edusp, 2007, p. 174.

56 Joaquim Romero Magalhães, "Décimas para a guerra: as décimas da restauração", *Hispania*, 216, p. 157-182, 2004.

57 Veja a nota 101 de André Mansuy sobre o *comboy* na sua edição de André João Andreoni, *Cultura e opulência do Brasil por suas drogas e minas etc* [1711]. Introdução e notas de André Mansuy Diniz Silva. São Paulo: Edusp, 2007, p. 175.

30.7.1592, o imposto garantia a formação de uma frota de doze navios para a segurança do comércio marítimo. Era cobrado sobre qualquer mercadoria que fosse importada para o Brasil ou dele exportada.[58] No total, os direitos cobrados no Reino correspondiam a 14,1% do valor total da caixa de açúcar, tal como colocada no mercado no Reino. Isso, antes da participação dos lucros dos comerciantes. Quando revendido internamente, o açúcar poderia correr a preços majorados, mas agora desembaraçado de impostos. Se fosse reexportado, pagar-se-ia outros tantos 10% para a Alfândega.

O monopólio português implicava que todas as mercadorias deveriam ser transportadas em navios sob esta bandeira, os únicos com permissão para traficar no Brasil – com exceção dos ingleses, que tinham privilégios garantidos pelos diversos tratados que culminam com o de 1661, referente ao casamento de Catarina, irmã de Afonso VI, com Carlos II. Na verdade, o Tratado de 10 de julho de 1654 já havia confirmado o limite de 23% dos direitos a serem pagos pelos comerciantes ingleses, o que, praticamente, os igualava aos nacionais. Segundo Boxer, este tratado "estabeleceu inequivocamente as relações de força que iriam durar por todo o século seguinte e que podem ser descritas com um autêntico *diktat*".[59] A fiscalização dos mercadores, fossem

---

58 "O tributo do consulado. Entrando no governo do Reino de Portugal el-rei d. Filipe, o prudente, e vendo o muito que tinha despendido do patrimônio Real com sua proteção, introduziu neste Reino no ano de 1592, o tributo novo chamado do Consulado, que são três por cento nas Alfandegas, para com ele fazer todo os anos uma armada grossa de doze galeões, que pudesse guardar a costa e trazer seguras as frotas das conquistas das Ilhas até Lisboa". Raphael Bluteau, *Vocabulario portuguez & latino: aulico, anatomico, architectonico...* Coimbra: Collegio das Artes da Companhia de Jesus, 1712-1728, vol. 2, p. 487. Veja a nota 100 de André Mansuy sobre o *consulado* na sua edição de André João Andreoni, *Cultura e opulência do Brasil por suas drogas e minas etc* [1711]. Introdução e notas de André Mansuy Diniz Silva. São Paulo: Edusp, 2007, p. 175.

59 Charles R. Boxer, *The Portuguese Seaborne Empire, 1415-1825*. Londres: Hutchinson, 1969, p. 335. Outro historiador seria mais enfático: "Pelo

eles nacionais ou ingleses, era feita por algumas chalupas e pelos oficiais encarregados. William Dampier, corsário e navegador, esteve na Bahia em março de 1699, no tempo do governo de João de Lencastro. Comandava o navio Roebuck, prestando serviço para o Almirantado inglês, e descreve minuciosamente a cidade de Salvador e a vida no Brasil. Segundo seu relato, a Alfândega, onde devem ser registradas todas as mercadorias que entram e saem da Bahia, dispõe de cinco chalupas para fiscalizar e impedir as fraudes: "fazem a ronda pelo porto, uma depois da outra, e visitam os navios que suspeitam guardam mercadorias que não pagaram os direitos".[60]

Os impostos resultantes do controle do comércio eram a forma mais eficiente de conseguir resultados (eram formas de exercício do exclusivo metropolitano) e, diferentemente do dízimo, não implicavam em um acerto com as elites produtoras do Brasil. Muito pelo contrário. Na verdade, se o dízimo acabava por financiar a reprodução das estruturas políticas e de mando (inclusive militares) no Brasil, a cobrança nas alfândegas e os direitos como o comboio e o consulado são mecanismos que permitem a extração quase direta de ganhos fiscais pela Monarquia. Consumidos, em parte, pelo aparelho de controle do próprio exclusivo metropolitano, já aparecem nestes difíceis anos da Restauração como um possível alívio nas contas apertadas da Fazenda – apurada com os gastos da guerra na fronteira e com os custos (não só políticos) das alianças com os ingleses e holandeses. Nesta segunda metade dos Seiscentos, o doce açúcar, produzido com amargo sofrimento pelos escravos, parecia ser a salvação do Brasil e, portanto, do Império.

---

tratado de 1654, Portugal tornara-se um virtual vassalo comercial da Inglaterra", Alan K. Manchester, *Preeminência inglesa no Brasil*. São Paulo: Brasiliense, 1973 (1933), p. 30 (trad. port.).

60 William Dampier, *Nouveau Voyage author du monde...* Par Guillaume Dampier. Enricho de Cartes & Figures. Rouen, Chez Eustache Herault, Cour du Palais, M.DCC.XV, vol. 4, p. 47-48. Minha tradução.

4. O CONCHAVO DA FARINHA: espacialização do sistema econômico e o governo geral na Bahia do século XVII

A CONJUNTURA PECULIAR de meados do século XVII – com a Restauração (1640), a consequente guerra com a Espanha (1640-68), a crise geral da economia europeia, a decadência da presença portuguesa no Oriente e, no caso da América portuguesa, a Insurreição Pernambucana (1645-54) – conduziu para a hegemonia, no âmbito do Império português, dos grupos mais envolvidos com o comércio atlântico. Com efeito, o historiador Jaime Cortesão acreditava que, nos 60 anos de domínio filipino, o Império ultramarino português havia sofrido "uma transformação radical", que ele supunha "em estreita relação com a restauração". Nas suas palavras, "até os fins da dinastia de Avis, o Império Português era quase exclusivamente Oriental ou Índico; em 1640, pelo contrário, Ocidental e Atlântico".[1] Esta é uma mudança decisiva para a história da colonização do Brasil e do Império português – ela está profundamente imbricada com as alterações nas dinâmicas e nas estruturas do sistema político do governo geral.

---

1 *A geografia e a economia da Restauração*. Lisboa: Seara Nova, 1940, p. 55, 57 e 69.

A percepção da maior importância do Brasil para o Império já era comum no início do século. Em 1618, nos *Diálogos da grandeza*, Brandônio explica para Alviano que o "Brasil é mais rico e dá mais proveito à fazenda de Sua Majestade que toda a Índia".[2] Alguns anos depois, quando a notícia da queda de Salvador pela força das naus holandesas chegou ao Reino, em 1624, o governador de Portugal, conde de Bastos, escreveu ao rei:

> porque o Brasil leva todo este Reino atrás de si, as rendas reais, porque sem o Brasil, não há Angola, nem cabo Verde, nem o pau que dali se traz, nem alfândegas, nem consulados, nem portos secos, nem condição de que se paguem aos tribunais e ministros seus salários, nem meio de que possam viver e dar vida aos outros, a nobreza, as religiões, misericórdias e hospitais, que tinham nas alfândegas colocados seus juros e suas tenças. E assim foi este golpe o mais universal que poderia padecer o rei, o público e os particulares...[3]

O período posterior à expulsão dos holandeses do Nordeste, em 1654, foi extremamente difícil para a economia açucareira no Brasil. Segundo Stuart Schwartz, se é verdade que fatores internos penalizaram a atividade produtiva, tais como epidemias, secas e outras calamidades naturais, os problemas mais fortes residiam em fatores externos: o crescimento da concorrência interimperial, com a ascensão da produção antilhana e, a partir de 1680, a

---

2 Ambrósio Fernandes Brandão, *Diálogos das grandezas do Brasil* (1618). Recife, 1966, p. 74.
3 Arquivo da Casa de Alba (Madrid), caja 117, fl. 293v *apud* Stuart Schwartz, "O povo: ausente e presente na história da Bahia, *Anais do IV Congresso de História da Bahia*. Salvador, IHGBa, 2001, p. 265. Tal, aliás, um dos temas de um livro de Evaldo Cabral de Mello, *O negócio do Brasil: Portugal, os Países baixos e o Nordeste, 1641-1669*. Rio de Janeiro, 1998.

consequente inflação dos preços dos escravos, dado o aumento da procura na África.[4]

Entre os maiores problemas enfrentados pelo governo geral, seja para manter a ofensiva das tropas luso-brasileiras ou, ainda, para garantir a defesa do Estado, estava a necessidade crescente de recursos para abastecer as tropas. No início do século XVII, com exceção das tropas regulares que vinham com as armadas, a defesa da terra ficara, até então, quase que completamente a cargo das tropas de ordenanças - linhas auxiliares que reuniam os moradores livres e aptos ao exercício militar. Foi com a guerra contra a Espanha, no tempo da Restauração, que Portugal acabou formando um exército permanente em termos modernos.[5] O primeiro terço de tropas regulares foi o da Armada Real, criado no Reino e enviado ao Brasil em 1618. Em 1626, depois de expulsos os holandeses da Bahia pela Jornada dos Vassalos, formou-se em Salvador o primeiro terço de infantaria paga. Na mesma cidade, criou-se outro terço em 1631, chamado de "Novo", em oposição ao Terço Velho. As guerras holandesas (1630-1654) resultaram na formação de outros terços "especiais", como o dos negros de Henrique Dias e dos índios de Felipe Camarão.[6]

Tradicionalmente, os municípios eram encarregados de sustentar as tropas, que, por princípio, estavam ali para primeiramente defender os moradores e garantir a segurança das terras. Com a campanha e a expulsão dos holandeses da Bahia em 1625 e a formação

---

4 Stuart Schwartz, "Introduction". In: Stuart Schwartz (ed.). *A governor and his image in baroque Brazil, the funeral eulogy os Afonso Furtado de Castro do Rio de Mendonça by...* Minneapolis, 1979, p. 13-17.

5 Graça Salgado (coord.), *Fiscais e Meirinhos: a administração no Brasil Colonial*. Rio de Janeiro: Nova Fronteira, 1985, p. 97.

6 Stuart Schwartz, "A note on portuguese and brazilian military organization", p. 173-177; confira ainda Luís Monteiro da Costa, *Na Bahia Colonial, apontamentos para história militar da cidade de Salvador*. Salvador: Livraria Progresso, 1958.

do terço, os gastos elevaram-se a tal monta que a Coroa resolveu desonerar a Câmara das despesas com os ordenados. Contudo, para assumir os ônus do pagamento dos ordenados do terço, foi necessário reorganizar os gastos com os ofícios reais. Neste sentido, se explica a extinção do Tribunal da Relação, criado em 1609, mas que não funcionara plenamente até então.[7] Mas o sustento da tropa ainda ficava sob a responsabilidade do município.

Sem dúvida alguma, o encargo mais oneroso que pesava sobre as Câmaras e, no caso em particular, agravava ainda mais a da Bahia, era o do aposento[8] e sustento da tropa. A ocupação de Pernambuco e demais capitanias do Norte pelos holandeses e a consequente guerra de reconquista não só introduziram enormes contingentes de soldados europeus nas vilas e cidades do Estado do Brasil, como resultaram no rearranjo da equação entre milícias regulares e linhas auxiliares. O fato é que se apresentava um enorme contingente de bocas a serem alimentadas. Mesmo em tempos de paz, após a expulsão dos holandeses, as tropas regulares, acolhidas nos presídios, deveriam receber mantimentos da administração para o seu sustento. E a ração das tropas baseava-se, quase que exclusivamente, na farinha de mandioca e, em especial, em sua versão mais perene: a *Uí-antã*, ou farinha de munição, ou ainda farinha de guerra, como era chamada.[9] Segundo Barickman, nos tempos coloniais, o consumo diário médio por pessoa na Bahia era algo como 0,9 litro, isto é, um décimo de uma quarta de alqueire

---

7   Alvará de 5.04.1626, *Anais do Arquivo Público da Bahia*. Salvador, APB, 31 p. 268, 1951.

8   No sentido de "distribuir aposentos; dar casas em que viver (*hospitia designare*)". Raphael Bluteau, *Vocabulario portuguez & latino: aulico, anatomico, architectonico...* Coimbra: Collegio das Artes da Companhia de Jesus, 1712-1728, vol. 1, p. 435.

9   Sobre a farinha da mandioca, veja o estudo de Carlos Borges Schmidt, "O pão da terra", *Revista do Arquivo Municipal*, São Paulo, CLXV, p. 127-348.

de farinha.[10] Em 1642, durante o período da trégua com Holanda, a guarnição da praça de Salvador contava com pelo menos 2.000 homens, que se fazia necessário alimentar. Disso resultava, pelo menos, a necessidade de fornecer algo como 40 alqueires por dia aos soldados, isto é, 1.150 kg de farinha. Mais ainda, com a Restauração em Portugal, a Bahia teve de assumir a paga integral das tropas ali estacionadas, isto é, tanto o sustento da alimentação e do aboletamento,[11] como os soldos e ordenados. Tal arranjo se fez no momento de repactuação dos encargos da manutenção do Império português. Para manter a guerra contra a Espanha, era preciso dinheiro. E muito dinheiro. De forma contraditória, uma das razões que mais mobilizaram o povo no apoio ao golpe de primeiro de dezembro fora justamente a pressão fiscal dos Habsburgo. Tributos levantados na primeira corte, em 1641. Tributos renovados, por necessidade imperiosa. O subsídio de 1.800.000 cruzados para sustentar, por pelo menos três anos, um exército de 20.000 soldados, deveria recair de forma geral e proporcional sobre a riqueza dos súditos. A "décima" era um imposto sobre 10% dos rendimentos dos vassalos. Sua cobrança foi se ajustando diante das dificuldades dos povos e da sua operação. Em

---

10 No século XVIII e início do XIX, a farinha não era medida por peso, mas por volume. Um alqueire equivale a 36,7 litros. Como um litro de farinha de granulação média-fina pesa 0,635 kg, um alqueire pesaria 22,670 kg. Cf. B. J. Barickman, *Um contraponto baiano: açúcar, fumo, mandioca e escravidão no Recôncavo, 1780-1860*. Rio de Janeiro: Civilização Brasileira, 2003, p. 342 (nota 5) (trad. port.).

11 "Aboletar (termo militar). Aboletar um terço ou regimento em alguma vila ou cidade. É obrigar com um escrito, que chamam boleto, aos moradores que não tenham privilégio em contrário, a acomodar em suas casas os soldados e dar-lhes de comer". Raphael Bluteau, *Vocabulario portuguez & latino: aulico, anatomico, architectonico...* Coimbra: Collegio das Artes da Companhia de Jesus, 1712-1728, vol. 1, p. 33.

1642, foram transferidas para as municipalidades algumas incumbências no sustento da guerra.[12] O mesmo se dava no ultramar. Já em 8 de março de 1641, D. João apressou-se para "levantar e suspender todos os tributos, estanques e contribuições" que haviam sido novamente impostos pelo marquês de Montalvão, agora deposto. Na provisão, esclarecia o monarca que o fazia para mostrar "aos meus vassalos e moradores" "o cuidado com que estou de os aliviar e favorecer".[13] Como no Reino, tal situação não poderia durar muito. Depois do alívio, era preciso (imperioso) apertar os súditos para custear a Restauração, a guerra na fronteira, os custos das alianças e também a guerra em todo o Império. Novos e velhos tributos seriam necessariamente repostos. No Brasil, os soldados deveriam continuar a ser pagos "em mão própria", isto é, com recursos arrecadados localmente.

Segundo a informação que se mandou, em 1673, ao procurador de Salvador na cidade de Lisboa, o doutor Gregório de Matos e Guerra, fora no início do seu reinado que d. João IV escreveu à Câmara de Salvador sugerindo que, como os gastos da sua Fazenda para a defesa do Reino, nas guerras contra Castela, impediam que ele garantisse o sustento da infantaria estacionada na Bahia, "deviam estes vassalos por lhe fazer serviço tomar sobre si esta satisfação enquanto durasse na parte que Sua Real Fazenda nesta praça não chegasse". Para tanto, foram impostos alguns subsídios, a saber: a vintena lançada sobre os vinhos e fintas que se faziam segundo as necessidades, o que montava, mais ou menos, em 60.000 cruzados

---

12 Sobre as décimas, veja o excelente artigo de Joaquim Romero Magalhães. "Décimas para a guerra: as décimas da restauração", *Hispania*, 216, p. 157-182, 2004.

13 Provisão de 8 de março de 1641, AHMS, códice 122.2, Provisões, fl. 271-271v.

por ano.[14] Este imposto sobre as rendas seguia o estilo das décimas cobradas no Reino: "a vintena dos frutos que se colhem na terra e dos efeitos da mercancia e dos alugueres de casas".[15] Desde 1630, pelo menos, a cidade destinava para estas despesas também as imposições do vinho, "um subsídio de 4 vinténs por canada" que, em 1640, se arrendou por 27 mil cruzados, e já rendia 50 mil cruzados em 1650.[16] Uma carta régia de 15.12.1644 aprovava que o rendimento do subsídio cobrado sobre os molhados fosse administrado pela Câmara.[17] Em junho de 1677, o contrato dos vinhos e aguardentes resultou em 81.000 cruzados.[18]

Em 1652, o governador João Rodrigues de Vasconcelos e Souza, o primeiro conde de Castelo-Melhor, à instância do provedor que era o doutor Simão Álvares de La Penha, pediu à Câmara que aumentasse a contribuição que dava para o sustento das tropas para 96.000 cruzados ao ano. A queixa foi geral e corriam acusações que de fato os oficiais da Fazenda só faziam tiranizar o povo. Com efeito, edis responderam que naquele ano, das rendas ordinárias, havia sobrado mais de 30.000 cruzados, não sendo portanto necessário nenhum aumento de arrecadação. O conde pediu então que o provedor explicasse melhor a sua proposta. La Penha justificou-se e blefou, dizendo que se a Câmara achava que havia uso dos recursos

---

14 Informação da Câmara desta cidade que se mandou ao procurador na cidade de Lisboa, o doutor Gregório de Matos e Guerra, Salvador, 21.11.1673, CSS, 1, p. 125-131.
15 Sessão de 6.07.1642 apud Affonso Ruy, História da câmara municipal da cidade de Salvador. Salvador: Câmara Municipal de Salvador, 1953, p. 145.
16 Carta da Câmara de Salvador ao rei, Salvador, 20.09.1640; Carta ao rei, 04.06.1650, CSS, 1, p. 8.
17 Inácio Accioli de Cerqueira e Silva, Memórias históricas e políticas da província da Bahia. 2ª edição anotada por Braz do Amaral. Salvador: Imprensa Oficial do Estado, 1919-1940, vol. 3, p. 181.
18 Carta da Câmara de Salvador ao rei, Salvador, 15.07.1679. In: CSS, 2, p. 56.

arrecadados, ele abria mão da administração destes pagamentos e passava a responsabilidade aos representantes do povo. Pagando para ver, a Câmara aceitou a administração do sustento da infantaria, com a condição de conservar todas as rendas reais que eram destinadas a este fim. Em 13 de julho de 1652, foi assinado um *Termo de Convenção* em que a Câmara se comprometia a pagar e sustentar a tropa. Para tanto, outros rendimentos foram consignados e destinados à sua administração. Além do que já arrecadava consignado para este fim, foram entregues os 4 vinténs que pagava cada caixa de açúcar embarcado para o Reino, que rendiam no total não o mais que 800.000 réis, e o rendimento do sal, que resultava em seis ou oito mil cruzados. O sal, que era enviado do Reino, já não era mais há alguns anos, o que tornava seu rendimento apenas virtual. Sendo assim, por pressão do governo, a Câmara se viu forçada a aceitar ("quase violentamente foi constrangida a aceitar") o encargo total do sustento da infantaria, sem receber uma contrapartida em aumento das suas receitas. Segundo a "informação", naquele momento, as tropas estacionadas eram de 2.134 praças e uns tantos oficiais maiores.

Em 5 de novembro de 1653, o rei escreveu diretamente aos oficiais da Câmara para recomendar o pagamento pontual dos soldados e, por fim, agradecer o zelo dos vassalos.[19] Em carta a D. Jerônimo de Ataíde, 6º conde de Atouguia (feito governador geral logo após a expulsão dos holandeses em 1654), D. João explicava que o melhor era que "neste Estado se façam o pagamento dos soldados em mão própria".[20] No mesmo sentido, de organização das forças militares e racionalização dos gastos, o regimento de 25 de setembro de 1654, passado ao conde, estabelecia a reestruturação das ordenanças. Um

---

19 Carta régia aos oficiais da Câmara de Salvador, 5.11.1653, AHMS, códice 126.1, Provisões Reais, fl. 36v-37.
20 Carta ao conde de Atouguia, AHMS, códice 126.1, Provisões, fl. 35v-36.

controle mais estrito buscava garantir a disponibilidade das tropas, sempre bem armadas e treinadas.[21]

Outro rendimento que se criou nesta ocasião foi a dízima do tabaco e da aguardente e mais gêneros da terra. Tratava-se, na verdade, de um conjunto de taxas cobradas sobre os produtos da terra que fossem exportados para a África. Assim, cada rolo de tabaco exportado pagava 80 réis, cada pipa de aguardente 1$600 réis e outros gêneros contribuindo de forma diversa. A taxa foi se expandindo para resultar num imposto geral de exportação que recaía sobre todo produto que não o açúcar que saísse da Bahia para qualquer região do império. Em 1709, passou a ser administrada pela Fazenda real.[22] Interessante notar que a arrematação dos contratos dos impostos implicava na obrigatoriedade de pagamento de propinas destinadas ao governador e à compra de munições para as tropas. São valores pequenos, pagos apenas no ato da arrematação.[23]

A questão do aboletamento de oficiais e praças, que se fazia sem nenhuma paga aos proprietários, era outra dimensão dos mecanismos sociais de sustento das tropas na cidade de Salvador. O descontentamento dos moradores era manifesto, desde o incremento da gente de guerra na cidade, após a Jornada dos Vassalos. As queixas agitavam as sessões da Câmara no ano de 1627. Em 30 de outubro daquele ano, os oficiais leram uma mensagem ao governador para que ele cuidasse de levantar quartéis para a tropa. Os moradores se responsabilizavam de levantar os recursos necessários, porque acreditavam que os donos das casas ocupadas ("quase meia parte da cidade no bairro de Nossa Senhora da Ajuda")

---

21 Regimento de 25/09/1654, passado ao conde de Atouguia, DH 4, 174-177.
22 Inácio Accioli de Cerqueira e Silva, *Memórias históricas e políticas da província da Bahia*. 2ª edição anotada por Braz do Amaral. Salvador: Imprensa Oficial do Estado, 1919-1940, vol. 3, p. 178.
23 *Ibidem*, p. 182-3.

contribuiriam voluntariamente para acabar com tal "opressão". As vilas e cidades que sediavam grande quantidade de tropas, o que era especialmente o caso da cabeça deste Estado, viviam, como se percebe, à mercê do humor dos soldados, sempre mal pagos e mal alimentados. As dificuldades com os soldos podiam pôr em risco a disciplina militar e tornavam a concentração de soldados na cidade sempre uma situação delicada. A possibilidade de uma revolta estava sempre presente. Por exemplo, na Bahia, em 1638, inquietos com o atraso dos pagamentos, o terço de infantaria resolveu lançar um ultimato à Câmara: se não fossem pagos os 7.000 cruzados de vencimentos atrasados, em 48 horas, os soldados colocariam a cidade a saque e executariam os camaristas. A solução foi negociada pelo governador, d. Pedro da Silva (futuro conde de São Lourenço), que em sessão extraordinária da Câmara pediu que os moradores emprestassem a quantia.[24] No Rio de Janeiro, em 1660, a chamada Revolta da Cachaça, insurreição contra a fiscalidade e o governo de Salvador Correia de Sá, contou com intensa participação dos soldados em razão do atraso do pagamento dos soldos.[25]

Na Bahia, no mês de outubro de 1688, uma alteração, ou motim, agitou cerca de trezentos soldados que "se encontram na casa da pólvora, dizendo que lhe pagassem o que lhe deviam que logo tornariam para as suas bandeiras".[26] Em conformidade com o

---

24 Affonso Ruy, *História da câmara municipal da cidade de Salvador*. Salvador: Câmara Municipal de Salvador, 1953, p. 101.

25 Luciano R. de Almeida Figueiredo, *Revoltas, fiscalidade e identidade colonial na América portuguesa: Rio de Janeiro, Bahia e Minas Gerais, 1640-1761*. São Paulo, 1997, p. 32.

26 Carta ao Rei, 16.06.1691, DH, 33, 335-337; e a carta régia (inclusa), 1602/1692, DH, 33, 442; Sebastião da Rocha Pita, *História da América Portuguesa* (1730). São Paulo, 1976, livro 7, 58-60, p. 201. Veja também Luís Monteiro da Costa, *Na Bahia Colonial: apontamentos para história militar da cidade de Salvador*. Salvador, 1958, p. 111-136. Gregório Varela de Berredo Pereira, "Breve

Regimento das Fronteiras (1645), que criou o posto de *vedor geral* do exército, os soldos seriam pagos de forma justificada e criteriosa.[27] Esse regimento, apesar de circunscrito ao episódio da guerra de Restauração, tinha sua validade expandida, como era normal, para todos os contextos no Império português, servindo de regulamento para várias questões relativas aos postos de infantaria situados no Brasil. No Brasil, como não havia vedores, a função de controle deveria ser desempenhada pelos provedores.[28] O pagamento dos soldados da infantaria era feito no "dia da mostra", sendo que era comum haver queixas sobre o acerto das contas, pois a cobrança das dívidas dos soldados era feita simultaneamente, tal como era "estilo praticar-se em toda parte". Esta parecia a única maneira de evitar as queixas e, de toda maneira, não seria "tão grande a dilação que há em que passe o dinheiro da mão do soldado a quem se dá, à do sargento que está com ele na ocasião da paga".[29] Quando chegou na Bahia, em 1690, Câmara Coutinho já tinha a experiência pernambucana para perceber qual a melhor forma de lidar com a possibilidade, sempre presente, de fraude. Em Pernambuco, o "tucano"[30] Câmara Coutinho chegou ao cúmulo do zelo: ordenou

---

compêndio do que vai obrando neste governo de Pernambuco o Sr. governador Antônio Luís Gonçalves da Câmara Coutinho etc.", *RIAP*, 51, p. 271, 1979.

27 Veja os capítulos 14 a 16 do Regimento das fronteiras de 1645. In: M. C. de Mendonça (ed.), *Raízes da formação administrativa do Brasil*. Rio de Janeiro: IHGB/CFC, 1972, tomo 2, p. 631-656.

28 Desde 1638, de acordo com o regimento de dom Fernando Mascarenhas, conde da Torre, na Colônia as mostras eram feitas sob o olhar do mestre--de-campo, que deveria conferir os nomes no livro de assentamento, juntamente com o provedor-mor. Cf. Regimento de Dom Fernando Mascarenhas, 13.08.1638, DH, 79, 187-209.

29 DH, 39, 194-195.

30 Este seu apelido fora dado por Gregório de Matos, por possuir um grande nariz "que entra na escada duas horas primeiro que seu dono". Além disso, o poeta o satirizava com seu preconceito: falava de seu "sangue mameluco",

que a mostra fosse feita "na sala do palácio, mandando lançar bando um dia antes ao som das caixas". O dinheiro era dado "na mão", e "ali se examina o soldado que assiste e serve e o que não aparece não tem nada". Berredo Pereira revela que havia muitas fraudes, como pessoas que só apareciam no dia da mostra, ou ainda meninos alistados, "filhos daqueles que serviam na Câmara".[31]

Para evitar esses desenganos, o governo geral, juntamente com a Câmara da Bahia, cuidou de fixar um sistema mais seguro de abastecimento. Na Bahia havia se estruturado, já no início do século XVII, uma divisão regional que fixou as zonas produtoras de mantimentos, liberando o Recôncavo para a produção de açúcar. Foi no governo de Diogo Luiz de Oliveira (1627-1635) que se formulou pela primeira vez um contrato de fornecimento de farinha para abastecer as tropas no Recôncavo.[32] Com efeito, como se pode ler nas *Cartas* de Vilhena, o governador teria estabelecido uma companhia de infantaria em uma fortaleza no Morro de São Paulo. A fortaleza, erguida nestes anos, fora determinada quando da recuperação da Bahia aos holandeses em 1625. Segundo Vilhena, receoso de

---

acusando-o de ser "filho do Espírito Santo e bisneto de um caboclo". *Obras Completas*. Bahia, 1968, vol. 1, p. 201-223, *apud* nota de José Antônio Gonsalves de Mello. In: Gregório Varela de Berredo Pereira, "Breve compêndio do que vai obrando neste governo de Pernambuco o Sr. governador Antônio Luís Gonçalves da Câmara Coutinho etc.", *RIAP*, 51, p. 292, 1979.

31 Mandava, ainda, que fossem feitos vinte dois livros de assento: "vinte para os dois terços e um para a primeira plana [isto é os oficiais] e outro para os artilheiros, para por eles se continuarem as mostras, fazendo novo assento neles". Gregório Varela de Berredo Pereira é o autor de um "Breve compêndio do que vai obrando neste governo de Pernambuco o Sr. governador Antônio Luís Gonçalves da Câmara Coutinho etc.", *RIAP*, 51, p. 273-274, 1979.

32 Marcelo Henrique Dias, "A Capitania de São Jorge dos Ilhéus: economia e administração". In: Marcelo Henrique Dias e Ângelo Alves Carrara (orgs.), *Um lugar na História: a capitania e comarca de Ilhéus antes do cacau*. Ilhéus: Editora da UESC, 2007, p. 70-71.

perder aquela posição aos inimigos, o governador foi pessoalmente à região e convocou os oficiais das Câmaras de Cairu, Camamú e Boipeba. Nesta ocasião, ficou estabelecido que o sustento desta tropa, em razão das dificuldades da Fazenda real, devia estar a cargo dos povos das vilas.[33] A facilidade do transporte e da fixação dos engenhos nas margens da Bahia e dos rios afluentes, somadas à conjuntura internacional extremamente favorável ao açúcar, implicava numa especialização que tornaria ainda mais agudas as crises de abastecimento, seja nas próprias fazendas do Recôncavo ou, pior ainda, na cidade de Salvador. Para enfrentar o problema, a Câmara de Salvador estabeleceu um contrato com as três vilas da capitania de Ilhéus, ao sul do Recôncavo. Este contrato estabelecia que os lavradores de Boipeba, Cairu e Camamu trabalhariam para o fornecimento de farinha, principalmente para as tropas mobilizadas por conta das guerras holandesas e das guerras contra os bárbaros – obrigação que era sua. Este contrato, chamado de "conchavo da farinha", estipulava uma quantidade mínima de farinha a ser entregue e tabelava o seu preço. Apesar de formalmente ser feito entre as Câmaras de Salvador e as três vilas, era regulado e controlado pelo governo geral.

O contrato era, na verdade, um mecanismo que garantia o abastecimento e, ao mesmo tempo, repartia o ônus do sustento das tropas com outras vilas. De que maneira? Regulando o mercado de farinha na cidade, obrigando os lavradores dos municípios vizinhos a venderem sua produção por preços tabelados, era possível, na outra ponta, realizar com maior economia a compra do alimento com os recursos obtidos dos subsídios, taxas e rendimentos consignados para o sustento da tropa. Isto porque a

---

33 Luiz dos Santos Vilhena, *Cartas de Vilhena, noticias soteropolitanas e brasilicas, por... annotadas pelo prf. Braz do Amaral*. Salvador: Imprensa Official do Estado, 1922 (1802), vol. 1, p. 251-252.

Câmara, responsável pela administração dos recursos, entrega aos soldados a ração *in natura*, e jamais em dinheiro. O que era pago num valor baixo era entregue aos soldados por um valor majorado. Com efeito, em agosto de 1678, o governador Roque da Costa Barreto recebeu uma petição dos soldados queixando-se do atraso das rações de farinha. Comunicando a Câmara para que desse explicações, o governador sugeriu que, na falta da farinha, o soldo pudesse ser pago com sal, cujo comércio era também administrado pela municipalidade. Os edis reagiram, explicando que com o dinheiro obtido da venda do sal e, certamente, de outros rendimentos, é que se comprava "a farinha por preço mais baixo às vilas e o damos aos soldados pelo mais alto, donde resulta o ganho de 100 por cento", isto é, "dando o sal e o dinheiro deixaremos de lucrar este avanço". Tal procedimento resultaria, como se percebe, em perdas para a Fazenda. Solicitavam, então, os edis, que se o governador pretendia manter sua sugestão, cabia a ele o ônus de emitir uma portaria. O que não fez.[34] Desta maneira, Salvador impunha, de forma indireta, estes custos para os moradores de toda a região. No final das contas, esta era uma prática tributária, comum nas várias dimensões do mundo colonial. Na Nova Espanha, por exemplo, o sistema de "venda forçada de mercadorias" era conhecido como *repartimientos de diñero*. Exportado para as Filipinas, as *bandalas* (como foi ali nomeado) era um mecanismo no qual os indígenas eram obrigado a vender produtos (sobretudo arroz) para os oficiais do rei por um "preço de tarifa", necessários para o sustento das tropas e para os navios de passagem.[35]

---

34 Carta ao governador, 31.08.1678, CSS, 2, p. 37-38.
35 Jeremy Baskes, "Coerced or voluntary? The repartimiento and market participation of peasants in late colonial Oaxaca", *Journal of Latin American Studies*, Cambridge, CUP, 28, p. 1-28, 1996; e Luis Alonso Álvarez, *El costo del imperio asiático: la formación colonial de las islas Filipinas bajo*

Interessante notar que, como porto do mar e capital do Estado, Salvador tinha uma dupla (e ampliada) demanda por farinha. Além da demanda fixa referente ao necessário para alimentar os moradores e os soldados aquartelados, havia uma demanda flutuante, relativa a uma população em trânsito. Apesar de incerta, esta população era sempre importante e implicava na necessidade de manter o mercado da cidade sempre abastecido. Barickman lembra que a chegada de navios, sobretudo os envolvidos no comércio transatlântico, "podiam, a qualquer dia, por em terra até 2.200 marinheiros". Soma-se a isto a vocação negreira da cidade, principal mercado do tráfico de escravos africano para a América neste momento. Núcleo político do Estado do Brasil, "coração em meio ao corpo", Salvador precisava sempre de farinha para sustentar as sua bocas e as outras que por lá passavam. Mas nem sempre isso era possível. No ano de 1691, uma grande fome assolou a Bahia. A falta dos alimentos era, então, creditada ora à Câmara, pela sua imprudência, ou à frota, que "tudo abarrota dentro dos escotilhões". O poema de Gregório de Matos, dedicado "À fome que houve na Bahia no ano de 1691", é eloquente. Revela, ao mesmo tempo, as tensões típicas da situação colonial – a distância entre a gente da terra e o marinheiro, que está primeiro, porque "nos precede a toda lei, porque é serviço d'El-Rei":

> Toda a cidade derrota
> esta fome universal,
> uns dão culpa total
> à câmara, outros à frota:
> a frota tudo abarrota
> dentro dos escotilhões,
> a carne, o peixe, os feijões;

dominio español, 1565-1800. Mexico: La Coruña, Instituto Mora/Universidad da Coruña, 2009, p. 82.

e se a câmara olha e ri,
porque anda farta até aqui,
é coisa que não me toca:
Ponto em boca.

Se dizem que o marinheiro
nos precede a toda lei,
porque é serviço d'El-Rei,
concedo que está primeiro:
mas tenho por mais inteiro
o conselho que reparte,
com igual mão e igual arte,
por todos, jantar e ceia;
mas a frota com tripa cheia,
e povo com pança oca,
Ponto e boca.

A fome me já tem mudo,
que é muda a boca esfaimada,
mas se a troca não traz nada,
porque razão leva tudo?
Que o povo por ser sisudo
largue o ouro e largue a prata
a uma frota patarata,
que entrando co'a vela cheia,
o lastro que traz de areia,
por lastro de açúcar troca:
Ponto e boca.[36]

Desde as guerras holandesas preocupadas com a garantia do abastecimento – problema social, político e militar fundamental –, a metrópole tentava garanti-lo o abastecimento por meio de uma legislação que constrangesse os lavradores de cana a plantar

---

36 Gregório de Matos, *Obra Poética*. Edição e notas de James Amado. Rio de Janeiro: Record, 1999, vol. 2, p. 339-340.

mandioca. Efetivamente, os alvarás de 1642 e 1680 obrigam-nos plantar uma quantia fixa de covas por escravo, visando aliviar o mercado regional da demanda imediata da força de trabalho.[37] Em 15 de fevereiro de 1688, o rei tomou decisão e passou alvará em 25 do mesmo ano e mês, "que os moradores do recôncavo da dita cidade da Bahia, dez léguas ao redor dela, fossem compelidos a plantarem cada ano 500 covas de mandioca por escravos que tiverem de serviço e particularmente os que lavrarem por engenho ou canas, e os que plantam tabaco e possuem terras para o poder fazer". Em consulta do Conselho Ultramarino de 27.10.1700, discutiu-se que o não cumprimento da medida resultava em "uma notável falta de mantimento e dano público dos moradores daquela capitania pelo exorbitante preço a que tem subido e das mais consequências que experimentem a mísera indigência, sendo também motivo de se retardarem as frotas por lhes faltar para a viagem o sustento". Era o caso, então, de os moradores do Recôncavo, principalmente em Maragogipe, Sabará, Campinhos, Capenema e mais partes circunvizinhas, como os das ditas três capitanias do Camamú,

> se divertirem para outras plantas, tendo muitos deles novamente gado de criação, que impedem aos outros lavradores que o não tem, fazerem roças de mandioca, com o temor de lhas destruírem, e vir a ser inútil a providência das ditas terras, que sempre foram as mais próprias para

---

37 Francisco Carlos Teixeira da Silva, *A morfologia da escassez: crises de fome e política econômica no Brasil colonial*. Tese de doutorado. Rio de Janeiro, UFF, 1990, p. 364-365; Luiz dos Santos Vilhena, *Cartas de Vilhena, notícias soteropolitanas e brasilicas, por...* annotadas pelo prf. Braz do Amaral. Salvador: Imprensa Oficial do Estado, 1922 (1802), vol. 1, p. 158; B. J. Barickman, *Um contraponto baiano: açúcar, fumo, mandioca e escravidão no Recôncavo, 1780-1860*. Rio de Janeiro: Civilização Brasileira, 2003, p. 105 (trad. port.).

produzirem mandioca, que se costumam plantar nelas para sustento comum.

Desta forma, a Coroa decidiu, pela provisão de 7 de novembro de 1702, "ampliar e declarar a dita lei, mandando que não só tenha efeito em as dez léguas de recôncavo da Bahia, mas em toda a parte onde chegar a maré, correndo as ditas dez léguas das margens dos rios pela terra adentro". A criação de gado na região de Camamu foi proibida e, fato notável, impediu-se também que os pequenos lavradores se engajassem no plantio de cana de açúcar. Segundo a nova determinação,

> toda a pessoa que não tiver de seis escravos para cima, não plante canas, antes juntando-se dois ou mais com as suas fábricas a plantarem cana por sociedade, fazendo maior número de escravos juntos, não tendo cada um de per si mais de seis escravos, não serão relevados de plantarem também mandiocas na forma ordenada aos senhores de engenhos, lavradores de cana e tabaco que tiverem terras para isso capazes, por que uns e outros hão de plantar tantas covas em número que comodamente possam com a terça parte do rendimento delas sustentar sua família e fábrica de sua fazenda e as duas partes destinar para vender ao povo e que os governadores, capitães-mores, na parte que a cada um tocar, e se poder em seu distrito acomodar esta lei confiram com os ouvidores e capitães-mores, digo, ouvidores gerais, e das comarcas e oficiais das câmaras delas.[38]

No caso de alguém não cumprir esta determinação, os ouvidores deveriam tirar devassa e condenar "os culpados em trinta dias de cadeia e em vinte mil réis, a metade para a fazenda Real e

---

38 Provisão promovendo a proteção de certa lavoura e plantas de mandioca, 7.11.1701, ANTT, Papéis do Brasil, avulsos, maço 3, nº 16.

a outra metade para o denunciante".[39] Eram, em suma, leis onerosas, que estipulavam uma produção mínima que resultaria em um excedente, ao fim e ao cabo, que poderia ajudar a abastecer a cidade e todo o mercado regional. Mas muitos lavradores de cana resistiam, já que não pretendiam se converter em plantadores de mandioca.[40] A especialização regional era, em grande parte, derivada da qualidade relativa das terras ao sul do Recôncavo; os "salões", terrenos mais pobres e, portanto, inadequados ao cultivo da cana, destinavam-se às lavouras complementares, à mandioca e, posteriormente, ao tabaco. Sendo assim, ciosos da manutenção da divisão do trabalho e da espacialização da produção agrícola no Recôncavo, os lavradores de cana protestarão e, em última instância, desrespeitarão as determinações reais. A açucarocracia da Bahia preferia, por meio da atividade política da Câmara de Salvador e respaldada pelo governo geral, impor aos vizinhos mais pobres o ônus da produção subsidiária.

Como se percebe, o "conchavo da farinha" não adequava interesses complementares. Constrangidos a um papel peculiar na divisão do trabalho regional, os produtores das três vilas tinham de se subordinar aos interesses mais estratégicos do centro político do Estado do Brasil – coordenador da empresa colonial. Não foi, contudo, um papel aceito sem reservas. O conchavo feito no ano de 1649, comissionado por Diogo de Oliveira Serpa, que constrangia as três vilas a venderem 2.400 sírios[41] de farinha nos preços fixados, desagradou sobremaneira aos moradores que, em

---

39 Alvará, Lisboa, 27 de fevereiro 1701.
40 B. J. Barickman, *Um contraponto baiano: açúcar, fumo, mandioca e escravidão no Recôncavo, 1780-1860*. Rio de Janeiro: Civilização Brasileira, 2003, p. 105 (trad. port.).
41 O sírio era como se denominava um fardo cilíndrico feito de palha para o transporte de farinha de mandioca.

representação datada de fevereiro de 1652 e registrada no livro das atas da Câmara de Salvador, expunham a tirania de tal procedimento, "que vinha ser quase um tácito estanque".[42] Como vimos, esta venda obrigada, "um tácito estanque", disfarçava o crescente fiscalismo que implicava o aumento das tropas e do esforço de guerra. Os povos, sentindo-se vexados por esse "conchavo da farinha", adotavam soluções heterodoxas para escapar à opressão fiscal. Exemplo disso é o episódio da recusa da Câmara de Camamu, a mais rebelde, em contribuir com 250 alqueires de farinha para a jornada do sertão que se armava, em 1651, contra os índios tidos por inimigos da fé.[43] Com efeito, naquela altura o conde de Castelo Melhor havia tomado uma série de medidas para conter o desvio da farinha por embarcações, entre as quais o envio do tenente general da artilharia, Pedro Gomes, com sua gente.[44] Enviado entre junho e agosto de 1651, Gomes deveria, então, fazer cumprir esta ordem e exigir explicações da Câmara.[45] Em 9 de outubro, todavia, o conde mandava este se recolher a Salvador, responsabilizando o governador de Ilhéus pelo recolhimento da farinha do "conchavo", já que era sua a culpa pelo descaminho em razão das vistas grossas que fizera às lanchas que por lá passavam. Recomendava certa prudência na ação de modo a não cometer muita violência que desestimulasse a produção,

---

42 ACS, 3, p. 132.

43 Feitas, as farinhas deveriam ser enviadas a Camamú, de onde seriam em parte remetidas para a Cachoeira, onde se ajuntavam os índios aliados sob o comando do capitão-mor Gaspar Rodrigues Adorno. A carta ordena que sejam enviados 150 sírios da dita farinha, o que nos permite imaginar o número dos índios. A pressa da ordem justificava-se pela certeza de que estes índios eram "gente que não atura sem comer". Carta ao Pedro Gomes, 07.08.1651, DH, 3, 122.

44 Carta do governador geral para os edis da vila de Cairu, 27.06.1651, DH, 3, 116.

45 Carta do governador geral para o Pedro Gomes, 31.08.1651, DH, 3, 126-127.

já que a Fazenda não dava conta de pagar tudo do que precisavam as tropas.[46] Não obstante, em carta de 12 de dezembro, o conde recomendava ao tenente de mestre-de-campo Gaspar de Sousa Uchoa que fizesse entender ao povo das vilas que antecipassem a remessa da farinha, "antes que seja necessário mandá-las vosmecê buscar violentamente como fará".[47] Em fevereiro de 1652, respondendo ao apelo das Câmaras, o conde reitera que o conchavo deveria ser mantido "sem se inovar coisa alguma", de maneira que a farinha deveria ser entregue sem reclamações e em boa qualidade, pois estava vindo pouco cozida e grossa.[48] No final do ano, o conde ameaçava de prisão os oficiais da Câmara de Cairu e Boipeba se não cumprissem imediatamente o acertado.[49] Depois destes anos de tensão, no início de 1654, o novo governador geral, o conde de Atouguia, resolveu amenizar a contribuição que as três vilas deviam em farinha.[50]

Depois de uma série de ajustes no "conchavo da farinha" ao longo dos anos seguintes, em 1673 uma ordem do governador geral consolidava a vocação da região para a produção de mantimentos: proibia a construção de engenhos e a plantação

---

46 Carta do governador geral para Antônio de Couros Carneiro, 16.10.1651, DH, 3, 137-138.
47 Carta, 12.12.1651, DH, 3, 143-144.
48 Carta do governador geral para as três vilas, 14.02.1652, DH, 3, 149-150.
49 Carta 05.12.1652, DH, 3, 189-190.
50 Cartas, 25.04.1654, DH, 3, 204-208. As farinhas deveriam continuar, então, a serem enviadas das três vilas (8000 sírios deveriam ser recolhidos) e o capitão Antônio de Couros Carneiro providenciar para que fosse aberto um caminho por terra de Mapendipe ao Rio de Jaguaripe, "para que no caso que se impedia a condução das farinhas dessas vilas por mar se facilite por terra". 18.11.1654, DH, 3, 242-243; DH, 4, 36-37. Este responderá que era impossível fazê-lo por muitos inconvenientes, de modo que se ordenou que então reparasse o caminho antigo. 17.12.1654, DH, 3, 249-250.

de cana nas três vilas "por serem o sustento desta praça, e podendo eles [os engenhos] ser a ruína dos da Bahia".[51] O mesmo foi reafirmado em abril do ano seguinte, estipulando uma pena "de perdimento" e um castigo de prisão.[52] Não obstante, vários outros episódios se seguiram revelando uma situação de tensão permanente, como se pode observar na correspondência dos governadores e nos papéis das câmaras municipais.

A aceitação do *Termo de Convenção* pela Câmara da Bahia, em julho de 1652, pelo qual o município assumia sustento da tropa, era algo pensado para aquela especial conjuntura – havia um entendimento que tal obrigação era válida enquanto durasse a guerra no Reino. É claro que arranjos e impostos criados tendem a se eternizar. Wolfgang Lenk considera (com acerto) que esta *Convenção*, que dava algum controle da Câmara sobre as tropas estacionadas, não podia ser tomada como expressão de uma maior autonomia política da Colônia.[53] Não creio, contudo, de que se tratasse de uma "certa concessão da monarquia à plebe local", como propões este historiador. O que vemos, antes de mais nada, é uma incorporação clara e ainda maior da instituição municipal (a Câmara de Salvador) ao sistema político do governo geral. Segundo Francisco Carlos Teixeira da Silva, a imposição de um preço para a farinha e a proibição do plantio do tabaco nesta região, por sucessivos bandos e ordens régias, era a afirmação de uma "política colonial de especializar áreas de produção, impedindo, bem ao contrário do que normalmente se afirma, que

---

51 Carta do governador geral aos edis da vila de Cairu, 27.02.1673, DH, 8, 349.
52 Carta do governador geral para os edis das três vilas, 04.04.1674, DH, 8, 387-388.
53 Wolfgang Lenk, *A Idade de Ferro da Bahia: guerra, açúcar e comércio no tempo dos flamengos, 1624-1654*. Dissertação de mestrado. Campinas, IE-Unicamp, 2003, p. 103.

os 'trends' do mercado atlântico definam, por si só, a ação dos plantadores coloniais".⁵⁴ Está muito certo. Mas este mecanismo parece perfeitamente adequado à lógica do sistema colonial. Uma política colonial que procurava garantir, por meio da ação da metrópole e dos mecanismos de poder intermédio (o sistema político do governo geral), um domínio comprometido com a reprodução do sistema produtivo, com a capacidade fiscal e os ganhos mercantis, necessários à sua própria existência. Como o capital mercantil não poderia explorar a si mesmo, porque justamente se realizava na esfera da circulação, uma política colonial deveria ir muito além da pura empresa mercantil. Já o haviam aprendido os holandeses da Companhia das Índias Ocidentais.⁵⁵

---

54 Francisco Carlos Teixeira da Silva, *A morfologia da escassez: crises de subsistência e política econômica no Brasil colônia (Salvador e Rio de Janeiro, 1680-1780)*. Tese de doutorado. Rio de Janeiro, UFF, 1990, p. 139. No mesmo sentido, segue a leitura de Marcelo Henrique Dias, para quem "a transferência do ônus da produção açucareira para o segmento pequeno produtor dava aos senhores de engenho uma ampla margem de autonomia face às flutuações externas. Isto caracterizaria uma acumulação endógena, pois estava fundada na reiteração temporal das produções ligadas ao abastecimento interno, cujo excedente de trabalho ficava retido na própria colônia, em forma de capital mercantil residente". Marcelo Henrique Dias, *Economia, sociedade e paisagens da capitania e comarca de Ilhéus no período colonial*. Tese de Doutorado. Rio de Janeiro, UFF, 2007, p. 83.

55 Para Braudel, o erro dos holandeses "foi o de querer construir uma superestrutura mercante, sem tomar a produção, sem colonizar no sentido moderno do termo". Fernand Braudel, *Civilization matérielle, économie et capitalisme, XVe-XVIIIe siècle*. Paris, 1979, tomo 3, p. 272. Seguindo a mesma trilha, Souty conclui que o fracasso holandês se explica por uma inadaptação das estruturas macroeconômicas holandesas às estruturas microeconômicas brasileiras. Cf. François J. L. Souty, "Le Brésil néerlandais, 1624-1654: une tentative de projection conjoncturelle de longue durée à partir de données de court terme", *Revue d'Histoire moderne et contemporaine*, 35, p. 182-239, abr.-jun. 1988.

5. A ARTE DA GUERRA NO BRASIL:
tecnologia e estratégia militar na expansão da fronteira da América Portuguesa, 1550-1700

NA AMÉRICA PORTUGUESA, a organização das forças militares envolvidas na conquista e controle dos domínios da Coroa foi estabelecida desde o regimento do governador geral Tomé de Souza, em 1548, que dispunha as diretrizes da empresa colonial. O governador deveria, no exercício de suas atribuições, zelar pela segurança da Colônia e do povoamento das novas terras, para o que contava com a armada, gente, artilharia, armas e munições e tudo o mais que fosse necessário. Cumpria, antes de mais nada, fortificar as barras e os portos de acesso às praças de comércio.[1] Contudo, para além do enquadramento das tropas regulares, que garantiam basicamente a resposta às outras forças organizadas no contexto de disputa interimperial que se esboçava no Atlântico Sul, o governador deveria castigar as tribos rebeladas ou arredias, assim como impedir os distúrbios imanentes à violenta sociedade escravista em gestação. Porém, no início da colonização, os poderes públicos não tinham condições de realizar de maneira eficiente o controle e defesa do território diante

---

1 Regimento do governador geral Tomé de Souza, 1548. In: M. C. de Mendonça (ed.), *Raízes da formação administrativa do Brasil*. Rio de Janeiro: IHGB/CFC, 1972, vol. 1, p. 46-47.

dos inimigos "internos". Para tanto, dever-se-ia utilizar os guerreiros obtidos junto às tribos amigas assim como os soldados das linhas auxiliares. O regimento de 1548 fixava formas de recrutamento e de organização desta linha auxiliar, cujos encargos eram dos moradores. Neste sentido, para além das linhas regulares, a força privada garantia a homeostase do sistema. A Coroa tinha para si que poderia armar toda a população das colônias por imposições legais. Deste modo, o "alvará das armas" de 1569 tornava obrigatória aos homens livres a posse de armas de fogo e armas brancas.[2]

É claro que a presença desses armamentos e dessas posições de força disseminados pela sociedade contaminava o seu cotidiano com violência. Todavia, devemos ter em conta que este arsenal estruturava-se no nível superior das linhas auxiliares, postas, na maior parte dos casos, ao serviço dos arranjos dos poderes locais e da construção das hierarquias sociais. Isto porque o serviço das ordenanças organizava a população segundo o corte social existente. As forças auxiliares da Colônia foram regulamentadas, por assim dizer, com o disposto no "regimento geral das ordenanças" de 1570.[3] Este regimento instituía os corpos de ordenança formados pelo engajamento obrigatório de todos os moradores de um termo (jurisdição administrativa) com idade entre 18 e 60 anos, com exceção dos eclesiásticos e dos fidalgos. Idealmente, tanto as tropas regulares como as ordenanças eram constituídas em terços - mas, à diferença das tropas regulares, as milícias das ordenanças não recebiam soldo. Tratava-se de uma organização derivada da Espanha, onde o *tercio* era originalmente um regimento de infantaria paga e profissional.[4]

---

2 Alvará das armas, 1569. In: *ibidem*, vol. 1, p. 145-151.
3 Regimento geral das ordenanças,1570. In: *ibidem*, vol. 1, p. 157-178.
4 Stuart Schwartz, "A note on portuguese and brazilian military organization". In: *The Governor and his image in baroque Brazil, the funeral eulogy of*

Em teoria, o terço deveria ser formado por 2.500 soldados, repartidos em dez companhias, compostas, cada uma, de 250 homens, todos subordinados ao capitão-mor (ou mestre-de-campo). Estas companhias, sob o comando de um capitão, por sua vez, deviam se dividir em dez esquadras de 25 homens. O capitão de companhia tinha ao seu serviço um alferes, um sargento, um meirinho, um escrivão, dez cabos de esquadra e um tambor. O capitão-mor possuía ele mesmo uma das companhias, que era servida também por um sargento-mor, seu substituto natural, e por quatro ajudantes. No caso das ordenanças, os senhores ou os donos das terras de um termo deveriam, a princípio, ser automaticamente providos no comando das tropas como capitães. No caso da Colônia, na ausência desses "donos", cabia ao capitão-mor e às câmaras nomear os capitães de companhia e os seus ajudantes imediatos. Como as câmaras eram a expressão dos estratos superiores da sociedade local – ao contrário do grosso da tropa, constituída de gente simples, a hierarquia superior das milícias era formada pelos senhores locais, proprietários ou "homens bons", donde a reprodução da ordem social garantir a funcionalidade esperada da organização militar. A provisão de 15 de maio de 1574 complementou esse regimento, esclarecendo que, onde houvesse uma só companhia, o comando seria exercido pelo capitão e não mais pelo capitão-mor. Em verdade, à medida que as capitanias hereditárias passavam ao controle da Coroa, isto é, tornavam-se capitanias reais e portanto território sob a administração direta da Monarquia, o posto administrativo superior nos limites de sua jurisdição confundia-se nominalmente com o de capitão-mor e era provido pelo rei. Ora, esse capitão-mor exercia também as funções relativas ao corpo das ordenanças, controlando sobremaneira a nomeação dos capitães de companhia. O regimento de 1570 era claro: cabia ao capitão-mor "repartir os habitantes da cidade, vila ou conselhos

---

Afonso Furtado de Castro do Rio de Mendonça by Juan Lopes Sierra. Minneapolis: University of Minnesota Press, 1979, p. 173-177.

em esquadras de 25 homens e para cada esquadra escolher um capitão de companhia que será seu cabo".[5] Todos estavam, por sua vez, subordinados ao governador geral, que exercia o supremo comando das forças militares, como capitão general.

As companhias organizadas com base em milícias voltadas a expedições específicas (ao sertão, por exemplo) deveriam contar ainda com o reforço dos índios domésticos ou mansos, prontamente requisitados a seus senhores ou missionários.[6] A presença do indígena era constante e acabava, pela sua adequação ao meio e às técnicas necessárias, conferindo o caráter das atividades militares. Na verdade, os índios aldeados, num arremedo do serviço das ordenanças, organizavam-se também em "companhias" chefiadas pelo capitão de aldeia ou capitão da nação. Criado pela lei de 10 de setembro de 1611 – que recolocava a legalidade do cativeiro em caso de guerra justa ou de resgates, este posto deveria ser provido pelo governador geral entre pessoas de "boa geração e abastados de bens, e que nenhum modo sejam de nação" (isto é, cristãos novos).[7] No entanto, o posto de capitão de aldeia seria frequentemente concedido aos "principais" (ou chefes) das tribos aliadas. As patentes destes capitães de aldeia fixavam o dever que tinham de, "com toda a gente da dita sua nação (tribo), ir para a parte que se lhe tem determinado", e de manter com os portugueses "fiel amizade e comunicação".[8]

---

5 Apud Graça Salgado (coord.), *Fiscais e Meirinhos: a administração no Brasil Colonial*. Rio de Janeiro: Nova Fronteira, 1985, p. 100-102 e 164.
6 Nelson Werneck Sodré, *História militar do Brasil*. Rio de Janeiro: Civilização Brasileira, 1965, p. 29-32.
7 Lei sobre a liberdade dos índios, 1611. In: Georg Thomas, *Política Indigenista dos Portugueses no Brasil*. São Paulo: Loyola, 1982, p. 231.
8 Patentes em branco de 1672, *Documentos Históricos da Biblioteca Nacional do Rio de Janeiro* (DH). Rio de Janeiro, vol. 12, p. 211-214.

A "guerra do Brasil"

Somente com a Restauração em 1640 e a subsequente guerra com a Espanha, Portugal constituiria um exército permanente em termos modernos.[9] O primeiro terço de tropas regulares, o da Armada Real, foi criado no Reino apenas em 1618. No Brasil, logo depois da expulsão dos holandeses da Bahia, em 1626, foi formado o primeiro terço de infantaria paga. Em 1631, criou-se o Terço Novo, em oposição ao Terço Velho: ambos compostos por 800 homens cada.[10] A ocupação de Pernambuco e demais capitanias do Norte pelos holandeses (1630-1654) e a consequente guerra de reconquista não só introduziram enorme contingente de soldados europeus nas vilas e cidades do Estado do Brasil, mas resultaram no rearranjo da equação entre milícias regulares e linhas auxiliares. Este rearranjo deu-se notadamente pela afirmação da superioridade obtida na evolução do *modus faciendi* das linhas auxiliares, processo gestado no contexto da primeira fase da guerra holandesa. Como resultado das guerras holandesas, foram também criados outros terços "especiais", como o dos negros de Henrique Dias e dos índios de Felipe Camarão.

Com o fracasso da expedição das tropas regulares europeias, enviadas na armada espanhola de Oquendo, em 1631, a resistência local à invasão batava limitou-se a uma estratégia de "guerra lenta", que buscava a manutenção do impasse inicial, quer dizer, procurava deixar aos holandeses o controle das praças-fortes, mantendo o da zona produtora de açúcar, à espera de uma intervenção

---

9 Graça Salgado (coord.), *Fiscais e Meirinhos...* Rio de Janeiro: Nova Fronteira, 1985, p. 97.
10 Stuart Schwartz, "A note on portuguese and brazilian military organization", p. 173-177; confira ainda Luís Monteiro da Costa, *Na Bahia Colonial: apontamentos para história militar da cidade de Salvador*. Salvador: Livraria Progresso, 1958.

da armada, quando isso fosse exequível. Neste contexto, ganhou espaço a estratégia traçada por Matias de Albuquerque, irmão do capitão-donatário, Duarte de Albuquerque Coelho, e comandante da resistência. Chamada à época de "guerra brasílica" ou "guerra do Brasil", esta estratégia militar resultava da impossibilidade de oferecer resistência aos holandeses na cidade ou no campo aberto.[11] Segundo Evaldo Cabral de Mello, o sistema de defesa que Matias de Albuquerque aplicou contra os holandeses, de 1630 a 1636, era "um sistema misto", no qual as forças convencionais concentravam-se

> numa praça-forte, o Arraial, guarnecida pela artilharia e pelas tropas regulares e situada à retaguarda de uma linha de postos avançados, as estâncias, ocupadas por tropas irregulares de índios, negros e soldados da terra. Entre uma e outra estância, vagam as esquadras volantes que continuadamente emboscam e assaltam os invasores. Enquanto o Arraial preenche uma função estratégica, as estâncias e as esquadras volantes têm um objetivo puramente tático.[12]

As estâncias eram controladas pelos "capitães de emboscada", cargos de liderança criados por Matias de Albuquerque, logo no início da resistência. Estes "capitães" estavam no comando de um punhado de homens que eram destacados para controlar uma

---

11 Como escreveu Duarte de Albuquerque: "sua utilidade [das emboscadas] cada dia se fazia mais notória pelo grande temor que o inimigo foi delas conhecendo. Não ousava sair nem mesmo às hortas da vila que ocupava. Com a presença destes capitães de emboscada, não só se lograva o presente efeito, como de futuro servia ela de muito, vedando-lhes, com este receio, o comerciar com os moradores, e obstando-lhes, por seis anos, de apoderaram-se da campanha". Duarte de Albuquerque Coelho, *Memórias diárias de la Guerra del Brasil, por discurso de nueve años, empeçando desde el MDCXXX* (1654). Recife: Fundação de Cultura Cidade do Recife, 1944. p. 57.

12 Evaldo Cabral de Mello, *Olinda restaurada*. Rio de Janeiro/São Paulo: Forense/Edusp, 1975, p. 24 e 231.

determinada região. Com uns trinta ou quarenta homens (vários deles índios "frecheiros", isto é, hábeis com as flechas), estas guerrilhas deviam, também, atormentar o inimigo e desbaratar-lhe os postos e comunicações. Por outro lado, não se tratava apenas de fazer a guerra, mas também de sustentar quem a fazia. As guerrilhas, ao zelarem pela várzea, impedindo a entrada dos holandeses, cuidavam da produção dos alimentos e do açúcar, o combustível da guerra. Os portugueses, segundo o memorial de João Cardoso, tornavam-se invisíveis nos matos, onde eram imbatíveis. E os holandeses não se poderiam sustentar, pois, "fechado o mato, tudo teria de vir da Holanda, o que era para eles caro, incerto e insustentável".[13]

Contudo, a "guerra lenta", uma vez impossibilitado o apoio esperado pelo mar, não poderia manter o domínio do interior por muito tempo diante do enorme contingente do inimigo. Segundo Cabral de Mello, este esquema estratégico luso-brasileiro havia sido desmontado com a queda do forte dos Afogados em 1633, pois agora as tropas holandesas tinham acesso à Várzea, o que tornara "insustentável a linha de estâncias em torno do Recife, a qual já pode ser flanqueada facilmente pelo Sul".[14]

A guerra brasílica diferia das técnicas científicas de guerra tão em voga na Europa moderna. Já no início do século, o capitão-mor Jerônimo de Albuquerque, no cimo de seus 60 anos de vida, muitos em batalhas e em tratos com os índios, explicava a seu camarada Diogo do Campos Moreno, em alusão à sua experiência europeia, que esta guerra que faziam aqui no Brasil não era "guerra de Flandres", isto é, à moda europeia. O uso dos índios e de sua

---

13 *Memorial de João Cardoso... apud* Serafim Leite, "Os jesuítas – contra a invasão holandesa", *Revista do Instituto Histórico e Geográfico Brasileiro*, Rio de Janeiro, 183, p. 198, 1944.

14 Evaldo Cabral de Mello, *Olinda restaurada*. Rio de Janeiro/São Paulo: Forense/ Edusp, 1975, p. 233-234.

arte militar era essencial. Na Jornada do Maranhão (1614), Moreno se assustara com a confiança que Albuquerque havia depositado na aliança com os naturais, ao que este lhe dizia: "vosmecê me deixe com os índios por me fazer mercê, que eu sei como me haver com eles, que sei que me vêm buscar de paz". A guerra brasílica de Albuquerque não respeitava as regras da arte militar, exagerando na crueldade e não dando quartel aos prisioneiros e feridos. Seu "mortal inimigo", o general La Ravardière, em uma carta de novembro de 1614, acusava o capitão-mor de nada praticar daquilo "que toca à nossa arte": "porque tu quebras todas as leis praticadas em todas as guerras assim cristãs, como turquescas, ou seja em crueldades, ou seja na liberdade das seguridades".[15]

Segundo Cabral de Mello, esta seria a primeira indicação da consciência de uma "guerra brasílica", que se definia como a percepção de uma arte ou estilo militar peculiar do Brasil e melhor adaptado às condições ecológicas e sociais.[16] De fato, na Europa do século XVII a guerra fazia-se com grandes movimentos de tropas, meditados e disciplinados, batalhas campais, exércitos mercenários e muitas regras. A arte da guerra era, então, essencialmente a arte de se fazer sítios, ou de rompê-los. Mas nem sempre fora assim. Segundo Geoffrey Parker, a "pequena guerra" (*der kleine kriege*) ou a "guerrilha" havia sido uma etapa importante na condução da guerra na Europa do século XVI. Ao lado dos confrontos espetaculares e das grandes batalhas, toda a história militar europeia está cheia de pequenas guerras que causaram grandes estragos ao inimigo. Não obstante, este tipo de guerra desapareceria com a

---

15 Diogo do Campos Moreno, *Jornada do Maranhão por ordem de Sua Majestade feita no ano de 1614*. Rio de Janeiro: Alhambra, 1984, p. 38 e carta de La Ravardière à Jerônimo de Albuquerque, 21/11/1614, p. 56

16 Evaldo Cabral de Mello, *Olinda restaurada*. Rio de Janeiro/São Paulo: Forense/Edusp, 1975, p. 230.

O ESTADO DO BRASIL 179

demolição da rede de fortalezas que a sustentava, no final do século XVI e início do XVII.[17] Apesar de Portugal não estar atualizado às novidades da arte da guerra europeia – muito em razão de ter sido poupado, pelo menos até a guerra de Restauração (1640-1668) com a Espanha, de conflitos em escala no continente –, vários dos comandantes e oficiais, bem como soldados das tropas regulares que combateram nesta "Guerra do Brasil", eram gente mobilizada dos campos da Europa, onde haviam lutado em condições totalmente diferentes. D. Luís de Rojas y Borja, veterano das guerras de Flandres, quando veio ao Brasil, teria exclamado, indignado com o tipo de luta que travavam na terra, que "não era macaco para andar pelo mato".[18] Deste modo, podemos compreender a novidade que significavam as "companhias de emboscada" criadas por Matias de Albuquerque. Em relação à subversão total da arte da guerra praticada pela gente de Jerônimo de Albuquerque, tratava-se então de um *aggiornamento*, adequando as técnicas militares locais à uma equação entre o uso das linhas regulares e as linhas auxiliares, isto é, as ordenanças, reforçadas, por sua vez, pelo elemento indígena.

Este processo peculiar fazia-se no quadro mais amplo das transformações da arte da guerra na Europa. Com efeito, no bojo da formação dos Estados nacionais, enormes mudanças tecnológicas, organizacionais e estratégicas no campo militar acabaram produzindo uma verdadeira *revolução*, capaz de explicar, em parte, a primazia da civilização ocidental e a constituição dos impérios coloniais. Os traços mais importantes dessa revolução foram: a utilização crescente das armas de fogo, as transformações subsequentes no sistema de defesa, com as fortalezas de traço italiano (com

---

17 Geoffrey Parker, *La Révolution Militaire, la guerre et l'essor de l'Occident, 1500-1800*. Paris: Gallimard, 1993, p. 65.
18 Evaldo Cabral de Mello, *Olinda restaurada*. Rio de Janeiro/São Paulo: Forense/Edusp, 1975, p. 236.

bastiões) substituindo a rede secular de fortificações medievais, o declínio da cavalaria em favor da infantaria, o aumento expressivo do contingente dos exércitos e sua profissionalização.[19] No mundo colonial, onde grande parte dessas novidades não se faziam sentir de imediato, a superioridade obtida pelas forças europeias fora garantida pela capacidade de assimilação e de acomodação de técnicas e estratégias nativas, adaptando-as aos contextos ecológicos e sociais mais diversos. Thornton notou que, de fato, a inabilidade dos europeus em reproduzir na África o tipo de conquista em larga escala, tal como sucedido na América central, os teria convencido a levar a sério as armas, as técnicas e a organização locais: "como resultado deste reconhecimento, uma nova arte da guerra se desenvolveu combinando armas e estratégias europeias e africanas".[20] Neste sentido, a "guerra brasílica" era o resultado não só da acomodação da arte militar europeia às condições ecológicas do Nordeste, como também da assimilação de técnicas locais de

---

19 Sobre a "Revolução Militar", o livro fundamental é o de Geoffrey Parker, *La Révolution Militaire*. A edição original, em inglês, é de 1988, mas a edição francesa, além de estar mais atualizada, responde às objeções dos críticos, particularmente às de Jeremy Black (*A Military Revolution? Military change and european society, 1550-1800*. Atlantic Highlands: Humanities Press International, 1991). Recentemente, os textos mais importantes para o debate foram reunidos e publicados por Clifford J. Rogers (*The Military Revolution Debate. Readings on the military transformation of Early Modern Europe*. Boulder: Westview Press, 1995), entre os quais o pioneiro artigo de Michael Roberts, "The Military Revolution, 1560-1660", aparecido em 1957. Para as guerras e as técnicas militares no ultramar e no mundo colonial, veja ainda o livro de Carlo M. Cipolla, *Guns and Sail in the early phase of european expansion, 1400-1700*. Londres: William Collins & Co., 1965. Veja também o ensaio de Geoffrey Parker, "The 'Military revolution', 1955-2005: from Belfast to Barcelona and The Hague", *The Journal of Military History*. Society for Military History, 69, p. 205-210, 2005.

20 John K. Thornton, "The art of war in Angola 1575-1680", *Comparative Studies in Society and History*, 30 (2), p. 361, 1988.

guerra. Mais ainda, na forma mista que assumira a guerra volante no Brasil; nas palavras de Cabral de Mello, o uso das guerrilhas não se originava "em considerações de ordem tecnicamente militar", uma vez que estaria associado "nestes inícios de guerra [1630-1636] ao fato de que a guerrilha oferecia a única maneira de utilização militar da camada mais ínfima e economicamente marginalizada da população local, mestiços e ociosos, malfeitores, foragidos da justiça d'el-rei, inábeis para a disciplina das guarnições como antes já se tinham revelado refratários à rotina dos engenhos".[21] Mas, como foi dito, à utilização destas camadas marginais, de criminosos frequentemente aliciados por bandos e editais que lhes ofereciam o perdão em troca do alistamento, somava-se o uso do indígena. Como se percebe, fazia-se mister o comando da guerra estar nas mãos de indivíduos conhecedores das "manhas e engenhos" da terra. Resumindo a questão, o padre Antônio Vieira dizia que, para a guerra no Brasil, bastava um sargento-mor, "e esse dos da terra e não de Elvas ou de Flandres". Mais ainda, o Brasil, que tinha "tantas léguas de costa e de ilhas e de rios abertos", não haveria de se defender, "nem pode, com fortalezas nem com exércitos, senão com assaltos, com canoas, e principalmente, com índios e muitos índios; e esta guerra só a sabem fazer os moradores que conquistaram isto, e não os que vêm de Portugal".[22]

A longa guerra de restauração de Pernambuco (1645-1654) teve seu sucesso garantido, entre outras coisas, exatamente pela utilização desta forma adaptada de fazer a guerra no contexto colonial. Como mostrou Cabral de Mello, existia uma homogeneidade brasileira da experiência militar dos chefes da restauração. De fato,

---

21 Evaldo Cabral de Mello, *Olinda restaurada*. Rio de Janeiro/São Paulo: Forense/ Edusp, 1975, p. 217-248.
22 Carta de Antônio Vieira ao rei d. João IV, 4.04.1654, *Cartas* [seleção de Novais Teixeira]. Rio de Janeiro, 1949, p. 166.

ambos os lados, holandeses ou luso-brasileiros, utilizaram-se de linhas auxiliares transformadas: grupos de combate aclimatados aos matos e compostos, em sua grande maioria, por indígenas ou sertanejos e matutos. Segundo o historiador, após a expulsão dos holandeses em 1654, a guerra volante conhece um rápido processo de "arcaização". Em outras palavras, a "guerra brasílica" decaíra para uma arte militar adequada apenas às "áreas arcaicas, afastadas da marinha e das praças fortes, técnicas quase que só para sertanistas de São Paulo e bugres e negros aquilombados dos sertões do Nordeste". No início do século XVIII, uma especialização de funções se imporia: para as guerras dos sertões, contra os bárbaros levantados ou os negros aquilombados, a "guerra do mato"; para fazer face aos estrangeiros na marinha, as "regras militares científicas".[23]

Guerra dos Bárbaros e as jornadas do sertão

Na segunda metade do século XVII, a expansão da economia e, portanto, da fronteira, criou novas zonas de contato e fricção com as populações autóctones, nem sempre integradas ou subjugadas pela força militar ou pela iniciativa dos missionários. No caso das capitanias do Norte, onde estabelecera-se de maneira definitiva um sistema econômico e social baseado na produção de açúcar, o processo de expansão da economia colonial implicava duas formas distintas de apropriação do território e de organização social: de um lado, a zona produtora da mercadoria de exportação, o açúcar, e do sistema produtivo coadjuvante (alimentos, pecuária, tabaco etc.), e de outro, a zona da pecuária. Para esta última, em razão de sua situação geográfica, convergiam as tensões e conflitos resultantes da expansão territorial da Colônia. Tensões essas agravadas com o

---

23 Evaldo Cabral de Mello, *Olinda restaurada*. Rio de Janeiro/São Paulo: Forense/Edusp, 1975, p. 242 e 245-247.

desenrolar dos acontecimentos das guerras holandesas, que envolveram na dinâmica conflituosa do mundo colonial vários povos autóctones de maneira irreversível.

Entre os anos de 1651 e 1704, o sertão norte da América portuguesa – o atual Nordeste interior do Brasil, que compreende a grande extensão de terras semiáridas do leste do Maranhão até o norte da Bahia (ou seja, o vale do São Francisco) – foi o palco de uma série de conflitos entre os povos indígenas que ali habitavam e os recém-chegados colonos luso-brasileiros. Este episódio, um dos mais violentos de nossa História, foi conhecido na época como a *Guerra dos Bárbaros*, porque por "bárbaros" se tomavam os indígenas que imaginavam estar "invadindo" as fronteiras do Império português e cristão. Esta Guerra foi também uma das mais longas, concorrendo com as guerras dos Palmares, ocorridas na mesma época. De maneira diferente, no entanto, não se tratava aqui de defender uma opção de resistência à escravidão e uma comunidade de escapados, mas de preservar a sobrevivência de culturas seculares, ou mesmo milenares, no território que se via invadido. A Guerra dos Bárbaros mais se aproximou de uma série heterogênea de conflitos entre índios e luso-brasileiros do que de um movimento unificado de resistência. Resultado de diversas situações criadas ao longo da segunda metade do século XVII, com o avanço da fronteira da pecuária e a necessidade de conquistar e "limpar" as terras para a criação do gado, esta série de conflitos envolveu vários grupos e sociedades indígenas contra moradores, soldados, missionários e agentes da Coroa portuguesa. Podemos dividi-la, grosso modo, entre os acontecimentos no Recôncavo baiano (1651-1679) e as guerras do Açu (1687-1704), na ribeira do rio deste nome no sertão do Rio Grande do Norte e Ceará. Várias "nações" indígenas estiveram envolvidas, sendo as mais importantes aquelas das etnias cariri e tarairiú. Estes últimos, comandados pelo seu "rei" Canindé, antigos aliados dos holandeses e destros no manejo das armas de fogo e nas técnicas da guerra colonial, quase expulsaram os colonos da capitania do Rio Grande, não fosse a intervenção violenta dos mercenários paulistas.[24] Inicialmente, as soluções propostas e encetadas pelos governadores passavam pela utilização das tropas regulares estacionadas nas fortalezas, ou ainda pela mobilização das milícias das ordenanças em esquadras volantes. Estas improvisações, que levavam em conta a experiência dos cabos e soldados na guerra "ao modo" do Brasil, sempre pareceram o meio de reprimir os levantes dos índios bárbaros. Não obstante, tal situação evoluiu para a consolidação de um novo tipo de força militar nativa: as expedições organizadas expressamente para um evento no sertão. As "jornadas do sertão", também chamadas de "entradas" ou "bandeiras", eram na verdade empresas patrocinadas pela autoridade competente, fosse o governador ou o capitão-mor, que provia com um título de caráter exclusivamente honorífico um capitão ou um cabo de uma esquadra e lhe passava um regimento definindo sua tarefa e, sobretudo, sua jurisdição especial. No caso das entradas destinadas à punição de grupos indígenas ou à captura de escravos, este título, na verdade, significava a garantia da legalidade da expedição, nos termos da lei de 24 de fevereiro de 1587.[25]

A remuneração dos serviços prestados poderia vir *a posteriori*, com mercês e favores da monarquia ou mesmo com a garantia do butim obtido, fosse em escravos ou em mantimentos. Geralmente, o governador, ao prover um capitão para uma jornada ao sertão, poderia fornecer armamentos e matalotagem suficientes para

---

24 Veja meu livro, *A Guerra dos Bárbaros: povos indígenas e a colonização do sertão nordeste do Brasil, 1650-1720*. São Paulo: Hucitec/Edusp, 2002.
25 Lei sobre os índios que não podem ser cativos e os que podem ser, 24.02.1597. In: Georg Thomas, *Política indigenista dos portugueses no Brasil*. São Paulo: Loyola, 1982, apêndice II, p. 222-224.

abastecer a expedição. O pagamento dos soldos não era de praxe. Com o desenrolar da Guerra dos Bárbaros, desde os episódios no Recôncavo baiano, algumas exceções foram praticadas pelos governadores gerais, mas sua validação no âmbito da administração metropolitana sempre resultava em confusões administrativas. Em 1671, o visconde de Barbacena concordou em pagar soldos aos oficiais e soldados da tropa de Estevão Ribeiro Baião Parente.[26] Frei Manuel da Ressurreição, que ocupava interinamente o posto de governador geral, ofereceu a Domingos Jorge Velho a patente de governador de um regimento a ser criado com a reunião de sua gente, com proeminências de mestre-de-campo, além de uma de sargento-mor, quatro de capitães e dois de ajudantes, todas em branco para que ele as preenchesse. E todas essas patentes valendo soldos, à diferença daquelas atribuídas para fazer guerra aos negros dos Palmares.[27] Matias da Cunha, por sua vez, ofereceu a Matias Cardoso nomeá-lo governador de um regimento com as mesmas "proeminências de mestre-de-campo, e como tal vencer o soldo desde o dia em que partiu".[28] O que se oferecia eram postos de oficiais das tropas regulares, isto é, da infantaria, cujo provimento, segundo o "regimento das fronteiras" de 1645, só podia ser concedido se comprovado o serviço como soldado por seis anos, no caso do mestre-de-campo, e quatro anos, no caso de sargento e alferes.[29] No en-

---

26 "Condições pelas quais os paulistas vão conquistar os bárbaros", inclusas em João Lopes Serra, "Vida o Panegirico funebre al senor Affonso Furtado Castro do Rio Mendonça, Bahia, 1676", publicado por Stuart Schwartz, *A governor and his image in baroque Brazil, the funeral eulogy of Afonso Furtado de Castro do Rio de Mendonça by...* Minneapolis: University of Minnesota Press, 1979, p. 47-48.

27 Carta, 14.10.1688, DH, 10, 313-315.

28 Carta, 09.12.1688, DH, 11, 147-149.

29 Veja os capítulos 14 a 16 do Regimento das fronteiras de 1645. In: M. C. de Mendonça (ed.), *Raízes da formação administrativa do Brasil*. Rio de Janeiro:

tanto, o pagamento desse soldo não foi reconhecido imediatamente pela Coroa e causou postergações embaraçosas.

O interesse e a premência de utilizar estas tropas especializadas no tipo de esforço militar exigido esbarravam nas dificuldades originadas do processo em curso de formalização da atividade militar. Como vimos, somente com a Restauração Portugal constituiria um exército permanente em termos modernos. De fato, o chamado "regimento das fronteiras", de 25 de agosto de 1645, que criou o posto de vedor geral do exército, objetivava estabelecer as bases da regulamentação das tropas portuguesas deslocadas para as guerras com a Espanha. Ao vedor cabia, como diz o próprio nome, "ver" as tropas de infantaria e montadas e fazer-lhes auditoria, assim como justificar e acompanhar os gastos e o pagamento dos soldos.[30] Esse regimento, apesar de circunscrito ao episódio da guerra de Restauração, tinha sua validade expandida, como era normal, para todos os contextos posteriores no Império português, servindo de regulamento para várias questões relativas aos postos de infantaria situados no Brasil. A hierarquia das tropas regulares, normalmente, previa que o encarregado geral de uma jurisdição fosse também o governador das armas. Segundo o gênero da companhia, e estamos falando apenas das ocupadas dos eventos terrestres, variavam as denominações. Na infantaria, havia o mestre-de-campo, o alferes, o sargento (oficiais), os cabos e soldados (praças). Na cavalaria, o general de cavalaria, o tenente general de cavalaria, o capitão de cavalos (oficiais) e os soldados (praças). Além disso, havia a artilharia, onde existiam o capitão de clavinas e os clavineiros (os alferes eram proibidos) e as outras companhias específicas. No Brasil, estacionadas no território havia notadamente tropas de infantaria. Os postos de oficiais, cuja

---

IHGB/CFC, 1972, vol. 2, p. 631-656.
30 *Ibidem.*

renda dos provimentos (os soldos) era de grande interesse para os seus proprietários, podiam representar, em parte, apenas uma tença honorária. Donde o regimento, neste particular, preocupar os proprietários dos postos, uma vez que o vedor geral e seus auditores estavam interessados principalmente em deslindar fraudes e suspender os rendimentos dos ausentes e desocupados.

As ordenanças foram reestruturadas com o regimento de 25 de setembro 1654, passado ao então governador geral, conde de Atouguia. Procurava-se, através de um controle mais estrito, garantir a disponibilidade das tropas, sempre bem armadas e treinadas. O regimento determinava que cada soldado das ordenanças deveria possuir uma arma, arcabuz ou espingarda, um arrátel de pólvora, 24 balas e o morrão necessário. Quem não tivesse este equipamento deveria pagar multa de cinco tostões e, em caso de reincidência, 6$000 réis. As companhias eram divididas em "companhias de cavalo" e "companhias de pé", dependendo da forma como o soldado se apresentava. No interior dos domínios senhoriais, cada engenho deveria ter seus "oficiais de engenho", que tinham a obrigação de "passar mostra" (verificar a presença) nos dias santos ou domingos (para não atrapalhar os trabalhos), e a falta nisso implicava em multa de 1$000 réis para os pobres e 4$000 réis para os ricos; no caso dos soldados das companhias de cavalo, a multa era ainda maior: 20$000 réis. Além disso, em cada freguesia o capitão era o responsável para que fossem mantidas as roças plantadas em conformidade com as necessidades de sustento das tropas. Ao sargento-mor cabia "passar mostra" em todas as companhias de ordenanças da capitania.[31]

---

31 Regimento de 25/09/1654, conde de Atouguia, DH 4, 174-177. O regimento de Roque da Costa Barreto, de 1677, que vinha substituir o de Tomé de Souza, esclarecia que as companhias de Ordenanças da Bahia deveriam exercitar--se em suas freguesias todo o mês e fazer "alardos gerais três cada ano". Os postos na Bahia passariam a ser providos pelo governador geral. A partir

Neste contexto, poderíamos imaginar que as tentativas de frei Manuel da Ressurreição e de Matias da Cunha esbulhavam a regulamentação tão preciosa dos reformadores portugueses. Daí a resistência que encontraram na Metrópole. Na verdade, tal como em Portugal, buscava-se um enquadramento da informalidade das linhas auxiliares (ordenanças) em regras mais estritas de um exército regular, apto ao escopo centralista do governo geral da Bahia. Em outras palavras, adequar uma realidade preexistente à normalização militar imaginada pela administração colonial. E, no caso das tropas paulistas, a novidade era ainda maior, uma vez que essas "linhas auxiliares" vinham de um contexto em que as ordenanças tinham evoluído de uma maneira totalmente peculiar, especializadas que eram na "guerra brasílica". A força especificamente paulista de organização destas expedições sertanejas sobrepor-se-ia no Nordeste aos arranjos militares tradicionais, implicando um desdobramento, ou evolução, de suas disposições originais em face das novas funções em jogo. O recurso aos paulistas significaria a adoção decisiva da arte da guerra colonial, apta a enfrentar o modo de guerra dos bárbaros. A sua institucionalização na ordem militar do Império seria, pouco a pouco, condição para o recrutamento.

Paulistas e os "ares do sertão"

Os sertanistas da vila de São Paulo de Piratininga particularizavam-se, desde o final do século XVI, por possuir um estilo militar perfeitamente adaptado às condições ecológicas do sertão.

---

de 1704, os postos das ordenanças em todo o Estado do Brasil passaram a ser providos pelo governador geral e não mais pelos capitães-mores. Cf. os capítulos 15 e 16 do Regimento de Roque da Costa Barreto, 23/01/1677, publicado em João Alfredo Libânio Guedes, *História administrativa do Brasil*. Rio de Janeiro: DASP, 1962, vol. IV, p. 173-196; e Rodolfo Garcia, *História política e administrativa do Brasil (1500-1810)*. Rio de Janeiro: José Olympio, 1956, p. 112.

Essas "bandeiras" paulistas tinham uma dinâmica e um modo de operação ajustados para seus intentos de penetração nos sertões em busca do provável mineral precioso ou do infalível cativo indígena. Sabiam manejar a situação de carência alimentar e eram destros para a navegação nos matos fechados, nos cerrados ou caatingas. Como mostrou Sérgio Buarque de Holanda, "a arte de guerrear torna-se, em suas mãos, um prolongamento, quase um derivativo, da atividade venatória, e é praticada, muitas vezes, com os mesmos meios".[32] A mobilidade característica dos paulistas estava condicionada à insuficiência do meio: "distanciados dos centros de consumo, incapacitados, por isso, de importar em apreciável escala os negros africanos, eles deverão contentar-se com o braço indígena – os 'negros' da terra; para obtê-lo é que são forçados a correr sertões inóspitos e ignorados". Como mostrou o historiador, com mais "liberdade e abandono do que em outras capitanias", a colonização em São Paulo realizou-se "por um processo de contínua adaptação a condições físicas do ambiente americano". Neste processo, o indígena, seus costumes e técnicas tornaram-se seus aliados preciosos.[33]

A historiografia, de maneira geral, tem apontado a bandeira como uma forma característica da organização militar que estruturou a sociedade paulista. Designando como coisas distintas as entradas e as bandeiras, pretendia-se robustecer a ideia de uma especificidade regional. As primeiras seriam aquelas expedições organizadas pelos colonos, por conta própria, objetivando a caça do gentio. Já as bandeiras seriam expedições de caráter misto, meio civil, meio militar, que, além do cativeiro dos índios, se interessavam

---

32 Sérgio Buarque de Holanda, *Caminhos e fronteiras*. Rio de Janeiro: José Olympio, 1957, p. 146.
33 Sérgio Buarque de Holanda, *Monções*. São Paulo: Brasiliense, 1990, p. 16.

nas descobertas de metais preciosos.[34] Em São Paulo, as bandeiras teriam moldado um modo de vida: o "banderismo" ou o "bandeirantismo". Alfredo Ellis Júnior foi, sem dúvida, o paladino desta interpretação que alimentou numerosos outros estudos e polêmicas intermináveis.[35] Outra vertente, derivada de Capistrano, interpretava a bandeira como qualquer expedição destinada ao sertão. Segundo seu "esquema", existiam bandeiras paulistas, pernambucanas, baianas, maranhenses e amazônicas.[36] Hélio Vianna, seguindo essa orientação, organizou uma tipologia do "bandeirantismo" na qual diferenciava "ciclos": o de apresamento de indígenas, o de ouro de lavagem, o de sertanismo de contrato, o do ouro e o de povoamento.[37] Tais soluções ecoam, ainda hoje, nos manuais

---

34 Aliatar Loreto, *Capítulos de História Militar do Brasil*. Rio de Janeiro: Ministério da Guerra, 1946, p. 131-140.

35 *O bandeirismo paulista e o recuo do meridiano*. São Paulo: Companhia Editora Nacional, 1936; o capítulo 4 de seu *Resumo da História de São Paulo*. São Paulo: Tipografia Brasil, 1942, p. 153-222; o capítulo "Bandeiras e entradas" de seu livro *O Ouro e a Paulistânia*. São Paulo: Boletim da FFCL, 1948, p. 28-34. Em arroubos patrioteiros, Ricardo Román Blanco tinha as bandeiras na conta da "mas genial y extraordinária organización bélico-militar, que la Historia de la Humanidad conoce". Sua redundante tese de doutorado, entre outras coisas, procura mostrar as relações entre as expedições dos sertanistas paulistas e a legião romana ou as falanges macedônicas (sic). *Las Bandeiras, intituiciones bélicas americanas*. Brasília: Edunb, 1966. Para um quadro mais atual da produção acadêmica sobre o tema, veja o artigo de A. J. R Russel-Wood, "New Directions in *Bandeirismo* studies in colonial Brazil", *The Americas*, 61, 3, p. 353-371, 2005.

36 "Esquema das bandeiras". In: J. Capistrano de Abreu, *Capítulos de História Colonial & Os caminhos antigos e o povoamento do Brasil*. Brasília: Edunb, 1963, p. 338.

37 Hélio Vianna, *História do Brasil*. São Paulo: Melhoramentos, 1965, Vol. 1, p. 192-202. Para um balanço crítico da historiografia paulista, veja o excelente capítulo primeiro da tese de doutoramento de Ilana Blaj, A *trama*

escolares, mas servem mais à simplificação do que à compreensão da história. Nada disso deve nos interessar aqui. Quanto à distinção entre bandeiras e entradas, Jaime Cortesão já nos mostrou que os documentos não estão de acordo. De fato, bandeiras, entradas, jornadas, expedições e conquistas tinham significados intercambiáveis e variavam conforme o contexto. De maneira geral, estes são termos igualmente comuns em todas as capitanias e regiões do Brasil. "Bandeira", especificamente, era a forma como se designavam também as companhias das ordenanças, isto por um motivo bem simples: segundo o capítulo 17 do regimento de 1570, "cada um dos capitães das companhias" deveria ter a sua bandeira de ordenança, que era carregada pelo tambor ou pelo alferes.[38] Donde toda a documentação, tal como demonstrou Cortesão, falar indiferentemente de bandeiras e companhias. "Entrada" e "jornada", como parece evidente, são denominações de expedições ao interior do país, que podiam ser levadas a termo por um terço completo, ou por algumas companhias, ou bandeiras, destacadas para tal. Daí as denominações serem feitas por analogias. Não obstante, seria errado não perceber que a bandeira sertanista, na sua feição paulista, resultou de uma evolução específica da instituição miliciana portuguesa, que, generalizada na sociedade do Planalto, conformou "um gênero de vida típico, próprio, específico da gente de São Paulo".[39]

Segundo um papel anônimo, de 1690, a experiência havia demonstrado, até então, que nem a infantaria, "nem ainda as

---

das tensões: o processo de mercantilização de São Paulo colonial, 1681-1721. São Paulo, Universidade de São Paulo, 1995, p. 25-68.

38 Regimento das ordenanças de 1570. In: M. C. de Mendonça (ed.), *Raízes da formação administrativa do Brasil...*, vol. 1, p. 162.

39 Jaime Cortesão, *Introdução à história das Bandeiras*. Lisboa: Livros Horizonte, 1975, p. 50-69; e *Raposo Tavares e a formação territorial do Brasil*. Rio de Janeiro: MEC, s.d., p. 51-81.

ordenanças" haviam sido "capazes para debelar estes inimigos nas incultas brenhas e inacessíveis rochedos e montes do sertão"; "só a gente de São Paulo é capaz de debelar este gentio, por ser o comum exercício penetrarem os sertões".[40] A razão disto era a forma como os tapuias faziam guerra nos matos, o que exigia uma tática e uma tecnologia especiais. Gregório Varela de Berredo Pereira, o autor de um "breve compêndio" sobre o governo pernambucano de Câmara Coutinho (1689-1690), tinha para si "que se este inimigo [os bárbaros] fizera forma de batalha, depressa [seria] desbaratado". Mas, como explicava, tal não era o caso, porque se tratava de nações "fora de todo o uso militar", isto é, da forma europeia moderna de guerra, "porque as suas avançadas são de súbito, dando urros que fazem tremer a terra para meterem terror e espanto e logo se espalham e [se] metem detrás das árvores, fazendo momos como bugios, que sucede às vezes meterem-lhe duas e três armas e rara vez se acerta o tiro pelo jeito que fazem com o corpo".[41]

Outro papel anônimo, de 1691, também arguia que as "grandes expedições de infantaria paga, e da ordenança, com grandes despesas da Fazenda real e contribuições dos moradores" vinham resultando sem efeito, "não por falta de disposição dos cabos, nem de valor nos soldados, mas porque, repare-se nesta circunstância, *pela eleição do meio só*". Isto porque, segundo o autor deste papel, seria "necessário para a conquista destes gentios" adaptar-se ao seu "modo de peleja", que era "fora do da arte militar", pois

---

40 Sobre o gentio que se rebelou nas capitanias do Ceará, Rio Grande e Paraíba, c. 1690, Biblioteca da Ajuda (Lisboa), manuscrito, 54 XII 4 52.
41 "Breve compêndio do que vai obrando neste governo de Pernambuco o Sr. governador Antônio Luís Gonçalves da Câmara Coutinho etc.", *Revista do Instituto Arqueológico, Histórico e Geográfico Pernambucano*. Recife, 51, p. 267, 1979.

eles [vão] nus, e descalços, ligeiros como o vento, só com arco e flechas, entre matos, e arvoredos fechados, os nossos soldados embaraçados com espadas, carregados com mosquetes, e espingardas e mochilas com seu sustento, ainda que assistem o inimigo não o podem seguir, nem prosseguir a guerra: eles a cometem de noite por assaltos nossas povoações, casas, igrejas, lançando fogo aos ingovernos, matando gente e roubando os bens móveis que podem carregar, e conduzindo os gados, e criações e quando acudimos o dano está feito. E eles [andam] escondidos entre os matos onde os nossos soldados não podem seguir com a mesma segurança, instância e diuturnidade por [estarem] carregados de ferro e mochilas, em que carregam o seu sustento que não pode ser mais que para quatro ou seis dias e [enquanto que] os bárbaros [têm seu sustento] nas mesmas frutas agrestes das arvores, como pássaros, nas raízes que conhecem e nas mesmas imundices de cactos, cobras, e caças de quaisquer animais e aves.[42]

Ora, segundo ainda este autor, teria sido exatamente por isso que a "Divina Providência" criou na província de São Paulo "os homens com um ânimo intrépido, que se inclinaram a dominar este miserável gentio". Semelhantes aos inimigos silvícolas, pois viviam "sempre em seu seguimento", acabaram por "ter por regalo a comida de caças, mel silvestre, frutas, e raízes de ervas, e de algumas árvores salutíferas e gostosas de que toda a América abunda". É nos "ares do sertão" que suas vidas se fazem "gostosas", sendo que "muitos deles nascem, e envelhecem", nos matos: "Estes são os que pois servem para a conquista e castigo destes bárbaros, com quem se sustenta, e vivem quase das mesmas coisas, e a quem o gentio só teme e

---

42 Sobre os tapuias que os paulistas aprisionaram na guerra e mandaram vender aos moradores do Porto do Mar, e sobre as razões que há para se fazer a guerra aos ditos tapuias (1691). Biblioteca da Ajuda (Lisboa), manuscritos, 54 XIII 16, fl. 162.

respeita".[43] Era exatamente o que explicava, dez anos antes, o autor de um outro papel que sugeria o uso dos paulistas para a defesa da colônia do Sacramento: "Porque são homens capazes para penetrar todos os sertões por onde andam continuamente, sem mais sustento que coisas do mato, bichos, cobras, lagartos, frutas bravas e raízes de vários paus, e não lhes é molesto andarem pelos sertões anos [a fio] pelo hábito que têm feito àquela vida".[44]

Ao modo de guerra dos tapuias – "de ciladas e assaltos [que] é como um raio que passa", na expressão de Pedro Carrilho de Andrade[45] – deveria corresponder uma tática peculiar. A forma específica das "regras paulistas" para o ataque aos índios, chamada de "albarrada", era assim estabelecida em um regimento de 1727: a aproximação se fazia com cautelas indígenas, seguindo os rastros, "sem tosse nem espirros", até chegar bem próximo do inimigo e então, com um grito medonho para apavorá-los, fazer o assalto.[46] Os paulistas imitavam, assim, o modo de guerrear dos índios. Frei Vicente do Salvador explicava que os índios costumavam se aproximar sorrateiramente da aldeia de seus contrários, "de maneira que possam entrar de madrugada e tomá-los descuidados e despercebidos, e depois entram com grande urro de vozes e estrondo de buzinas e tambores que é espanto".[47] Mas a tática dos paulistas previa

---

43 Idem.
44 Informação anônima do Brasil, década de 1680, Biblioteca Nacional de Paris, manuscritos portugueses, códice 30, fl. 209. Para um retrato desses "bandeirantes" em ação, veja também John Hemming, *Red Gold: the conquest of the brazilian indians*. Cambridge: Harvard University Press, 1978, p. 238-253.
45 Memorial de Pedro Carrilho de Andrade, 1703, Arquivo Histórico Ultramarino (Lisboa), Documentos Avulsos, Pernambuco, caixa 16.
46 Regimento que se deu a Pedro Leolino Mariz, 1727, citado por Pedro Calmon, *História do Brasil*. Rio de Janeiro, 1959, vol. III, p. 721-722.
47 Frei Vicente do Salvador, *História do Brasil, 1500-1627*. (1627). São Paulo/Belo Horizonte: Edusp/Itatiaia, 1982, p. 85

também algumas negaças. Em 1676, o capitão *sampaulista* Manuel de Lemos quis enganar os topins que estavam levantados na região do Recôncavo baiano, falando-lhes que os paulistas "não eram brasileiros, mas um povo diferente, seus parentes e que [feitas as pazes] poderiam comer juntos, casar seus filhos com filhas deles, e as filhas deles com seus filhos".[48] Outro costume era o de amedrontar com fortes ameaças aos inimigos, como o fez Domingos Jorge Velho com os cracuis rebeldes do rio São Francisco.[49] Segundo João Lopes Serra, que descrevia o modo genérico das táticas paulistas,

> tão logo as bandeiras encontram os bárbaros, eles [os paulistas] fingem que o capitão-mor está próximo com mais tropas e que sua rendição é necessária, caso contrário seriam todos mortos pelas armas de fogo – e o fazem entender o que isso significa atirando em alguns animais, que eles matam, coisa que assusta grandemente aos bárbaros. Se eles se rebelarem, os paulistas fazem-nos entender que os perseguirão mesmo que se espalhem pelo sertão.[50]

Com a intensificação dos "ataques" dos bárbaros às fazendas e vilas no Nordeste, e o fracasso completo das investidas das tropas regulares ou das jornadas organizadas com as ordenanças locais, a utilização dos sertanejos paulistas parecia solução necessária. Avaliando o mal desempenho das jornadas dos capitães Diogo de Oliveira Serpa (1651), Gaspar Rodrigues Adorno (1651-54), Tomé Dias Lassos (1656) e Bartolomeu Dias Aires (1657), o novo governador geral do Brasil, Francisco Barreto, resolveu pela "contratação"

---

48 João Lopes Serra, "Vida o Paneguirico funebre... 1676", p. 69-71.
49 F. Bernard de Nantes, *Relation de la Mission des indiens Kariris du Brezil situés sur le Grand fleuve de S. François du costé du Sud a 7 degrés de la ligne Equinotiale*. 12/09/1702, manuscrito, Biblioteca Mindlin (USP), fl.22 e ss.
50 João Lopes Serra, "Vida o Paneguirico funebre... 1676", p. 71-72.

de uma companhia de paulistas experientes. Barreto conhecia de perto as vantagens do uso da arte da guerra brasílica; mestre-de-campo general nomeado para a guerra contra os holandeses, havia tido papel decisivo no comando das forças dos restauradores. Feito governador de Pernambuco logo após a expulsão dos holandeses, havia mandado castigar os tapuias do Rio Grande e "tirar a ocasião dos [destruir os] mocambos" dos negros dos Palmares.[51] Julgando do "pouco uso que a infantaria aqui tem de pelejar e dos bárbaros" sua incapacidade para evitar as hostilidades dos bárbaros e conservar as aldeias amigas, Barreto entendia que "só a experiência dos sertanistas desta capitania [os paulistas] poderá vencer as dificuldades que os desta acham a se destruírem totalmente aquelas aldeias, que é o em que ultimamente consiste a confirmação das pacíficas e o sossego do Recôncavo".[52] Em setembro de 1657, escreveu ao capitão-mor de São Vicente para acertar um contrato com os paulistas. Para tanto, pedia que a Câmara de São Paulo nomeasse um cabo, dois capitães e até 20 pessoas, "das que no sertão tenham provado mais avantajadamente, e haja melhor opinião da sua experiência e valor, com até 200 índios bons soldados naquele gênero de guerra". Com a promessa de garantir a legalidade do cativeiro de todos os índios que fossem capturados na guerra, o governador geral esperava atrair os paulistas que se viam em dificuldades depois das derrotas sofridas no Sul.[53] Desta maneira, uma expedição capitaneada por Domingos Barbosa Calheiros contra os topins no Recôncavo baiano (1658) inauguraria a presença dos paulistas nas guerras do sertão nordestino.

---

51 Carta do conde de Atouguia para o mestre-de-campo general Francisco Barretto, 20.03.1655, DH, 3, 265.
52 Carta ao rei, 24.01.1656, DH, 4, 277-279.
53 Carta do governador geral para Manuel de Souza da Silva, 21.09.1657, DH, 3, 393-398. Passou-se Alvará para dar cumprimento em 13.10.1657, DH, 4, 54-55.

Inicialmente "contratados" sob promessas de cativos, terras e, de maneira incerta, soldos, a participação destas tropas treinadas para o combate nos matos evoluía para uma maior formalização nos quadros da estrutura militar do Estado do Brasil. E de modo particular, no governo de João de Lencastro (1694-1702), quando as estratégias para o enfrentamento dos tapuias rebeldes na Guerra do Açu se esgotavam e a própria presença do Império na região estava em perigo, mais pela longa duração da guerra, que degenerara o povoamento do sertão pernambucano, do que pela ferocidade dos combates. Para Lencastro, "só esses homens" eram "capazes de fazer guerra ao gentio", como já o haviam demonstrado na Bahia, "deixando em poucos anos essa capitania livre de quantas nações bárbaras a oprimiam, extinguindo-as de maneira que de então até hoje, se não sabe haja nos sertões que conquistaram gentio algum que o habite".[54] Neste sentido, seguindo os conselhos do secretário do Estado do Brasil, Bernardo Viera Ravasco, o rei ordenou em uma carta de 10 de março de 1695 que o governador geral levantasse um terço de paulistas para a guerra aos bárbaros do Rio Grande, na vila de São Paulo e nas mais circunvizinhas.[55] Domingos Jorge Velho, em 1694, havia opinado sobre o caráter um pouco lasso das tropas de São Paulo até então. Segundo seu parecer, as tropas com que iam "à conquista do gentio bravo desse vastíssimo sertão não [eram] de gente matriculada nos livros de Vossa Majestade, nem obrigada por soldo, nem por pão de munição"; antes, eram "umas *agregações* que fazemos alguns de nós, entrando cada um com os servos de armas que tem

---

54 Carta de João de Lencastro ao governador de Pernambuco, Fernando Martins Mascarenhas, 11.11.1699, DH, 39, 86-92.
55 Carta régia ao governador geral, 10.03.1695, DH, 11, 252-254.

e juntos íamos".[56] Diferentemente do que se praticara, a novidade era que se tratava agora de erigir um terço de infantaria, isto é, de tropas regulares, cujos postos deveriam ser devidamente assentados e pagos. Na capitania de Pernambuco, existiam então apenas os terços da guarnição da vila do Recife, da guarnição da cidade de Olinda, de Itamaracá e o terço dos Palmares, recém-criado.[57] Para comandar o "novo terço" do Açu, foi escolhido o sargento-mor do terço de Matias Cardoso, Manuel Álvares de Morais Navarro.[58]

O terço dos Palmares e o da guerra dos Bárbaros eram representativos do processo de formalização da "guerra brasílica", que enquadrava-se em sua especificidade no sistema militar do Império português e ganhava uma identidade particular, com uma legislação própria. Estas guerras previam contratos para a remuneração dos serviços que ultrapassavam o simples pagamento dos soldos, com promessas de cativos e terras, e uma legislação especial que garantia a utilização de crueldade máxima para com os inimigos. Isto porque, para além da natureza das técnicas militares em uso nos matos e sertões, típicos do modo "brasílico" da arte da guerra, estas tropas tinham autorização expressa de assim tratar os inimigos contra os quais elas haviam sido mobilizadas: sejam eles bárbaros ou quilombolas, ambos tidos por infiéis e inimigos do Império português e, portanto, do orbe cristão.

---

56 Carta de Domingos Jorge Velho ao rei, 15.07.1694, *apud* Ernesto Ennes, *As guerras dos Palmares (subsídios para a sua história)*. São Paulo: Companhia Editora Nacional, 1938, p. 205. O grifo é meu.

57 Relação dos oficiais de milícia pagos que servem na capitania de Pernambuco, por Sebastião de Castro e Caldas, 20.06.1710, Arquivo Histórico Ultramarino (Lisboa), Documentos Avulsos, Pernambuco, caixa 17.

58 Carta patente, 25.05.1696, Arquivo Histórico Ultramarino (Lisboa), Documentos Avulsos, Rio Grande, caixa 1, 60.

6. BERNARDO VIEIRA RAVASCO, SECRETÁRIO DO ESTADO DO BRASIL:
poder e elites na Bahia do século XVII

> Estes irmãos, que em fama e que em grandeza
> igualaram, por glória, ou por porfia,
> com um laço, na vida, a simpatia,
> com um golpe, na morte, a natureza.
>
> Iguais no amor, iguais na gentileza,
> qualquer morrer primeiro pretendia;
> Mas o que *Antônio* fez por cortesia
> soube fazer *Bernardo* por fineza.
>
> Porém, como uma a outra se alentava,
> cada qual destas vidas, que por sorte
> da que partis pendia a que ficava;
>
> Precisa razão foi de amor tão forte,
> se um alento a ambos os corpos animava,
> que acabasse a ambas vida, uma morte.
>
> Carlos José de Miranda (1697)

Este soneto, escrito na Bahia no ano de 1697, nos fala da "sucessiva morte dos em tudo parecidos irmãos, o padre Antonio Vieira e Bernardo Vieira Ravasco". Com efeito, o poeta, um certo Carlos

José de Miranda, aproveitava a prodigiosa ocasião para enaltecer os feitos dos dois irmãos, cujas vidas marcaram tão profundamente a sociedade portuguesa. E, sobretudo, daquele pedaço dos trópicos americanos. Transcrito quase um século depois, na "Miscelânea poética" de Antonio Correia Vianna,[1] a peça certamente ainda causava simpatia e ecoava a fama do irmão religioso, esta sim até hoje notável. Já Bernardo ficava à sombra do ilustre predicante e do grande político do século XVII. Fora assim toda a sua vida.

Trinta anos depois, Sebastião da Rocha Pitta notava ser

> coisa digna de reparo [...] que Bernardo Vieira Ravasco, natural da Bahia, secretário do Estado do Brasil, tão perito nesta ocupação como ciente em muitas faculdades, irmão do padre Antonio Vieira na natureza do sangue e na subtileza do engenho, adoecesse ao mesmo tempo e do mesmo achaque que seu irmão; e fazendo a enfermidade os próprios termos e sintomas em ambos, morressem juntamente, o padre Antonio Vieira primeiro, e Bernardo Vieira um dia depois.[2]

A inelutável lhe encontrou, na verdade, dois dias depois de seu irmão. Como corrigiu Barbosa Machado, "acometido da última enfermidade, e preparado com os Sacramentos, [Bernardo] faleceu a 20 de julho de 1697".[3]

---

1 *Miscelânea poética de obras de diversos autores: humas que vão com os nomes delles, conforme foram achadas, outras, que indo sem elles, a todo o tempo, que se descubrão, se lhes pode por.* Juntas, destribuidas e escritas neste volume por Antonio Correya Vianna. Lisboa, 1786, manuscrito, fl. 3v, BPA, 49-III-66.

2 Sebastião da Rocha Pita, *História da América Portuguesa desde o ano de 1500 de seu descobrimento até ao de 1724* (1730). São Paulo/Belo Horizonte: Edusp/Itatiaia, 1976, livro 8, p. 56.

3 Diogo Barbosa Machado, *Bibliotheca Lusitana historica, critica e cronologica na qual se comprehende a noticia dos autores portugueses e das obras que*

Tal prodígio de amor fraterno fez com que outros, como o autor da *Ilha de Maré*, Manuel Botelho de Oliveira, dedicassem poemas à morte dos irmãos.[4] No seu livro publicado em 1705, *Música do Parnaso*, Botelho – que foi o primeiro brasileiro a ter suas letras impressas[5] – compara a morte quase simultânea a uma vida tão próxima. Um, astro do dia, o outro, astro da noite. Antônio, de "engenho tão subido,/tão singular, e tão avantajado,/que nunca sereis mais de outro imitado,/bem que sejais de todos aplaudido". O irmão, ao contrário, "planeta de ignorância impura". Bernardo passava assim pelas letras, como um homem simples, de brilho apagado diante do esplendor do espírito do padre. O que se notava, reproduzindo o *topos* do soneto de Carlos José de Miranda, era a admiração de uma morte tão próxima, só explicável pelo fato de que ambos tenham sido assim tão unidos em vida:

> Criou Deus na celeste arquitetura
> dois luzeiros com giro cuidadoso,
> um que presidia ao dia luminoso,
> outro que presidisse à noite escura.
>
> Dois luzeiros também de igual ventura
> criou na terra o Artífice piedoso;

---

compuzerão desde o tempo da promulgação da Ley da Graça até o tempo presente. Lisboa: Officina de Ignacio Rodrigues, 1747, p. 538.

4 Botelho foi companheiro de aulas primárias do filho de Bernardo Vieira Ravasco, Gonçalo Ravasco Cavalcanti de Albuquerque e de Gregório de Matos. Cf. J. M. Pereira da Silva, *Plutarco brasileiro*. Rio de Janeiro: Eduardo e Henrique Laemmert, 1847, p. 275-276.

5 Em razão da publicação em 1663, em Coimbra, de sua peça teatral *Hay amigo para amigo* (Coimbra, 1663) e não da *Música do Parnaso* (Lisboa, 1705), como se acreditava até há pouco. Veja o estudo de Enrique Rodrigues-Moura, "Manoel Botelho de Oliveira em Coimbra. A comédia *Hay amigo para amigo* (1663)", *Navegações*, Porto Alegre, vol. 2, n° 1, p. 31-38, jan./jun. 2009.

> um, que foi da Escritura sol famoso,
> outro, planeta de ignorância impura.
>
> Brilhando juntos um e outro luzeiro,
> com sábia discrição, siso profundo,
> não podia um viver sem companheiro.
>
> Sucedeu justamente neste mundo,
> que fenecendo aquele por primeiro,
> este também feneça por segundo.[6]

Manuel Botelho ainda escreveu, para além deste, outros dois poemas, um dedicado "à morte do padre Vieira" e outro "à morte do irmão do dito". Assim mesmo: sem menção alguma ao seu nome de batismo. O leitor dos papéis antigos do século XVII, guardados nos arquivos do Brasil ou de Portugal, cada vez que se depara com o nome de Bernardo, ou uma referência a seus feitos, notará que os seus contemporâneos insistem na consagração deste epíteto. De fato, o apelido o acompanhou a vida inteira. Seja nas referências literárias ou nos registros dos documentos, onde "o dito" sempre lhe qualificava a pessoa; seja na vida prática, quando foram os feitos do primeiro que lhe garantiram o acesso ao estamento burocrático. Como veremos, as mercês que lhe foram feitas, ou por vezes "desfeitas", apesar dos seus poucos méritos militares, foram-no sobretudo em consideração ao serviço do ilustre irmão. Porém, o ofício que lhe foi concedido por remuneração dos serviços alheios marcou profundamente sua vida. Por cinquenta e sete anos, dos 23 anos até sua morte, aos 80, Bernardo, ou melhor, "o irmão do padre

---

6 Manuel Botelho, "Ponderação da morte do Padre Antonio Vieyra & seu irmão, Bernardo Vieyra, ao mesmo tempo succedidas". In: *idem, Musica do Parnasso dividida em quatro coros de rimas portuguesas, castelhanas, italianas & latinas*. Lisboa: Officina de Miguel Manescal, Impressor do Santo Officio, 1705, p. 87.

Antonio Vieira", exerceu o cargo de Secretário do Estado do Brasil. Como que secundando o governador geral, era o seu primeiro oficial de despacho, por vezes consultado em quase todas as pequenas e grandes questões (dependendo do seu prestígio na altura) e, mormente, dono do cartório do Estado – o que lhe dava não pouco poder na gestão cotidiana dos papéis da administração, nas cópias das patentes, na ordem do acervo de decisões, ou seja, no controle do arquivo daquela jurisdição. O poema que lhe dedicou Manuel Botelho o caracteriza, antes de mais nada, pelo ofício que exerceu:

> Ideia ilustre do melhor desenho
> fostes entre o trabalho sucessivo,
> e nas ordens do Estado sempre ativo
> era o zelo da pátria o vosso empenho
>
> Ostentastes no ofício o desempenho
> com pronta execução, discurso vivo,
> e formando da pena o vôo altivo,
> águia se viu de Apolo o vosso engenho.
>
> Despede a morte, cegamente irada,
> contra vós uma seta rigorosa,
> mas não vos tira a vida dilatada:
>
> Que na fama imortal e gloriosa,
> se morreste como águia sublimada,
> renasceis como Fênix generosa.[7]

Sua vida dilatada lhe permitiu realizar muitos feitos. Mas não lhe deixou grande satisfação com relação à construção de sua casa. Como lembra Pedro Calmon, com algum exagero apologético, no ocaso da vida dos irmãos o "clã" iniciado por Cristóvão Vieira

---

7 Manuel Botelho, "À morte de Bernardo Vieyra Ravasco, Secretário do Estado do Brasil". In: *ibidem*, p. 86.

Ravasco, que teve seu melhor fruto em Antonio, estava, podemos dizer, muito circunscrito. A fortuna amealhada, seja em bens de raiz ou em ofícios da república, esgotava-se ou perdia-se nos conflitos políticos, nas iniquidades dos desafetos e, também, nas dívidas que se somavam. A prole do patriarca, se numerosa a princípio, logo se consumiu nos acidentes ou nas escolhas vividas por cada um. Ao ponto que o padre Vieira escrevia, em agosto de 1671, comentando o casamento da última de suas quatro irmãs, dona Maria de Azevedo: "A cabana, em que nasci, não tem outra esperança de ter sucessor legítimo, senão esta...".[8]

Leonarda Vieira Ravasco, sua irmã, teria um final trágico. Havia se casado com o filho de Manuel Álvares da Penha Deus Dará, um dos pró-homens da restauração pernambucana. Ao garantir o suprimento das forças luso-brasileiras durante as guerras de Pernambuco, Deus Dará ganhara a gratidão do monarca: além do cargo de provedor da fazenda de Pernambuco, foi lhe concedido o direito de usar um brasão de armas. Na economia das mercês de sua casa, seu filho, Simão Alvares de La Penha Deus Dará, seria então nomeado provedor da fazenda e depois auditor geral de Pernambuco.[9] Em 1651, o esposo de Leonarda era feito o primeiro

---

8   Apud Pedro Calmon, *O crime de Antonio Vieira*. São Paulo: Melhoramentos, 1931, p. 7.
9   Em 13.04.1646 e 26.3.1647, respectivamente, ANTT, Chancelaria Mor, D. João IV, livro 17, fl. 359v. e livro 26, fls. 112-113. Sobre a economia das mercês, veja, entre outros, o estudo de António Manuel Hespanha, "La economia de la gracia". In: *Idem, La gracia del derecho*. Madri: Centro de Estudios Constitucionales, 1993, p. 151-176; e o livro de Fernanda Olival, *As ordens militares e o Estado moderno: honra, mercê e venalidade em Portugal (1641-1789)*. Lisboa: Estar, 2000. Para uma leitura crítica, veja o livro de Rodrigo Ricupero, *A formação da elite colonial: Brasil, 1530-1630*. São Paulo: Alameda, 2009, sobretudo a primeira parte, "Honras e Mercês", p. 31-89.

desembargador da relação da Bahia nascido no Brasil.[10] Segundo Stuart Schwartz, desde 1637, já morava em Salvador com a esposa e as crianças, onde mantinha "o cargo da alfândega que lhe fora deixado pelo seu pai". Casou então sua irmã, Francisca, com o dono do engenho Caboto, Simão de Fonseca de Siqueira, que deixou uma única filha, d. Aldonça da Penha Deus Dará. A moça, que casou com o riquíssimo Antonio da Rocha Pita, provedor da Misericórdia e grande sesmeiro, seria a única a levar adiante o nome da família, isto porque Simão Deus Dará e toda a sua família morreram num terrível acidente, quando o navio em que estavam naufragou.[11]

Outra irmã de Bernardo, dona Catarina Ravasco, que se casou em 1650 com um morador do Brasil, Rui Carvalho Pinheiro, trouxe no dote uma promessa de um hábito da Ordem de Cristo para o marido, com 40$000 réis de tença, e o ofício de escrivão da Câmara da Bahia, que havia sido passado em alvará para o seu pai. Pinheiro conseguiria, dois anos depois, receber o hábito e professar os votos.[12] Aparentemente não teve filhos. Em 1663, segundo a declaração de Antônio perante a Inquisição, tanto Catarina como Leonarda estavam mortas.

A terceira, dona Inácia de Azevedo Ravasco, casou-se por volta de 1650 com um bisneto de um irmão do governador Duarte da

---

10 Em 12.12.1651, ANTT, Chancelaria Mor, D. João IV, livro 15, fl. 76.
11 Stuart Schwartz, *Burocracia e sociedade no Brasil Colonial: a suprema corte da Bahia e seus juízes, 1609-1751*. São Paulo: Perspectiva, 1979, p. 277-278 (trad. port.).
12 Francis Dutra, *The Vieira family and the Order of Christ*. Santa Barbara, University of California, 2003, p. 10. Agradeço ao autor a gentileza de me oferecer uma cópia deste trabalho ainda inédito. Na sessão de genealogia perante o Santo Ofício, em 20 de outubro de 1663, Antônio Vieira apenas informa ter duas irmãs: Leonarda e Maria. Cf. Adma Muhana (ed.), *Os autos do processo de Vieira na Inquisição*. São Paulo: Editora Unesp, 1995, p. 60.

Costa, Fernão Vaz da Costa Dória.[13] Em 1652, o sogro solicitava – para a satisfação de uma lembrança que lhe fora dada – que o Rei concedesse para seu genro o ofício de escrivão dos agravos e apelações cíveis da Relação da Bahia, de que havia sido proprietário até o fechamento do tribunal em 1624. Com a reabertura da Relação, naquele mesmo ano de 1652, parecia-lhe normal que a família recuperasse o ofício perdido. Inácia teve apenas um filho, Francisco de Abreu da Costa Dorea, que teria exercido o posto de sargento--mor.[14] Dele não temos mais notícias e, tampouco da caçula, Maria, que se casara em 1671. Segundo João Lúcio de Azevedo, este foi "degolado em estátua".[15]

Impedido por seus votos, previno por sua vocação, de Antonio não se sabe nenhum filho. Já o irmão, Ravasco, apesar de nunca se casar, tivera dois meninos e uma menina, todos naturais, resultado de sua união ilícita com d. Felipa Cavalcanti de Albuquerque, filha de Lourenço Cavalcanti de Albuquerque.[16] Como se sabe, este se destacara como um dos campeões das guerras contra os holan-

---

13 E não Francisco de Abreu da Costa Dorea, como quer Pedro Calmon. Este, filho de D. Inácia.
14 Consulta do Conselho Ultramarino sobre Cristóvão Vieira Ravasco que pede o ofício de escrivão dos agravos e apelações cíveis da Relação da Bahia, de que foi proprietário, para seu genro Fernão Vas da Costa, Lisboa, 12.11.1652, AHU, papéis avulsos, Bahia, caixa 13, 1560.
15 Cf. *História de Antonio Vieira*. São Paulo: Alameda, 2008, p. 443. Casado com d. Ana de Meneses, acabou condenado e preso depois de tê-la assassinado. Como se matou na prisão, em 1699, foi degolado em estátua.
16 Do mesmo modo, uma sua irmã, d. Maria, fora então cortejada por Francisco Manuel de Mello. Deste amor, nasceu uma menina, d. Bernarda, que fora exposta (cautelosamente) em uma casa de gente rica em Cotegipe. D. Maria foi então recolhida no mosteiro de Odivelas, "que chegou a reger como senhora de espírito e virtudes". A pequena exposta se casaria na Bahia com Gaspar Araújo. Pedro Calmon, *O crime de Antonio Vieira*. São Paulo: Melhoramentos, 1931, p. 15.

deses, comandando uma das companhias enviadas por Matias de Albuquerque de Pernambuco para a Bahia, atacada em 1624. Como consta nos serviços apresentados (e reivindicados) por seu neto bastardo, "fora capitão do presídio de Goiana, coronel de toda a gente de armas do Brasil, alcaide-mor da Cidade da Bahia, superintendente da infantaria do Norte com poderes de governador, capitão-mor e defensor da capitania de Itamaracá, capitão-mor da Paraíba, governador de toda a cavalaria da Paraíba". Chegou a ser também governador do Cabo Verde. Tal folha apenas lhe dourava a "nobreza" do berço, filho que era de Felipe Cavalcanti, o fidalgo "Florentino pernambucano" e de Catarina de Albuquerque, "A Velha" (1538-1614). Sua avó materna, por sua vez, tinha descendência cabocla, filha de Jerônimo de Albuquerque, "o Adão Pernambucano", com a "índia" Maria do Espírito Santo Arcoverde.

O mais velho dos filhos de Bernardo, Cristóvão Vieira Ravasco, que tinha o nome do avô, era capitão de infantaria. Em algum momento após 1672, teve má sorte e faleceu no serviço do Rei.[17] A me-

---

17 Informação, de Domingos Luiz Moreira, sobre pedido de Inácio Barbosa Machado para que fosse feito o traslado da Carta de Propriedade do ofício de secretário de Estado recebida por Gonçalo Ravasco Cavalcanti e Albuquerque. O traslado é datado da Bahia, a 29 de abril de 1700. 5 p. IEB-CL, cód. 63.31. Gonçalo assumiria as tarefas do pai ainda no início dos anos 1680. Nos livros das Provisões do Governo, no AHMS, é possível já ver a assinatura de Gonçalo, como Secretário, em despachos de 1683. AHMS, Provisões do Governo, 124.1, *passim*. O último registro de provisão assinado por Ravasco é de 13 de julho de 1697, uma semana antes de sua morte. O primeiro registro de provisão assinado por Gonçalo é de 22 de julho de 1697. AHMS, 124.4, Provisões do Governo, fl. 140 e SS. No *Catálogo dos irmãos da Santa Casa da Misericórdia da Bahia*, organizado por Neusa Rodrigues Esteves, há referência de que Cristóvão Vieira Ravasco de Albuquerque foi admitido irmão de maior condição em 30 de julho de 1672 (Salvador, 1977, p. 13). Segundo o *Livro de Patentes* do Arquivo Público do Estado da Bahia (APB), tanto Cristóvão como Gonçalo estavam alistados, no tempo do governo de Alexandre de Souza

nina, Bernardina Maria de Albuquerque, morreu ainda jovem.[18] Foi o terceiro, Gonçalo Ravasco Cavalcante de Albuquerque, que alcançou maior renome. Nascido na Bahia em 1639, seguiria em tudo os passos do pai. Ensaiara a poesia e vivera como herdeiro do ofício da secretaria do Estado, que foi obtida bem antes da morte do pai, por meio de alvará em 1676, no qual o rei prometia que o cargo seria a ele passado.[19] Como o pai, ficou à sombra do tio e, para a história, passou como um mediano literato, companheiro das pândegas de Gregório de Matos. Casou-se com d. Leonor Josefa de Menezes, filha do sargento-mor Diogo Moniz Barreto, e não deixou sucessão.[20]

Freire (1667-1671), no terço do mestre de campo Álvaro de Azevedo (fls. 160 e 168).

18 André de Barros, *Vida do apostolico Padre Antonio Vieyra da Companhia de Jesus...* Lisboa: Officina Sylviana, MDCCXLVI [1746], p. 669.

19 Alvará de S. Alteza pelo qual faz mercê a Bernardo Vieira Ravasco. Lisboa, 13.07.1676, ABN, 4, p. 405, 1877-78.

20 Diogo Barbosa Machado, *Bibliotheca Lusitana histórica, critica e cronológica...* Lisboa: Officina de Antonio Isidoro da Fonseca, 1741, vol. 1, p. 538. A irmã de d. Leonor, d. Mariana de Menezes e Aragão, se casou com o irmão de Diogo Barbosa Machado, Ignácio, que, em sua passagem pela América, foi juiz de fora em Salvador e lente da História Militar na Academia Brasílica dos Esquecidos. Com a morte de Gonçalo, uma vez que não havia mais descendentes na família dos Vieira, Ignácio pleiteou para si o ofício de Secretário do Estado do Brasil. A eles voltaremos, quando for a hora. Segundo Lamego, Gonçalo teria deixado em testamento seus ofícios e mercês ao cunhado. Os papéis reunidos por Ignácio para sustentar o seu pleito foram parar na coleção de manuscritos de Lamego, já referida. Veja um breve comentário sobre papéis no artigo "Os primeiros secretários do Estado do Brasil", de Alberto Lamego, no seu livro *Mentiras Históricas*. Rio de Janeiro: Record, s.d., p. 61-71. Por encomenda de d. Leonor Josefa de Menezes, o amigo de Gonçalo, Sebastião da Rocha Pitta, organizou e publicou o *Summario da vida e morte da exma. sra. d. Leonor Josepha de Vilhena e das exéquias que na cidade da Bahia consagrou a sua memória...* impresso em Lisboa, por Antonio Pedroso Garlram, 1721. Textos encomiásticos que reportam o desempenho da sociedade colonial nas homenagens ao falecido rei de Portugal e à senhora D.

Se as exéquias de Antonio tiveram alguma importância, tanto na Bahia como em Lisboa, o irmão provavelmente foi lembrado apenas pelos filhos que lhe restavam, além da sociedade soteropolitana que lhe devia agradecer os préstimos em vida. Bernardo foi sepultado com pouca pompa na Capela do Santíssimo Sacramento Colateral da parte do Evangelho no Convento do Carmo da Bahia, da qual era patrono.[21]

Soldado, alferes, capitão

Bernardo Vieira Ravasco nasceu na cidade da Bahia, capital da América portuguesa, provavelmente no ano de 1617, isto é, apenas dois anos depois da chegada de seus pais, Cristóvão Vieira Ravasco e Maria de Azevedo. Antonio, que na época tinha apenas oito anos de idade, logo passou a frequentar o colégio dos jesuítas, onde aprendeu as primeiras letras e humanidades. Seu irmão, podemos imaginar, seguiu-lhe os passos, tendo estudado onde Vieira se recolheu, ao fugir de casa em 1625. Segundo André de Barros, aprendeu com vantagem as boas letras; "estudou e se graduou bacharel e licenciado em Filosofia".[22] Contudo, Bernardo não se distinguiria nos estudos e, nas palavras de Barbosa Machado, sequer "na subtileza do engenho com que a natureza liberalmente o enriqueceu" ao irmão.[23] Opinião similar a de Manuel Botelho. Nove anos mais novo, menos capaz ou devotado, iria dedicar-se à carreira militar, de

---

Leonor (morta em 1714), esposa de D. Rodrigo da Costa, governador do Brasil entre 1702 e 1708. O mesmo nome e a pública afeição intrigam, naturalmente, o historiador, assim como intrigava os contemporâneos.

21 Diogo Barbosa Machado, *Bibliotheca Lusitana histórica, critica e cronológica...* Lisboa: Officina de Antonio Isidoro da Fonseca, 1741, vol. 1, p. 538.

22 André de Barros, *Vida do apostolico Padre Antonio Vieyra da Companhia de Jesus...* Lisboa: Officina Sylviana, MDCCXLVI [1746], p. 667.

23 *Ibidem*, p. 537.

onde, alguns sucessos obtidos pela oportunidade das guerras contra os holandeses, passaria aos ofícios da república.

Com 21 anos, começou a servir nas armas, primeiro em praça de soldado, para então tornar-se alferes e por fim capitão da infantaria. Encerrou sua carreira militar em 1651, tendo a exercido por quatorze anos. Segundo sua folha de serviços, declarava que no "decurso deste tempo" se achou

> na maior parte das ocasiões de guerra que na Bahia de Todos os Santos se ofereceram, em particular no sítio em que o conde de Nassau pôs àquela cidade [em 1638], nos dois assaltos que lhe deu e emboscadas que se lhe fizeram em que assinalou ajudando a matar e aprisionar muitos holandeses de cujos recontros ficou muito mal ferido na mão esquerda de uma *alcanzia*[24] de fogo.[25]

Segundo Barbosa Machado, o ferimento se deu no assalto das trincheiras do Forte de Santo Antonio.[26] Em 1647, no contexto já da restauração, quando o comandante da armada holandesa, Sigismundo van Schkoppe, resolveu investir contra a ilha de Itaparica (na Bahia e defronte a Salvador) para abrir um novo flanco no conflito, o já capitão Bernardo Vieira Ravasco se encontrava com sua companhia ali fortificado e ocupando "as casas de um engenho em que se queria fazer forte na almiranta dos holandeses,

---

24 Projétil de barro cheio de matérias inflamáveis e explosivas que se lançava, como se fosse uma granada, contra o inimigo.

25 Bernardo Vieira Ravasco, mercê do ofício de Secretaria de Estado e Guerra do Brasil, 13.04.1663, ANTT, Chancelaria Mor, d. Afonso VI, livro 6, fls. 111v-112v.

26 No ataque de 18 de maio de 1638, comandado por Luiz Barbalho, quando os holandeses forçavam a trincheira de Santo Antonio e foram surpreendidos pela retaguarda. Cf. Francisco Adolpho de Varnhagen, *História das lutas com os holandeses no Brasil*. Salvador: Progresso, 1955 (1871), p. 220 e ss.

que dos galeões nossos tinham rendido na Barra da Bahia a, assistir muito tempo de guarnição com sua companhia". Mesmo sendo reformado no ano de 1651, resolveu acompanhar o mestre de campo Nicolau Aranha na freguesia de Paraguaçu e "defender os engenhos daqueles distritos por os querer queimar o inimigo, e sucedendo entrarem quatro naus de Holanda na barra da Bahia", resolveu "se meter em uma *canoa* e não obstante a grande tempestade que havia, [foi] entre as naus dos inimigos acudir ao seu posto e companhia com evidente risco de sua vida".[27] Neste momento, apesar de sua ousadia militar, o irmão do padre Vieira já se introduzira no sistema político do Estado do Brasil, agindo com a pena e com a astúcia de um sábio burocrata.

Secretário do Estado do Brasil

No Estado do Brasil (pelo menos até 1720), o sistema político – que fora criado em 1548 – girava em torno do ofício do governador-geral e do capitão general. Talvez mais do que na Índia, no Ocidente o empreendimento de colonização – que aqui se fazia pela ocupação, povoamento e valorização do território, tendo por base o investimento na fábrica do açúcar – impunha a conformação de um sistema de poder que articulava diversas instituições, e portanto ofícios, que reproduziam em grande parte as estruturas tradicionais da sociedade portuguesa, mas, ao mesmo tempo, as inovavam. Na América portuguesa a monarquia optou em manter de forma homogênea as bases do sistema jurídico que fundamentava a vida social e política nas duas margens do Atlântico. Como já foi notado, o governo geral orientava de maneira decidida a empresa colonial

---

27 Bernardo Vieira Ravasco, mercê do ofício de Secretaria de Estado e Guerra do Brasil, 13.04.1663, ANTT, Chancelaria Mor, d. Afonso VI, livro 6, fls. 111v--112v e Diogo Barbosa Machado, *Bibliotheca Lusitana histórica, critica e cronológica...* Lisboa: Officina de Antonio Isidoro da Fonseca, 1741, vol. 1, p. 538.

– de acordo com os interesses dos poderes do centro e dos interesses negociados dos próprios mandatários. O governo geral não está restrito ao ofício do governador. Como já tive oportunidade de afirmar, ele conforma uma sistema político intermédio, um organismo político-administrativo que ocupa um determinado território, isto é, estabelece o Estado do Brasil no lugar da já antiga província de Santa Cruz. O estudo mais aprofundado das instituições e dos ofícios que gravitavam em torno deste sistema e, ao mesmo tempo, a melhor compreensão das massas relativas de cada uma, ainda está para ser realizado. Neste sentido, a investigação deve se voltar para a análise minuciosa de cada um dos corpos deste sistema, seus espaços e práticas específicas de poder, sem abandonar a dinâmica da vida política, isto é, os estudos da conjuntura que preenchem de sentido "humano", podemos dizer, os movimentos concretos do sistema. Assim, nos marcos dessa realidade plurijurisdicional das estruturas de poder na América portuguesa (e estamos falando do nível das camadas dominantes, isto é, das elites), instituições, ofícios e práticas são redefinidos, criados ou anulados, em conformidade com os diversos interesses em jogo, sejam eles conflitantes ou convergentes. O caso que estamos aqui estudando, o da secretaria do Estado do Brasil, parece significativo de um processo de "autogênese" institucional, no qual um ofício se estrutura (é claro que tendo um modelo a imitar) com características peculiares que atendem a demandas precisas do sistema político e, ao mesmo tempo, aos interesses de grupos de elite colonial (entendida aqui não apenas como luso-brasileira, mas enfeixando interesses nas duas margens do Atlântico).

Com efeito, várias foram as mercês obtidas nestes anos de guerra e de perigo para a nova dinastia. A família do então alferes Bernardo Vieira saberia se aproveitar disso. Como mostrou Francis Dutra, a influência de Antonio Vieira junto ao Bragança resultou em grande generosidade nas mercês concedidas ao pai e aos irmãos. Em 1643, o velho patriarca receberia pelos serviços do filho 40$000 réis de tença e mais a promessa de um ofício na justiça para os seus futuros genros. No ano seguinte, um alvará de promessa, para ele ou para uma das filhas, garantia um hábito da Ordem de Cristo.[28] Bernardo receberia o ofício de "tesoureiro dos 2 reais das caixas de açúcar que na cidade da Bahia se carregam para o Reino de Portugal", isto é, do imposto sobre as caixas exportadas de Salvador. A carta de mercê, datada de 20 de abril de 1646, esclarecia que lhe eram remunerados os serviços militares, prestados como "alferes de uma das companhias do terço fixo da guarnição da dita cidade", e também pelos desempenhados em auxílio do vice-rei, marquês de Montalvão. Ficamos então sabendo que Bernardo fora por ele ocupado "do dito Estado nas matérias de secretaria dele".[29]

Montalvão apenas se utilizava da prática comum de servir-se de um adjunto para o exercício de suas funções. No Brasil, há indícios do emprego deste tipo de auxiliar desde os inícios do século XVII, sempre conveniente que era aos serviços do governador, sendo, como no caso, alguém da sua confiança e com aptidões técnicas suficientes. Por outro lado, o marquês fora o primeiro a trazer mais à luz sua presença no aparelho mais íntimo do poder político do governo geral. Devemos nos perguntar se haveria nisto alguma tentativa de equiparar a dignidade de seu próprio ofício ao dos vice-reis da Índia. Montalvão, como se sabe, fora o primeiro dos governadores do Brasil a receber, em termos honoríficos, o vice-reinado associado ao ofício. Com efeito, informada dos reveses da armada do conde da Torre em Pernambuco, em janeiro de 1640,

---

28 Francis Dutra, *The Vieira family and the Order of Christ*... p. 6.
29 Carta de tesoureiro dos 2 reais das caixas de açúcar que na cidade da Bahia se carregam para o Reino de Portugal, 20.04.1646, ANTT, Registro Geral de Mercês (RGM), livro 11, fls. 432-432v.

a Corte em Madri resolveu nomear Jorge Mascarenhas como "vice-rei e capitão general de mar e terra do Estado do Brasil, empresa e restauração de Pernambuco". Como se percebe, tal dignidade fora conferida na ocasião muito peculiar das guerras coloniais e respondia mais à qualificação do próprio Montalvão, senhor de maior nobreza. Segundo a opinião de Pedro Calmon, "tivera Filipe IV [III de Portugal] em vista opor a Nassau, príncipe de sangue, uma autoridade mais qualificada", com isso "acentuava o seu interesse pela conservação da Colônia". Por outro lado, tal iniciativa, era resultado, também, do processo de crescente institucionalização do sistema político do Estado do Brasil, levado a termo pela monarquia dos Filipes.

Uma pesquisa realizada nos livros da Chancelaria Mor do Reino – repartição responsável pela redação, validação (mediante a aposição do selo régio) e expedição de todos os atos escritos da autoria do próprio rei – nos permitiu o levantamento sistemático de todos os ofícios relacionados ao governo do Estado do Brasil e do Estado do Maranhão, do reinado de D. João III ao de d. Pedro II. São 2.007 cartas de mercês, patentes e provisões concedidas neste período de 1521 e 1706. Como se vê na tabela abaixo, é a partir do reinado de Filipe II (de Portugal) que a média anual de provimentos e doações se multiplica por 4, tendo por base os reinados de d. Sebastião e de Filipe I. No reinado de Filipe III, há um crescimento ainda maior.[30]

---

30 O levantamento sistemático de todos os ofícios relacionados ao governo do Estado do Brasil e do Estado do Maranhão, no período de 1521 e 1706, resultou em uma base de dados com 2.972 entradas. Em cada uma delas, temos o registro do ofício, do nome de seu titular e da localização exata do documento. Foram utilizados os índices feitos na segunda metade do século XVIII, depois da reorganização pela qual passou o Arquivo da Torre do Tombo, abalado pelo terremoto de 1755. Lemos e anotamos, de maneira sistemática, todos os índices relativos à Chancelaria dos reinos de D. João III até D. João V, isto é, de 1521 até 1750. ANTT, livros da Chancelaria Régia.

Esta aceleração se verifica, agora, como um padrão ao longo da segunda metade do XVII, implicada que está na cada vez mais complexa estrutura social americana e na importância primeira que a Colônia adquire nos quadros do Império. Por outro lado, podemos perceber alguma conexão com as reformas administrativas induzidas pelos Habsburgos em Portugal e no espaço imperial, o que poderá ser revelado por um estudo mais minucioso do funcionamento do vice-reinado em Portugal nesta época. Assim, a formalização e "reinstitucionalização" do governo geral do Brasil e a própria nomeação de um vice-rei estavam apoiadas na criação, no Reino, deste mesmo ofício.[31]

Cartas de mercês, patentes e provisões concedidas para o Brasil (1521-1706)

Reinado	Datas	Provisões, doações	Média anual
D. João III	1521-1557	44	1,2
D. Sebastião	(1557)-1578	45	2,1
Felipe I (II)	1580-1598	39	1,9
Felipe II (III)	1598-1621	180	7,8
Felipe III (IV)	1621-1640	257	13,5
D. João IV	1640-1656	303	18,9
D. Afonso VI	(1656)-(1683)	599	22,2
D. Pedro II	1683-1706	540	23,5
TOTAL	**1521-1706**	**2007**	**10,8**

FONTE: ANTT, livros da Chancelaria Régia.

---

31 Regimento do governo [de Portugal], feito a 5 de julho de 1593, BPE, códice CV/2-7 a fls. 237-251v; regimento do governo [de Portugal], feito a 21 de março de 1600, BPE, cod. CV/2-7 a fls. 223-234v; regimento dos governadores [de Portugal] feito em Madri a 23 do mês de julho de 1621, BPE, cód. CXII/2-15 a fls. 112 - 127v; e o regimento dos vice-reis de Portugal, dado em 18 de junho de 1633, BPE, cód. CV/2-7 a fls. 252 - 254.

No Brasil, como já tivemos a oportunidade de mostrar, com o crescimento da riqueza produzida pelo açúcar da Bahia e de Pernambuco e com o aumento consequente das gentes, o mando requeria uma ampliação dos seus instrumentos de força e, portanto, de sua dimensão simbólica. O ofício de governador ganhava maior importância e isso era reconhecido pela Coroa, que concedia ao dignitário o direito de poder trazer consigo homens para sua guarda de honra. Com Diogo Botelho, formalizou-se a reivindicação pela equivalência ao delegado régio do Estado da Índia.[32] Neste momento, a Coroa ainda estava segura da diferença existente entre os sistemas governativos criados a Oriente e Ocidente do Império. Não obstante, passados quarenta anos, a monarquia iria ceder neste ponto justamente quando sentiu o seu domínio na América portuguesa mais ameaçado.

Montalvão, fiel ao golpe de dezembro e à nova dinastia, pôde então conservar este título até o fim precipitado de seu governo em abril de 1641. Como se sabe, apenas dois outros governadores ostentaram o título antes de 1720, quanto o atributo torna-se obrigatório: Vasco Mascarenhas, conde de Óbidos (1663-1667), e Pedro Antônio de Noronha Albuquerque e Sousa, conde de Vila Verde e Marquês de Angeja (1714-1718). Estes títulos honoríficos, na verdade, diziam respeito mais ao titular do cargo do que às estruturas políticas do governo geral. É certo que implicavam o fortalecimento do poder (não apenas simbólico, mas por isso mesmo, efetivo) dos governadores. A concessão do título vice-reinal para os governadores a

---

32 Esta informação vem na "Carta régia aos governadores de Portugal sobre a memória de Diogo Botelho, 24.04.1609", ABN, 57, p. 50-60. Veja, sobre este governador, o estudo de Manuel Tomaz Nápoles Magalhães Crespo, *Diogo Botelho no Governo do Brasil (1602-1608)*. Dissertação de mestrado. Lisboa, Faculdade de Letras da Universidade de Lisboa, 1964.

partir de 1720 certamente está associada à ampliação dos poderes das capitanias gerais ao sul.[33] Neste quase um ano, Montalvão teria se utilizado dos serviços de Bernardo Vieira como secretário. O marquês se cercava assim de um oficial de despacho, um auxiliar direto, cujas funções emulavam, naturalmente, as do modelo existente no Estado da Índia.[34] Lá, como aqui, sua presença e atuação indicava o prestígio do governante, que, como um "pequeno rei", mantinha assim o despacho nas mãos de um funcionário e o praticava na sua Câmara. Nos livros da Chancelaria, o ofício aparece pela primeira vez no ano de 1578, com a nomeação de Pantalião Rebello como "secretário de estado das partes da Índia". O ofício era remunerado, recebendo o seu titular o ordenado de 400$000 por cada ano além dos percalços que lhe cabiam.[35] Note que estamos aqui tratando apenas do primeiro registro desse ofício sendo provido diretamente pelo rei, pois não caberia nunca ao governador ou vice-rei fazê-lo. Se fosse sua vontade, deveria apenas tomar um secretário de sua obrigação por próprias custas. No seu *Soldado prático*, Diogo do Couto explica que naquela altura (c. 1572) o rei não fizera mercê de prover alguém para tal cargo, senão a d. Duarte de Meneses (1522-24) e a Nuno da Cunha (1528-38). Como se tratava de alguém

---

33 Dauril Alden, *Royal Government in Colonial Brazil. With a Special Reference to the Administration of the Marquis of Lavradio, Viceroy, 1769-1779*. Berkeley and Los Angeles: University of California Press, 1968, p. 36-39. Importante é registrar que apesar deste título dado aso seus governantes, o Estado do Brasil jamais tornar-se-ia um vice-reinado, com autonomia relativa ou poderes amplos, como foi o caso no Império colonial espanhol.

34 Sobre os secretários de Estado na Índia, veja o estudo de André da Silva Costa, *Os secretários e o estado do rei: luta de corte e poder político - sécs. XVI-XVII*. Dissertação de mestrado. Lisboa: Universidade Nova de Lisboa, 2008, p. 201-202.

35 Provisão de 25.02.1578, ANTT, Chancelaria Mor, D. Sebastião, livro 38, fls. 220v-221.

que devesse ser "da obrigação e cevadeira dos vice-reis e governadores", tal ofício era adjunto e provisório. Na Índia, durante todo o século XVI, os secretários foram feitos por um período de três anos. Em 1612, com o provimento de Afonso Rodrigues de Guevara, se estabelece que o prazo de três anos poderia "ser prorrogável", "sem embargo do regimento que defende servir-se os ofícios da Índia por mais de 30 anos".[36] Após a Restauração, d. João IV amplia o tempo de serviço do secretário, nomeando André Gonçalves Maracote por um período de seis anos.[37] Segundo Diogo Couto, apesar das críticas de favoritismo na indicação deste cargo, era opinião de alguns que "é coisa muito necessária em um vice-rei servir-se de secretário que lhe tenha obrigação e mais amor, que o seu interesse, para lhe falar a verdade, desenganado, nas coisas que houver de fazer, como oficial que há de servir do fiel da balança dos negócios". A importância do cargo era notória, afinal "um vice-rei é um homem de carne, e não divino, e pode errar e acertar, segundo a informação que tiver" das coisas. Ainda nas palavras do *Soldado prático*, o vice-rei:

> Não pode ser tão universal em tudo, ao menos nos primeiros anos; para o que lhe é necessário um secretário, que além de ser coisa sua, tenha experiência da terra e dos negócios dela, e que conheça os homens e as qualidades dos serviços seus, e que, como homem que anda pela praça, ouça o que se diz, para dele se poder aproveitar em seu serviço quando cumpre. E desta maneira não se poderá errar o negócio, e não se correrá por informações de homens suspeitosos, e certidões de outros, que as passam mais por fazerem suas pessoas, que por nelas falar verdade. O vice-rei mete-se numa câmara só com

---

36 Provisão de 14.02.1612, ANTT, Chancelaria Mor, Felipe II, livro 23, fls. 321-321v.

37 Provisão de 09.04.1644, ANTT, Chancelaria Mor, D. João IV, livro 17, fls. 26-26v.

o secretário de despacho, e, quando ele não é o que deve ser, do despacho ficam as *gages*,[38] e o vice-rei com o descrédito, e culpas de mal feito, em que as vezes tem tão pouca culpa...[39]

Compreende-se assim, com Diogo do Couto, que o secretário era visto como um auxiliar nos despachos e na gestão interna do processo decisório do governador ou vice-rei. Mas, se não fosse uma pessoa com "experiência da terra e dos negócios dela", quando o vice-rei fosse efetivamente despachar, só restariam os interesses dos emolumentos e as decisões seriam, como é natural, contestadas pelos homens da terra. Note-se que, segundo Couto, é justamente o secretário a pessoa capaz de, neste sentido, dar efetividade às decisões dos delegados régios. Daí os riscos de que o secretário pudesse extrapolar suas obrigações e, para "levar peitas", interferisse nos poderes do governador: "porque, diz o italiano, *fatta la legge, pensata la malizia*".[40]

Este ofício, por sua vez, emulava o dos secretários mais próximos da administração central da monarquia. Eram aqueles que, em diversas matérias, ajudavam nas decisões do rei – privando, portanto, da Câmara mais alta do poder. Segundo António Manuel Hespanha, os secretários "constituem a sequência dos oficiais que, desde a idade média, preparavam o despacho (ou 'desembargo') do rei". Se, com o desenvolvimento da administração sinodal, na segunda metade do século XVI, os secretários passam a

---

38 Segundo Bluteau, *gages*, *gáges* ou *gajas* é uma palavra francesa, que significava, em Portugal, "salário", ou ainda, como os percalços, ou emolumentos que se tiram do exercício de algum ofício. Raphael Bluteau, *Vocabulario portuguez & latino: aulico, anatomico, architectonico...* Coimbra: Collegio das Artes da Companhia de Jesus, 1712-1728, vol. 3, p. 8.

39 Diogo do Couto, *O primeiro soldado prático*. Edição preparada por António Coimbra Martins. Lisboa: CNCDP, 2001 [1572], cap. 4, p. 379.

40 *Ibidem*, p. 381.

"assegurar, frequentemente, a ligação entre o rei e um dos conselhos palatinos", poderia ocorrer de um deles ganhar "um ascendente no despacho corrente". O fato é que se trata, como mostra o historiador, de "um cargo com um regime institucional fluído, oscilando entre o de simples auxiliares privados de despacho – oral ou escrito – do monarca e de ministro com competência para coordenar um ramo mais ou menos extenso da administração". No período filipino, várias secretarias foram criadas para atender a diversas matérias. Foi d. João IV que concentrou as competências em um só ofício, mas desdobrando-as rapidamente (em alvará de 29.11.1643) em duas: a de "Estado" e a "das mercês e expediente".[41] No caso da Índia e, como veremos, do Brasil, o ofício apenas será resultado da evolução institucional das funções de um auxiliar do despacho do governo, incorporando para si o cartório do Estado, o que tinha uma dupla dimensão: notarial e arquivística.

No Brasil, o irmão do padre Vieira desempenhara a função para Montalvão e, após o curto interregno da junta provisória liderada pelo bispo d. Pedro da Silva de São Paio, voltou a nela se empregar.[42] Foi assim no governo de Antonio Telles da Silva

---

41 António Manuel Hespanha, *As vésperas do Leviathan: instituições e poder político. Portugal séculos XVI-XVIII*. Lisboa: Pedro Ferreira Artes Gráficas, 1986, p. 243-7. Sobre a secretaria de "estado" em Portugal, veja o minucioso trabalho de André da Silva Costa, *Os secretários e o estado do rei: luta de corte e poder político: sécs. XVI-XVII*. Dissertação de mestrado. Lisboa: Universidade Nova de Lisboa, 2008. Para a secretaria do Conselho Ultramarino, temos o estudo de Maria Fernanda Bicalho, "Ascensão e queda dos Lopes de Avre: secretários do Conselho Ultramarino". In: Rodrigo Bentes Monteiro et al. (orgs.), *Raízes do privilégio: mobilidade social no mundo ibérico do Antigo Regime*. Rio de Janeiro: Record, 2011, p. 283-315.

42 Podemos ler na Mercê do ofício de Secretaria de Estado e Guerra do Brasil de 13.04.1663: "desde o tempo do governador Antonio Telles da Silva até o presente serviu de secretário daquele estado, sendo notório o zelo e inteligência com que deu expedição aos muitos e grandes negócios que lhe

(1642-1647), na mesma ocasião em que conseguira a mercê de tesoureiro dos dois reais das caixas de açúcar, que representou ao rei – uma vez que havia perdido o ofício de juiz do peso, que fora extinto[43] – solicitando

> que para o Estado do Brasil se poder bem o governar seria conveniente haver um secretário *assim como na Índia* que tenha a seu cargo os papéis daquele governo com que se dará melhor expediente aos negócios e serem mais bem encaminhados, pesando os inconvenientes que se tem experimentado por não haver pessoa permanente neste ofício, nem arquivo em que se guardem os ditos papéis, ficando por esta causa os governadores que entrem de nova naquele Estado faltos de notícias dos negócios começados.[44]

Na consideração disto, a questão foi discutida no Conselho Ultramarino em 26 de agosto de 1645, anotando-se a decisão do rei no dia 19 de janeiro do ano seguinte.[45] D. João IV, na

---

tocavam em satisfação de tudo o mais que por sua parte se me representa", ANTT, Chancelaria Mor, d. Afonso VI, livro 6, fls. 111v-112v.

43 O ofício de juiz do peso do açúcar da Bahia foi extinto, a partir da indicação do Conselho Ultramarino em 26.08.1645, pelo Alvará de 10.01.1646, tendo sido concedido o privilégio para a Câmara. ANTT, Chancelaria Mor, D. João IV, livro 19, fls. 122-122v. Contudo, em setembro de 1658, a Câmara se queixava ao rei pelo fato de que este solicitara, por carta de oito de janeiro, de que houvesse em Salvador um peso público. Os edis pediam então que o rei "nos faça mercê de conservar a mercê que nos fez", mantendo a extinção do ofício. A ideia da reintrodução vinha para ajudar o sustento da infantaria, já que o peso público deveria ser arrendado por três anos. Carta da Câmara de Salvador ao rei, Salvador, 20.09.1658. In: CSS, 1, p. 68-69.

44 Carta de Secretário de Estado do Brasil, 17.02.1646, ANTT, RGM, livro 10, fls. 18-18v.

45 Consulta do Conselho Ultramarino, 26.08.1645, AHU, papéis avulsos, Bahia, caixa 10, 1138.

carta de provisão de 17 de fevereiro de 1646, considera a nova doação como reparo ao ofício retirado, e pelo interesse em "se experimentar a utilidade de que resultava de haver nele o dito secretário, pelas conveniências apontadas, confiando do dito Bernardo Vieira e de suas boas partes e suficiência que me servira com a satisfação que deve e é obrigado", houve o rei "por bem de lhe fazer mercê do dito ofício de Secretário do Estado do Brasil por três anos que servirá na forma em que o faz o Secretário da Índia". Receberia, como lá, um ordenado, "que seria declarado por alvará aparte, e todos os prós e percalços que lhe diretamente pertencem".[46] Com efeito, um mês depois, no dia 18 de abril, outra carta esclarecia que o provimento implicava no pagamento de um ordenado de "cem mil réis em cada um dos ditos três anos".[47] Assim, se o ofício saía como um experimento segundo o modelo do Estado da Índia, o ordenado quatro vezes menor significava o então conceito relativo de sua dignidade. Mas, como já fora dito acima, a intervenção do irmão ilustre fora decisiva na concessão do ofício. Como se pode ver em outro papel, registrado nos livros da Chancelaria, no qual o rei esclarecia que tal mercê se fazia em "consideração ao cuidado e zelo com que o Padre Antonio Vieira da Companhia de Jesus e meu pregador, se empregou sempre nas coisas de meu serviço de que por várias vezes foi encarregado, e a satisfação que em todas as ocasiões deu do que se lhe encarregou".[48] Como estabeleceria mais tarde a letra de d. Pedro

---

46 Carta de Secretário de Estado do Brasil, 17.02.1646, ANTT, RGM, livro 10, fls. 18-18v.

47 Carta de Secretário de Estado por 3 anos, 18.04.1646, ANTT, RGM, livro 10, fls. 18v-19.

48 Antonio Vieira, Carta para que o seu irmão, Bernardo Vieira Ravasco, sirva o cargo de Secretário de Estado do Brasil, 7.03.1650, ANTT, RGM, livro 18, fls. 376-376v.

II, Ravasco, na verdade, tinha dado forma a um ofício que ainda não havia "até aquele tempo por servirem de secretários pessoas de obrigação dos governadores, com grandes confusões com que as partes padeciam grandes detrimentos e os governadores muita falta das notícias e informações necessárias". Prevenindo isso, o irmão do jesuíta havia "reduzido tudo a boa forma com a sua inteligência e bom expediente", donde a necessidade do ofício lhe saía de sua boa prática.[49]

Inicialmente, duvidando da decisão ou da patente que lhe mostrou Bernardo, Antonio Teles da Silva não quis lhe dar posse sem nova ordem do rei, o que foi feito em uma carta de 9 de agosto de 1647 em que d. João IV mandava ainda que "se lhe guardasse em tudo suas preeminências como os secretários do [seu] Conselho".[50] Desde então, passou a exercer a função com maior inclinação. Afinal, o rei lhe encarregava pessoalmente do cartório do Estado do Brasil, do qual, como poderemos ver, auferia não poucas vantagens. Nesta altura, sua fazenda não se resumia a esses ofícios. Ravasco tinha terras e currais no Itapicuru, no São Francisco e no Rio Grande, entre o rio Perogi e o Corotão.[51] Além disso, era proprietário de um engenho de açúcar situado a quatro léguas da cidade de Salvador. Contudo, segundo certidão do conde de Atouguia, "se passam muitos meses, e talvez anos inteiros que o não vê, faltando as conveniências de sua fazenda para não faltar às obrigações de seu cargo". Segundo o governador, cons-

---

49 Traslado da Carta de Propriedade do ofício de secretário de Estado recebida por Gonçalo Ravasco Cavalcanti e Albuquerque. O traslado é datado da Bahia, a 29 de abril de 1700. 5p. IEB-CL, cód. 63.31

50 Carta do secretário do estado Bernardo Vieira Ravasco, com petição sobre restituição dos direitos da secretaria e isenção dos feitos que lhe lança a Câmara, 24 de agosto de 1657, AHU, papéis avulsos, Bahia, caixa 14, 1702.

51 Petição dos moradores da capitania do Rio Grande, vista no Conselho Ultramarino em 28.02.1695, DH, 84, p. 120-122.

tava que Ravasco perdia "todos os anos mais de quatro mil cruzados, além dos descaminhos que sua fazenda padece e aumentos que nela podia ter se assistira no seu engenho", ainda mais porque os emolumentos da secretaria não eram de "nenhuma consideração".[52] Outras perdas seriam sentidas. Com o estabelecimento do Tribunal da Relação na Bahia, em 1652, diminuiriam os proventos obtidos com a gestão do cartório do Estado do Brasil pelo secretário, afinal, agora passavam pelo tribunal grande parte das provisões que antes pertenciam ao governo. Além disso, a relativa autonomia concedida aos governos de Pernambuco (e capitanias anexas) e do Rio de Janeiro diminuíam sua jurisdição, "com que o secretário, que se chama do Estado, quase o vem a ser só da Bahia". Por fim, como o Conselho Ultramarino havia avocado para si todas as patentes de oficias da guerra, de capitão para cima, o ofício ficava "defraudado", isto é, perdia os pagamentos devido ao registro destes diplomas.

Com o termo da regência de Dona Luísa de Gusmão, em junho de 1662, a situação do padre Antonio Vieira na corte tornou-se periclitante. Sua aliança com os poderes da véspera, confessor que era da casa do infante D. Pedro, sua atitude diante do rei agora empossado (basta lembrarmos do Sermão da Epifania, pregado na Capela Real, em 1662, com clara referência aos problemas do monarca[53]), o levaram ao exílio em Coimbra e ao processo da

---

52 Certidão de D. Jerônimo de Ataíde, conde de Atouguia, 22.08.1657, AHU, papéis avulsos, Bahia, caixa 14, 1702 (anexo). É claro que tal certidão, passada em favor de Ravasco, fazia parte de uma petição por ele preparada para requerer a restituição de alguns direitos (sobre patentes) que lhe haviam sido retirados e a isenção da finta que se lançava sobre os senhores de engenho do Recôncavo. Deve, portanto, ser lida com esse cuidado.

53 "E se alguém me perguntar a razão desta diferença e da maior obrigação deste cuidado acerca dos gentios e novos cristãos nas conquistas, em respeito ainda dos mesmos vassalos portugueses e naturais, muito me

Inquisição. É claro que não era apenas o rancor daqueles ligados ao hemiplégico que lhe metiam em trambolhos, mas também seu messianismo e suas ideias proféticas. Não obstante, tal contexto não impediu que seu irmão ampliasse seus direitos sobre o ofício que exercia desde 1646. Foi no final do governo de Francisco Barreto, nos primeiros meses de 1663, que Ravasco obteve a mercê de que servisse o ofício "em sua vida e que haja com ele o mesmo

---

espanto que haja quem a ignore. A razão é porque o Reino de Portugal, enquanto Reino e enquanto monarquia, está obrigado, não só de caridade mas de justiça, a procurar efetivamente a conversão e salvação dos gentios, à qual muitos deles por sua incapacidade e ignorância invencível não estão obrigados. Tem essa obrigação Portugal enquanto Reino, porque este foi o fim particular para que Cristo o fundou e o instituiu, como consta da mesma instituição. E tem esta obrigação, enquanto monarquia, porque este foi o intento e o contrato com que os sumos pontífices lhe concederam o direito das conquistas, como consta de tantas bulas apostólicas. E como o fundamento e base do Reino de Portugal, por ambos os títulos, é a propagação da fé, e conversão das almas dos gentios, não só perderão infalivelmente as suas todos aqueles sobre quem carrega esta obrigação, se se descuidarem ou não cuidarem muito dela; mas o mesmo reino e monarquia, tirada e perdida a base sobre que foi fundado, fará naquela conquista a ruína que em tantas outras partes tem experimentado; e no-lo tirará o mesmo senhor, que no-lo deu como a maus colonos: *Auferetur a vobis regnum Dei et dabitur genti facienti fructus ejus* [O Reino de Deus vos será tirado e confiado a um povo que produza seus frutos", Mateus, 21,43]". "[...] falando Isaias de Cristo como rei, diz que trazia seu Império ao ombro; e falando São Lucas do mesmo Cristo como pastor, diz que foi buscar a ovelha perdida sobre os ombros. Pois um Império sobre um ombro e uma ovelha sobre ambos os ombros? Sim. Porque há mister mais ombros uma ovelha que um Império. Não pesa tanto um Império como uma ovelha. Para um Império basta meio rei, para uma ovelha é necessário todo". Antonio Vieira, "Sermão da Epifania, na Capela Real, [Lisboa, 1662]". In: *Sermões do padre Antônio Vieira da Companhia de Jesus*. Lisboa: Officina de Miguel Deslandes, 1685, quarta parte, p. 546-7.

ordenando que até agora vence", isto é, 100$000 réis.⁵⁴ Na mesma ocasião, recebia também uma "promessa de ofício de justiça, fazenda ou guerra para um de seus filhos"⁵⁵ e, para si, o ofício de alcaide-mor da capitania de Cabo Frio.⁵⁶ Mesmo assim, ainda não satisfeito, Bernardo apelou ao Rei que reconsiderasse, solicitando um ordenado de 300$000 réis. Alegava que na Índia semelhante função resultava em ordenado de 400$000 e mais 270$000 de isenções. Além disso, pedia, para si ou para o filho, um hábito da Ordem de Cristo, com tença de 100$000 réis, o que, segundo seu requerimento, daria mais dignidade ao posto de Secretário. A alcaidaria de Cabo Frio, por outro lado, parecia-lhe pouco e pedia ainda que fossem nela incluídas as vilas de Cairu, Camamu e Boipeba – zona estratégica na economia regional, produtora de alimentos para o Recôncavo e para a cidade da Bahia. Analisando este apelo, em 21 de fevereiro de 1663, o Conselho Ultramarino acabou recomendando que o ordenado de Ravasco fosse aumentado para 200$000 e que lhe fosse concedido um hábito de Cristo, com uma tença de 50$000.⁵⁷

---

54 Bernardo Vieira Ravasco, Mercê do ofício de Secretaria de Estado e Guerra do Brasil, 13.04.1663, ANTT, Chancelaria Mor, d. Afonso VI, livro 6, 111v-112v. Na Consulta de 26 de fevereiro de 1646, ficamos sabendo que era da opinião do Conselho Ultramarino que o ordenado fosse de 60$000 réis, ao que o rei anotou, no dia 2 de abril, que fosse elevado para 100$000. Consulta do Conselho Ultramarinho, 26.02.1646, AHU, papéis avulsos, Bahia, 10, 1171.

55 Bernardo Vieira Ravasco, alvará de promessa de mercê de um ofício de justiça ou fazenda para um dos seus filhos, 13.04.1663, ANTT, CR, d. Afonso VI, livro 6, fl. 112v

56 Bernardo Vieira Ravasco, mercê da alcaidoria-mor da capitania de Cabo Frio, 10.09.1663, ANTT, CR, d. Afonso VI, livro 6, 156-157v

57 Francis Dutra, *The Vieira family and the Order of Christ*... p. 12-14. Apenas seu filho, Gonçalo, conseguiria receber efetivamente o hábito.

Essas novas doações seguiam, como se pode imaginar, a inércia da economia das mercês que bem podiam, assim, desprezar as desafeições do poder. D. Afonso VI, não obstante, tratou de enviar uma carta ao novo governador, seu sobrinho, d. Vasco Mascarenhas, conde de Óbidos (1663-1667), datada de nove de agosto deste mesmo ano, comunicando que tinha informações, "tomadas por pessoa de [seu] serviço" na Bahia, de que Ravasco exagerava na cobrança dos emolumentos, uma vez que não se lhe havia ainda passado regimento. Mandava, pois, que o conde lhe fizesse um e o "enviasse por via do meu Conselho Ultramarino para o ter entendido".[58] Talvez por resistência local, ou por não ver de imediato a necessidade, o conde hesitou dois anos e meio antes de o fazer. Assim, o primeiro regimento da Secretaria foi expedido pelo governador em 23 de janeiro de 1667. Tratava, apenas, dos emolumentos que cabiam e os que não cabiam ao serviço do secretário, considerava o seu ordenado de 100 mil réis e consignava uma comissão de 64 mil réis para as despesas correntes (papéis, penas e tinta).[59] O regimento esclarece que estaria limitando os abusos cometidos pelo secretário, implicando, neste sentido, em uma importante redução de seus vencimentos. Clara reação ao provável envolvimento de Ravasco na conspiração de 1666, como se verá adiante. Além de uma retaliação ao irmão ilustre, envolvido que estava no partido de d. Luisa e do irmão do rei, D. Pedro.

Mas depois do golpe que deu a regência para D. Pedro, a casa dos Ravasco conseguiu maiores benefícios: seu ordenado era agora equiparado ao do secretário do Estado da Índia e ainda ganhava um novo regimento, desta vez assinado pelo príncipe e com grande

---

58 Carta régia ao conde de Óbidos, Lisboa, 9.08.1663, AHU, papéis avulsos, Bahia, caixa 26, 3224.

59 Regimento que o conde de Óbidos deu para se observar na Secretaria do Estado do Brasil, Bahia, 23.01.1667, AHU, papéis avulsos, Bahia, caixa 26, 3224.

aumento nos emolumentos. Segundo uma provisão de 28 de junho de 1669, os mil cruzados (400$000 réis) que agora deveria receber eram uma compensação à "muito considerável diminuição que teve nos direitos dos despachos dos postos de guerra por causa da paz que hoje logra o Brasil e nos ofícios que se provem pelo tribunal da relação que se tornou a instituir naquele Estado, e as coisas usuais da terra estarem tão subidas de preço e ser também necessário tratarem se com autoridade devida ao cargo que ocupa.[60]

Assim, a queda dos rendimentos do ofício, em função da diminuição das patentes dos postos militares que tão largamente se passavam nos tempos da guerra de Pernambuco e da subtração de outras, daquelas dos pequenos ofícios da justiça que eram agora providos diretamente pelo tribunal da Relação (estabelecido desde 1652 na Bahia), somavam-se à alta do custo de vida. Tudo para justificar esse extraordinário aumento do ordenado. O regimento, assinado em Lisboa no mesmo dia, praticamente dobrava os valores dos direitos notariais da secretaria. Como se pode ver na tabela acima, tratava-se de um ganho significativo. Mais ainda, d. Pedro confirmava, no capítulo nono, que o secretário "gozava de todas as honras e privilégios, assim como liberdades e preeminências que tem o secretário do Estado da Índia".[61]

---

60 "Hei por bem se fazer mercê de 400$ de ordenado cada ano com o dito cargo de Secretário do Estado do Brasil, entrando nesses os 100$ que até agora levou com ele e que vença juntamente as propinas que leva o provedor-mor de minha fazenda do Estado e ao que toca ao salário das patentes e alvarás, provisões e mais papéis pertencentes a seu ofício, lhe mande dar o regimento em que se declara o que se ha de levar deles". Bernardo Vieira Ravasco, provisão de mercê de 400$ ordenado, 28.06.1669, ANTT, CR, d. Afonso VI, livro 9, fls. 427-427v.

61 Regimento que Sua Majestade foi servido mandar para se observar na Secretaria do Estado do Brasil, Lisboa, 28.06.1669, AHU, papéis avulsos, Bahia, caixa 26, 3224

Emolumentos recebidos pelo Secretário do Estado do Brasil, segundo os regimentos de 1667 e de 1669

Documento/ato	1667/Valor	1669/Valor
patentes de capitão de infantaria	4$000	8$000
patentes de outros oficiais	parte do soldo	8$000
alvarás de reformações de capitão	$640	4$000
alvarás de reformações de alferes e sargentos	$640	2$000
provisão de serventia de ofício de fazenda, justiça e guerra	$640	1$600
outras provisões	$640	$800
licenças dos navios	$640	3$000
licenças dos barcos da costa	$640	$800
licenças dos particulares	nada	-
licenças dos soldados	nada	-
homenagem	-	6$000
alvarás de doações de terras	-	4$000

FONTE: Regimentos da Secretaria do Estado do Brasil de 1667 e de 1669, AHU, papéis avulsos, Bahia, caixa 26, 3224. Todos os valores em réis.

O mais importante, contudo, já fora concedido em 1663. O usufruto do ofício "em sua vida", ao mesmo tempo que consolidava a situação de fato de hegemonia conquistada sobre o cartório do Estado do Brasil e de sua presença no despacho do governo geral, alterava formalmente o significado da própria instituição. Podemos perceber que, justamente neste momento em que se esvaziava o cartório (em termos notariais) da secretaria de Estado, reduzindo--lhe os emolumentos, é que se permite a formalização de sua doação vitalícia. Não obstante, a concessão significava que se entregava por prazo indeterminado o arquivo (memória) do Estado do Brasil e os processos do despacho nas mãos de um único indivíduo, nascido e enraizado na nobreza da terra, dificultando que os poderes superiores, que eram, claro, sempre transitórios, pudessem ali interferir. E essa era a alma do negócio.

Seu filho Gonçalo herdaria o ofício, promessa feita pelo rei ainda em 1676.[62] Segundo João Lúcio de Azevedo, Gonçalo foi à Lisboa, em 1678, para solicitar mercês para si e para seus próximos. O Conselho Ultramarino requereu que ele juntasse certidões dos serviços de seu pai. O que teria irritado a Antonio Vieira, incomodado com a referência muito lateral aos seus próprios serviços à monarquia – que deveriam ser a base das mercês concedidas. Em documento enviado ao regente d. Pedro, Antonio Vieira queixa-se das "mercês que se não fizeram e as que se desfizeram a seu irmão Bernardo Vieira Ravasco". Vieira falava ainda da perda do ofício de escrivão da Câmara da Bahia, que havia sido dado ao seu pai, em alvará, para que pudesse dá-lo em dote à sua irmã d. Catarina Ravasco. Este, ao invés de retornar ao irmão Bernardo, fora transmitido aos parentes de Rui Carvalho Pinheiro. Por outro lado, reivindicava a herança do ofício de procurador da fazenda de Pernambuco, que pertencia ao desembargador Simão Álvares de La Penha, casado com sua irmã d. Leonarda de Azevedo, e que já fora vendido duas vezes.[63]

---

62 Alvará de S. Alteza pelo qual faz mercê a Bernardo Vieira Ravasco. Lisboa, 13.07.1676, ABN, 4;405, 1877-78.

63 João Lúcio de Azevedo, *História de Antonio Vieira*. São Paulo: Alameda, 2008, p. 241 e ss. Sobre isto, veja o "Memorial que o padre Antonio Vieira apresentou ao Príncipe D. Pedro, Regente de Portugal, em que/faz uma breve relação dos seus serviços e refere as mercês que se não fizeram e as que se desfizeram a seu irmão Bernardo Vieira Ravasco", manuscrito da *Academia de Ciências de Lisboa*, mss azul, 827 (cópia setecentista). Este "Memorial" foi publicado com título "Memorial feito ao príncipe Regente d. Pedro II pelo Antonio Vieira sobre os seus serviços e dos seu irmão juntamente", na coletânea de textos de 1748, *Voz sagrada, politica, rhetorica, e metrica ou Supplemento às Vozes Saudosas da eloquencia, do espirito, do zelo, a eminente sabedoria do padre Antonio Vieira da Companhia de Jesus...* Lisboa: Officina de Francisco Luiz Ameno, 1748, p. 24-32. Também, como "Memorial que deu

Nota-se, neste episódio, o cuidado com que o nome mais ilustre da casa preocupava-se com a posição dos seus. Esta era uma dimensão central na lógica do Antigo Regime e nos ilumina estratégias de ascensão social ancoradas nos serviços prestados à monarquia no espaço ultramarino.

Arcana práxis

Em um sistema de governo que se constituía na tensão entre um plano "descerebrado"[64] e o de uma empresa colonial, isto é, de um projeto associado de expansão do domínio português (tendo a missionação dos povos, assim como o aumento do poder da monarquia e do bem comum por base), o provimento de um oficial adjunto ao governo geral poderia indicar o desejo de sedimentar a gestão daquela parte do Império se apoiando, como era o caso, nas elites ali enraizadas. No século XVI e ainda no XVII, o projeto colonial se fazia impondo um equilíbrio entre a centralização administrativa e as dinâmicas locais que, por sua vez, eram o fruto dos impulsos iniciais deste mesmo projeto. Assim, podemos compreender como a dimensão notarial da prática do secretário do Estado

---

o padre Antonio Vieira ao El-rei d. Pedro II [sic.] em o qual lhe pede licença para renunciar em seu sobrinho os seus serviços, de que faz uma sucinta revelação", no tomo III de suas *Obras inéditas* (p. 81-87). Em 1860, a *Revista do Instituto Histórico e Geográfico Brasileiro* publicou o mesmo memorial, com um erro na transcrição final (Tomo XXIII, p. 423-430, 1860). Esta última cópia baseia-se na da Biblioteca Nacional do Rio de Janeiro, como a de Lisboa, também um traslado do século XVIII (cód. XXXVII/4-42, fls. 90-97), como se vê pelas observações de Ramiz Galvão no tomo segundo do "Catálogo dos manuscritos da Biblioteca Nacional do Rio de Janeiro", publicado nos ABN, 5, p. 230, 1878.

64 O termo é de Pierre Goubert, *apud* António Manuel Hespanha, *As vésperas do Leviathan: instituições e poder político. Portugal - séc. XVII.* Coimbra: Almedina, 1994, p. 288.

do Brasil representa, sem dúvida, uma tentativa de centralização e racionalização da emissão de patentes, da produção de documentos oficiais, das cópias de cartas e ordens régias. Sem o que, as possíveis reorientações do projeto colonial, a consolidação desta dimensão do Império, poderiam se ver ameaçadas. Por outro lado, representa a incorporação definitiva das falas e interesses das elites locais (ou de parte dela ao menos) na administração superior da Colônia.

Ravasco, com o cargo de secretário, para além do controle notarial de parte da prática política e administrativa do Estado do Brasil, notadamente nas matérias de justiça (provimento e confirmação dos ofícios) e de guerra, estava numa posição extremamente privilegiada para gerir facilmente o "segredo de Estado", uma vez que a "memória burocrática" que seu ofício constituíra lhe dava praticamente o monopólio desses saberes (*arcana praxis*).[65] Podia, em vários momentos, impor sua opinião ao conselho e ao governador, quando não ao próprio rei, na medida em que tinha, consigo, a memória dos procedimentos da administração, o corpo das decisões. Apenas para ficarmos com um exemplo disso: em 1691 – quando, no contexto da Guerra dos Bárbaros, a monarquia hesitava na defesa da liberdade dos indígenas capturados pelas tropas mercenárias paulistas –, o irmão do padre Vieira (tão cantado pela nossa historiografia encomiástica como "defensor dos índios") insistia na necessidade de que fosse autorizado o completo cativeiro dos índios em Pernambuco, uma vez que essa era uma condição para atrair os "facinorosos paulistas" ao Rio Grande, consumido

---

65 Sigo aqui sugestões de Hespanha (*ibidem*, p. 291). José M. Mariluz Urquijo, no seu estudo sobre as *Orígenes de la Burocracia Rioplatense: la secretaria del virreinato* (Buenos Aires: Ediciones Cabargón, 1974), é da opinião que a própria indefinição das funções dos secretários, "no eran óbice para que ejerciera un poder efectivo que derivaba no de la ley sino del hecho de su inmediación con quien tenía poder" (p. 21).

pela "revolta" dos tapuias. Em resposta às pressões diversas, e entre elas a dos pernambucanos interessados em tirar os paulistas da região, o Conselho Ultramarino havia recomendado e o rei concedido a liberdade total dos indígenas capturados. Para atalhar tal decisão, Ravasco não escreveu ao rei, sequer ao Conselho Ultramarino. Escreveu foi um alvitre ao seu presidente, o conde de Alvor, a quem lembrava, com certa insolência, que a lei de 1611 mandava expressamente cativar os gentios que fizessem guerra aos portugueses e esta determinação continuava válida, apesar de o próprio D. Pedro II achar que não. Não havia ele estudado todas as cópias de cartas que havia na secretaria do governo e constatado que em "nenhuma consta que derrogou a tal lei por mais que a Sua Majestade se tenha informado o contrário"?[66] O fato é que o Conselho acabou convencido pelo argumento e coube ao rei rever sua posição. Afinal, sem os paulistas não havia como controlar os tapuias, e sem escravos, não havia paulistas. O caso exemplifica a certa arrogância típica da burocracia "letrada, cujo ponto de vista "técnico" (ou os seus próprios pontos de vista políticos) conferia-lhe mesmo um sentimento de certa autonomia em relação à vontade do soberano.[67]

Na América, o exercício de sua função abria um espaço político importante para um setor da nobreza da terra, mas gerava também seus incômodos. A manutenção definitiva, sobretudo a partir de 1663, de Bernardo Vieira Ravasco no posto de secretário produziu um conjunto de conflitos com alguns dos governadores gerais que ou não souberam se acomodar aos interesses e procedimentos do auxiliar ou preferiram contestá-lo. Em duas ocasiões Ravasco

---

66 Carta de Bernardo Vieira Ravasco ao conde de Alvor, 05.08.1694, DH, 84, p. 123-127.

67 Cf. António Manuel Hespanha, *As vésperas do Leviathan: instituições e poder político. Portugal - séc. XVII*. Coimbra: Almedina, 1994, p. 292.

esteve preso e, contudo, nem sempre destituído formalmente de seus poderes. Não sem contestação.

A primeira delas foi durante o governo do conde de Óbidos (1663-1667), que havia sido feito, como Montalvão, vice-rei do Brasil. Membro do grupo que apoiou o golpe de 1662 que deu plenos poderes a d. Afonso VI, d. Vasco de Mascarenhas alinhava-se, no Brasil, contra os amigos do Duque de Cadaval e do infante d. Pedro. No seu primeiro ano em Salvador, entrou em conflito com o Tribunal da Relação e procurou desarticular esquemas de controle do sistema político presos aos interesses da oligarquia do açúcar. Provavelmente em maio de 1665, o conde, alegando uma conspiração contra seu governo, mandou prender o chanceler da Relação, Lourenço de Brito Correa, seu filho e outros três capitães. Remetidos para Lisboa na frota de agosto, outros ainda seriam implicados.[68] Em 1666, acusado de apoiar o partido dos conjurados, Ravasco ficou mais de ano na prisão, onde, segundo consta, ainda era procurado pelos escrivães públicos.[69] Sua prisão deu-se em maio de 1666 e, durante um ano, não podia exercer sua secretaria, que passou, por provisão, para Antonio de Souza Azevedo.[70] Em agosto, o secretário conseguiu enviar uma carta ao Rei, denunciando os descaminhos da fazenda e o mal governo do conde. Segundo ele, o Tribunal da Relação que fora mandado "ao Brasil para remédio das violências dos governadores" acabou (como expurgo) dominado e agia como "um instrumento superior do arbítrio e violência do

---

68 Erica Lopo de Araújo, *De golpe à golpe: política e administração nas relações entre Bahia e Portugal (1641-1667)*. Dissertação de mestrado. Rio de Janeiro, UFF, 2011, p. 107 e ss.

69 Pedro Calmon, *O crime de Antonio Vieira*. São Paulo: Melhoramentos, 1931, p. 110.

70 Portaria que se passou para o porteiro mor mandar papel para a secretaria e para Antonio de Sousa Azevedo, oficial maior, levar os emolumentos que tocam à secretaria. Salvador, 1.01.1665, ABN, 4, p. 252, 1877-78.

conde".[71] Ravasco deve ter ficado na prisão até o fim do seu governo, em junho de 1667, quando foi (provavelmente pelo novo governador, Alexandre de Souza Freire) restituído ao posto.

A segunda, mais afamada, foi resultado do seu provável envolvimento no atentado contra a vida do alcaide-mor, Francisco Telles de Meneses. A quizília entre os Ravasco e os Meneses vinha de antes. E, nas lutas das facções, o novo governador, Antonio de Sousa de Meneses, de alcunha o "Braço de Prata" – pois perdera o seu após um combate contra holandeses em Itamaracá –, inclinou-se para o partido do alcaide, aliás, muito por certo seu aparentado. Já antes do atentado que tirou a vida de Francisco Telles, o "Braço de Prata" – tão ridicularizado pelos poemas de Gregório de Matos, como pelos de Bernardo e Antonio Vieira[72] – havia decido enfrentar os arroubos da nobreza da terra. Não tinha dois meses que tomara posse, nos conta Pedro Calmon, "descontentou a toda a gente, proibindo a capa, de uso geral e remoto". O que resultou no comentário do padre Vieira, em uma carta para o antigo governador, Roque da Costa: "e sobre se tirarem as capas aos homens, tem dito lindezas os poetas, sendo maior a novidade deste ano, nestes engenhos, do que foi nos de açúcar".[73] Se na pena do "Boca de inferno" as diatribes contra o governador se acumulam, também cresciam as queixas contra seus abusos, o mau governo e o ultraje em que metia a sociedade da Bahia. Antonio de Meneses, procurando esvaziar o poder da casa dos Ravasco, decidiu revogar o regimento de 1669 – que devemos lembrar fora feito pelo próprio príncipe – e considerar que tal prerrogativa, isto é, de lhe passar regimento, era apenas sua, governador – e fez valer o do conde de Óbidos, que, como vimos,

---

71 Erica Lopo de Araújo, *De golpe à golpe: politica e administração nas relações entre Bahia e Portugal (1641-1667)*. Dissertação de mestrado. Rio de Janeiro, UFF, 2011, p. 118.

72 Sendo, por vezes, o que é de Bernardo, atribuído a Gregório.

73 Pedro Calmon, *O Crime de Antonio Vieira*. São Paulo: Melhoramentos, 1931, p. 18.

era francamente desfavorável ao secretário.[74] Não bastasse, assim que teve notícia da morte do alcaide, em junho de 1683, mandou meter Bernardo Ravasco na enxovia, acusando a ele e seu irmão de participarem da trama que teria, na sua opinião, sido urdida nos aposentos do Colégio dos Jesuítas. Fora ali, aliás, que tinham se refugiado o bando de assassinos e alguns comparsas, entre os quais o filho de Bernardo, Gonçalo Ravasco Cavalcante Albuquerque. O desenlace, como se sabe, foi amplamente favorável aos provectos irmãos. Pois fora diante de tantos abusos que d. Pedro resolveu chamar o velho combatente de volta ao Reino. Na sumária carta que abreviava seu governo, apenas anotava que lhe parecia que desejava se "ver fora do Brasil" – sendo assim, fora "servido nomear" ao marquês das Minas, o seu quase homônimo, Antônio Luiz de Sousa Teles de Meneses. Este sim, "amigo dos primeiros anos" do padre Vieira.

Os conflitos já madrugavam com a formalização do ofício. Como vimos, em 1647, o conde de Vila-Pouca de Aguiar hesitou em lhe dar posse, esperando uma ordem expressa do rei. Os problemas, por vezes, se colocavam em termos de preeminências, tão caras à cultura política do Antigo Regime. Já em 1651, d. João IV solicitava parecer ao Conselho Ultramarino, em um decreto de seu próprio punho (teria tido informação oral de Vieira?), sobre uma queixa que lhe havia chegado de Ravasco de que o governador, o conde de Castelo Melhor (1650-54), ao receber as pessoas para tratar dos negócios do Estado do Brasil, mesmo sendo elas "mercadores e pessoas de poucas qualidades", as colocava em assento de espaldar, enquanto que ao secretário era dado, quando muito, "uma cadeira rasa". Mais ainda, o governador não lhe dirigia a palavra, usando a "terceira pessoa", o que era considerado um

---

74 Regimento que o governador e capitão general Antonio Telles de Sousa de Meneses deu para se observar na Secretaria deste Estado do Brasil, Bahia, 16.05.83, AHU, papéis avulsos, Bahia, caixa 26, 3224. Tal regimento era cópia do de 1667.

tratamento "descortês", reservado aos serviçais dos tribunais e não a ele, que tinha tal ofício e o posto de fidalgo da casa de Sua Majestade. O Conselho Ultramarino, em 21 de junho de 1652, foi da opinião que, mesmo havendo ministros inferiores e superiores, era importante se manter o respeito nos governos das conquistas. Assim como na Índia ou em Angola, no Brasil não se devia em nenhuma hipótese dar cadeira de espaldar a quem viesse tratar de negócios com o governador – cabiam sim a todos cadeiras rasas, como deveria ser feito igualmente ao secretário quando participasse dos conselhos do governo. Contudo, em 6 de novembro do ano seguinte, provavelmente atentos para o fato que tal decisão poderia ter melindrado o conde, que era sobrinho do rei, os conselheiros resolveram que era o caso de reconsiderar e apenas avisar ao governador que o melhor era "fazer neste negócio o que achar mais conveniente e ajustado".[75]

Em um estudo clássico, Vicens Vives sugeria que a propriedade ou a posse do ofício, como uma "patente de monopólio jurídico e instrumento de espoliação", também era muito desejada pela dignidade que ele comportava: "dignidade que significa preeminência e exceção, uma parte do poder sintetizada numa atitude de vida".[76] Para a

---

75 Decreto do rei, 7.12.1651; Consulta do Conselho Ultramarinho, 21.06.1652; Consulta do Conselho Ultramarinho, 6.11.1653. AHU, papéis avulsos, Bahia, caixa 12, 1546-1548. Com algum engano, João Lúcio de Azevedo, em uma nota de sua edição das cartas de Antonio Vieira, refere-se ao fato de que Bernardo Vieira Ravasco havia representado, em 1678, ao Conselho Ultramarino queixando-se que o governador Roque da Costa Barreto não lhe respeitava os privilégios, como o de poder sentar em cadeira de espaldar nas reuniões do Conselho do Governo, como o faziam os secretários do Estado da Índia. O Conselho Ultramarino, no entanto, não se manifestou (consulta no livro 5º das consultas mistas). *Cartas do padre António Vieira*. Lisboa: Casa da Moeda, tomo terceiro, p. 466.

76 J. Vicens Vives, "A estrutura administrativa estadual nos séculos XVI e XVII". In: A. M. Hespanha, *Poder e instituições na Europa do Antigo Regime*. Lisboa: Fundação Calouste Gulbenkian, 1984, p. 221 e 224.

América portuguesa migraram homens livres e pequenos fidalgos na esperança não de reproduzir, mas de emular na peculiaridade que lhe era permitida, uma situação social na qual se estruturavam novas hierarquias – marcadas pela presença do escravismo. Na América portuguesa, devemos ter sempre em conta o papel fundamental que desempenhou a presença da escravidão, como instituição norteadora da hierarquização da vida social, marcando as atitudes senhoriais dos proprietários, e como base de um sistema econômico responsável pela expansão da empresa de colonização. Na solução de Caio Prado Júnior, o trabalho servil era "a trave mestra" da estrutura das sociedades coloniais no Novo Mundo, "o cimento com que se juntarão as peças que a constituem".[77] Apesar de o sistema e caráter da administração serem "na Colônia um símile perfeito da do Reino", as diferenças podem ser notadas e elas se devem "mais às condições particulares, tão profundamente diversas das da metrópole, a que tal organização administrativa teve de se ajustar; ajustamento que se processará de 'fato', e não regulado por normas legais; espontâneo e forçado pelas circunstâncias; ditado quase sempre pelo arbítrio das autoridades coloniais".[78] Assim, como mostrou Stuart Schwartz, se é verdadeiro pensar que o arcabouço estatutário ou jurídico que viabilizava as práticas de hierarquização na sociedade do Antigo Regime português foi, em grande medida, transplantado para a América, não o foi sem algumas "contaminações". As realidades americanas iriam transformar ou atenuar "na colônia brasileira a organização e os ideais da sociedade portuguesa". Em outras palavras, "a estrutura tradicional de estados e corporações existiu, mas tornou-se menos importante no contexto americano. As distinções essenciais entre fidalgos e plebeus tenderam a nivelar-se, pois o mar de indígenas que cercava os colonizadores

---

77 Caio Prado Júnior, *Formação do Brasil contemporâneo*. São Paulo, 1953 (1942), p. 269.
78 *Ibidem*, p. 299-300.

portugueses tornava todo europeu, de fato, um gentil-homem em potencial".[79] Comentando tais adulterações típicas do viver em colônia, Gregório de Matos dava conselhos "a qualquer tolo" que, na Bahia, quisesse "parecer fidalgo, rico e discreto":

> Bote a sua casaca de veludo
> e seja capitão sequer dois dias,
> converse à porta de Domingos Dias,[80]
> que pega fidalguia mais do que tudo
>
> Seja um magano, um pícaro, um cornudo,
> vá a palácio, e após as cortesias,
> perca quanto ganhar nas mercâncias,
> e em que perca o alheio, esteja mudo.
>
> Sempre se ande de caça e montaria,
> dê nova solução, novo epíteto,
> e diga-o sem propósito, à porfia;
>
> Que em dizendo: "facção, pretexto, efeito"
> será no entendimento da Bahia
> mui fidalgo, mui rico e mui discreto.[81]

Maria Fernanda Bicalho, em diversos estudos, tem procurado mostrar como no ultramar as disputas entre grupos da elite local para o acesso aos cargos camarários "podem ser entendidas como um dos fatores que indicam a centralidade daqueles cargos não apenas enquanto espaço de distinção e de hierarquização

---

79 Stuart Schwartz, *Burocracia e sociedade no Brasil Colonial: a suprema corte da Bahia e seus juízes, 1609-1751*. São Paulo: Perspectiva, 1979, p. 211-212.

80 Um certo Domingos Dias Machado era meirinho do mar e procurador dos índios forros da Bahia. Veja provisão, 22.02.1669, ANTT, CR, D. Afonso VI, livro 22, fls. 399-399v. Será o mesmo?

81 Gregório de Matos, *Obra Poética*. Edição e notas de James Amado. Rio de Janeiro: Record, 1999, vol. 2, p. 639.

dos colonos, mas, e principalmente, de negociação com a Coroa". Em outras palavras, Bicalho tem insistido na percepção de que os ofícios camarários eram "uma das principais vias de acesso a um conjunto de privilégios que permitia nobilitar os colonos; e que, ao transformá-los em cidadãos, levou-os a participar do governo político do Império".[82] Voltando ao nosso caso, podemos dizer que tal afirmação pode mesmo ser ampliada, afinal eram todos os ofícios da República capazes, cada um na sua medida, de resultar na inscrição dos seus possuidores nas estruturas hierárquicas da vida social – dada a indistinção ainda presente entre o espaço público e o privado. Assim, para além dos esperados proventos e aumento da fortuna de sua casa, o oficial procurava, antes de mais nada, acumular o capital simbólico que lhe permitia, esse sim, prosseguir no acrescentamento de sua fazenda e poder social. A participação no governo do Império, todavia, se fazia num quadro particular de relações políticas. Como já havia mostrado Fernando Novais, a situação colonial se definia a partir de dois elementos, que se constituem de forma complementar: "um centro decisório (metrópole) e um outro subordinado (colônia)". Uma vez que o projeto colonial visava enquadrar a produção e as sociedades do ultramar na política mercantilista, estas relações estabelecem "um quadro institucional para que a vida econômica da metrópole seja dinamizada pelas atividades coloniais".[83] O papel (ou o "sentido") atribuído pela metrópole, ou pelos interesses europeus por ela articulados (sejam eles o ganho mercantil, a expansão da fé ou o crescimento do poder da monarquia), define assim um enquadramento no qual as estruturas

---

82 Maria Fernanda B. Bicalho, "As câmaras ultramarinas e o governo do Império". In: *Idem et al.* (orgs.), *Antigo Regime nos trópicos: a dinâmica imperial portuguesa (séculos XVI-XVIII)*. Rio de Janeiro: Civilização Brasileira, 2001, p. 207.

83 Fernando Novais, *Portugal e o Brasil na crise do Antigo Sistema Colonial (1777-1808)*. São Paulo: Hucitec, 1979 (1974), p. 62.

de poder aparecem articuladas segundo sua situação no sistema como um todo.

Por outro lado, para além das suas dimensões políticas mais amplas, realizadas na dinamização do sistema governativo do Estado do Brasil, o ofício exercido nestes mais de cinquenta anos pelo irmão do padre Antonio Vieira representava a possibilidade concreta de dar sequência ao projeto iniciado por Cristóvão Ravasco, ou seja, criar uma casa, rica e poderosa, para sua descendência. Homens da república, contudo, seus filhos optaram pela carreira eclesiástica ou pelo exercício dos ofícios, em detrimento de um caminho mais "empresarial". O engenho da família largado nas mãos dos feitores, dilapidado pelas dívidas, os escravos trabalhando longe dos olhares de seus senhores. Nenhuma acumulação lhes parecia digna, a não ser a sua presença no sistema político. Mas não estavam eles destinados aos mais altos desígnios? Não digo apenas da "fama imortal e gloriosa", mas da própria missão universal – de cujo central papel que nela desempenharia Portugal, Vieira se imaginava arauto e intérprete.

7. O "MAL DO ESTADO BRASÍLICO":
a Bahia na crise do final do século XVII

> Escreveis ao Rei Monárquico
> O mal do Estado Brasílico,
> Que perdendo o vigor flórido,
> Se vê quase paralítico.
>
> Manuel Botelho, 1705

ERAM DUAS HORAS DA madrugada de domingo para segunda-feira, dia dez de dezembro de 1685. Um estranho eclipse da Lua intrigou os observadores no hemisfério sul. Nos céus do Brasil, a lua se escondeu por quase duas horas, "tão abrasada que inculcava ter recolhido no seu côncavo ou na sua circunferência toda a região do fogo", lembrou anos depois Sebastião da Rocha Pita. Na ocasião, o jesuíta Valentim Estancel, matemático e astrólogo, remoeu seus conhecimentos.[1] Como se sabe, para a astrologia o

---

[1] Inácio Accioli de Cerqueira e Silva, *Memórias históricas e políticas da província da Bahia*. Salvador, 1940, vol. 2, p. 138. Sobre Valetim Estancel, veja Serafim Leite, *História da Companhia de Jesus no Brasil*. Lisboa/Rio de Janeiro, vol. 8, p. 208-212. Sobre a influência da astrologia na medicina do século XVII, veja as páginas iniciais do livro de Augusto da Silva Carvalho, *A medicina*

eclipse prenunciava calamidades. A partir da crença de que um eclipse era provocado por um dragão que devorava os corpos celestes e que os vomitava em seguida, a interpretação dos presságios vinha da forma como se manifestava o fenômeno – como se dava o banquete do monstro celeste. Meses antes, um eclipse do sol havia se apresentado como uma névoa, que foi logo chamada de aranha do sol pelo jesuíta. Observado de Pernambuco, onde se encontrava Estancel, era possível prognosticar que grandes males assolariam o Brasil. Da mesma forma que os cometas, imaginava-se também que estes fenômenos podiam contaminar a esfera do ar, trazendo gazes corruptos capazes de infeccionar as populações com doenças e desgraças.

Em abril de 1686, uma doença, que trazia "um fervor de sangue e se se lhe não acudia imediatamente se corrompia e matava

---

portuguesa no século XVII. Lisboa: Academia de Ciências de Lisboa, 1941, p. 14-19. No mesmo ano de 1685, Estancel publicou um livro, dedicado ao amigo Bernardo Vieira Ravasco: *Uranophilus Caelestis Peregrinus, Sive Mentis Uranicae Per Mundum Sidereum Peregrinantis Extases...* Gandavi [Gent], apud Haeredes Maximiliana Graet, 1685. Trata-se de um diálogo sobre uma viagem planetária, no qual três personagens (Uranophilus, Urania e Geonisbe) discutem questões da astronomia, mas também falam da cidade de Salvador e da Bahia. Cf. Carlos Ziller Camenietzki, "Barroque Science between the Old and the New World: Father Kircher and his colleague Valentin Stansel (1621-1705)". In: Paula Findlen (ed.), *Athanasius Kircher: tha last man who knew everything*. Nova York: Routledge, 2004, p. 312 e ss. Para uma biografia de Estancel, veja o artigo de Carlos Ziller Camenietzki, "Esboço biográfico de Valentin Stansel (1621-1705), matemático jesuíta e missionário na Bahia", *Ideação*, Feira de Santana, 3, p. 159-182, 1999; e a tese de Dalibor Horváth, *Valentim Estancel: uma breve reminiscência da vida*. Tese universitária. Olomouc, Universidade Palacký, 2008. Veja também o artigo de Enrique Rodrigues-Moura, "Engenho poético para cantar um artifício engenhoso. O astrolábio de Valentim Estancel nos versos de Botelho de Oliveira e Gregório de Matos", *Navegações*, Porto Alegre, 4, p. 151-166, 2011.

em breves dias", assolou a capital do Brasil, atingindo, segundo a opinião alarmada do governador, marquês das Minas, "mais de 25 mil pessoas". Em Salvador o número de mortos chegaria a 900.[2] Em Pernambuco, a peste teria matado mais de três mil pessoas somente no primeiro semestre de 1687. Era imputada, segundo o autor de uma carta anônima, ao pontilhão que ligava a cidade à terra firme, feito por ordem da Câmara de Olinda, no ano de 1683.[3]

O médico João Ferreira da Rosa, em seu *Tratado único da constituição pestilencial de Pernambuco* (Lisboa, 1694), acreditava que a

---

2   Por conta dessa peste (na verdade, febre amarela), os oficiais da Câmara de Salvador, em 20 de julho, pediam permissão para erigir Francisco Xavier padroeiro, com procissão todo os anos no dia 10 de maio "Carta do marquês das Minas", 7.7.1686. In: DH, 89, p. 54-57. Veja também Inácio Accioli de Cerqueira e Silva, *Memórias históricas e políticas da província da Bahia*. Salvador, 1940, vol. 2, p. 239-244, e vol. 5, p. 79-82.

3   Apesar de um engenheiro haver esclarecido que era necessária uma ponte de arcos, para que pudessem passar as águas do rio Beberibe e mesmo das marés, e que permitisse o trânsito das canoas, resolveu-se por uma "muralha com alguns canos para a vazão do rio, e como aqueles não bastassem para este fim, alagou o rio todas as campinas e várzeas da terra firme". As águas, nestes pântanos, ficaram corruptas e desde logo que a doença se manifestou foi apontada como a causa pelos médicos locais. Carta anônima, 03.06.1687, AHU, papéis avulsos, Pernambuco, caixa 10. Uma representação deste pontilhão pode ser vista em um ex-voto de 1729, na pinacoteca do Convento de Santo Antônio de Igarassu. Ao pé da imagem podemos ler: "Um dos especiais favores que tem recebido essa freguesia de Igarassu de seus padroeiros S. Cosme e S. Damião, foi o defenderem-na da peste, a que chamaram [os] males que infestaram a todo Pernambuco, e duraram muitos anos, começando no de 1685, e ainda que passaram a Goiana e a outras freguesias adiante, só a toda esta de Igarassu deixaram intacta, por que sabem [que] 2 ou 3 pessoas os trouxeram do Reino, nelas se findaram sem passar a outra, o que tudo é notório. E para a memória se pôs este quadro no ano de 1729 e o deu de esmola. Manuel Ferreira de Carvalho". Ex-voto pertencente à igreja de São Cosme e Damião (1729)/Museu de Igarassu, Igarassu.

mais provável causa da epidemia eram algumas barricas de carne putrificada que restavam da torna-viagem de um navio vindo de São Tomé. Consta que um tanoeiro do Recife, quando abriu uma delas, morreu imediatamente, e logo em seguida algumas pessoas de sua família, "estendendo-se o mal com tamanha rapidez que em poucos dias pereceram mais de duas mil pessoas".[4] Chamada de "bicha" em razão de uma autópsia realizada por um entendido em cirurgia, Antônio Brebon, que identificara em um cadáver algumas lombrigas ou "bichas" e sugerira que fossem a causa dos males, na verdade tratava-se do primeiro surto de febre amarela, originada da Ásia e provavelmente transportada das Antilhas, onde eclodira em 1648-49.[5] Na capital, faleceram muitos moradores e, entre

---

4   A versão desta história corria na época. Foi resgatada como um dos exemplos do "Tormento do fedor do inferno", dentre aqueles destinados aos pecadores no controverso livro de Alexandre Perier: "No ano de 1686, chegou da costa da África, que chamamos de Guine, ou Mina, um navio a Pernambuco, que, encontrando-se no mar com um patacho holandês, recebeu dele uns barris de carnes de Holanda, que deviam de ser já de alguns anos; porque abrindo-se depois um destes barris no Porto do Recife, foi tal o fedor pestilencial, que exalou, que no mesmo instante, que o abri caiu morto logo e os circunstantes dali a algumas horas; depois estes fétidos vapores foram dilatando-se aos poucos e infeccionaram os ares; e deste modo se formou a peste em Pernambuco com tanta força, que já não havia quem enterrasse os infectos do contágio. Nem parou aqui a exorbitância deste fedor; porque, continuando a corrupção dos ares, passou à Bahia, aonde fez um total estrago da melhor gente assim naturais como Europeus; e correndo as mais cidades e lugares, infeccionou toda a costa do Brasil, não perdoando nem a sexo, nem condição de pessoas e assolou a todos com igual extermínio". Cf. Alexandre Perier, *Desengano dos peccadores, necessário a todo genero de pessoas...* Lisboa: Officina de Antonio Pedrozo Galram, 1735, p. 84-85.

5   Sobre a autópsia, que foi autorizada pelo capitão e mestre da Charrua Sacramento, Manuel Pimenta, veja o parecer do Corregedor do Cível João Pereira do Valle e o sumário das testemunhas que registrou, a pedido do Rei, Lisboa, 29.10.1691, APEB, seção colonial, cartas régias, códice 2,

estes, alguns mais graúdos, como seis desembargadores, doze jesuítas e cinco oficiais de milícia, sem contar o arcebispo, d. fr. João Madre de Deus[6] e o filho primogênito do governador, d. Francisco de Sousa, o conde do Prado.[7]

---

fl. 41A e ss. O resumo do Corregedor é o seguinte: "[...] saindo do porto e antes de chegar à linha [do equador], repetiu a enfermidade com os mesmos sinais e indicações e dela faleceram cinco homens. O cirurgião, Antonio Brebon, vendo que o mal não cedia a alguns remédios, que lhes aplicou conforme as oportunidades do tempo, pediu licença ao Capitão para fazer anatomia no quarto cadáver. Foi-lhe aquela concedida e executada esta e de quem o mesmo cirurgião achara o fígado com alguma corrupção, a bexiga do fel quase seca, nas membranas do estomago um viso viscoso e negro, no buço e tripas, lombrigas. Por isso deu por conhecida a causa de enfermidade e nos que mais adoeceram fez experiência de novos remédios, dando alguns vomitórios, com que alguns expulsaram as lombrigas...". Veja também o *Tratado Unico da Constituição pestilencial de Pernambuco offerecido a El-rey N. S.*, por ser servido ordenar por seu governador aos médicos da América, que assistem aonde ha contágio, que o compusessem para se conferirem pelos Coripheos da Medicina aos dictames com que he trattada esta pestilencial febre. Lisboa, 1694. Veja ainda Lycurgo de Castro Santos Filho, *História geral da medicina brasileira*. São Paulo, 1991, vol. 1, p. 171; Inácio Accioli de Cerqueira e Silva, *Memórias históricas e políticas da província da Bahia*. Salvador, 1940, vol. 2, p. 138 e documentos anexos, p. 239-242. Sobre as doenças e a mortalidade na Colônia, veja Luiz Felipe de Alencastro, "Peste e mortandades na formação do mercado de trabalho brasileiro". In: Antônio Risério (org.), *Invenção do Brasil*. Salvador: MADE, 1997, p. 33-38; e Francisco Guerra, "Medicine in Dutch Brazil, 1624-1654". In: E. van den Booggart (ed.), *A Humanist Prince in Europe and Brazil*. The Hague: Johan Maurits Stichting, 1979, p. 472-493.

6   Frei João faleceu no dia 13 de junho de 1686. Sobre o bispo, veja a nota de Braz do Amaral em Inácio Accioli de Cerqueira e Silva, *Memórias históricas e políticas da província da Bahia*. 2ª edição anotada por Braz do Amaral. Salvador: Imprensa Oficial do Estado, 1919-1940, vol. 5, p. 271-273.

7   Como tributo pelo fim da epidemia, foi escolhido padroeiro da cidade o mártir jesuíta, São Francisco Xavier. Affonso Ruy, *História da câmara municipal da cidade de Salvador*. Salvador: Câmara Municipal de Salvador, 1953, p. 152-153.

Ex-voto pertencente à igreja de São Cosme e Damião (1729)/Museu de Igarassu.

Em 4 de junho de 1687, o novo governador, Matias da Cunha, tomava posse na Câmara de Salvador. O arcebispo, frei Manuel da Ressurreição, chegara um pouco antes, em 14 de maio. Recomposto o comando do Brasil, a epidemia recrudescia. Há uma clara influência de fatores abióticos como o clima, o regime das águas, na dispersão e sazonalidade do inseto vetor da febre amarela. Outros fatores contribuiriam para desestabilizar mais ainda a colonização. O ano seria marcado também pelo levante dos indios janduís, no Rio Grande, capitania anexa à de Pernambuco, mas cuja segurança era partilhada pelo governo geral, ainda mais quando os esforços enviados pela tropa regular e pelas ordenanças locais não conseguiam debelar a verdadeira "insurreição" indígena. Desencadeada em fevereiro de 1687, a rebelião dos guerreiros janduís ganhava aos poucos maior envergadura. Em janeiro de 1688, chegavam notícias que os tapuias eram senhores de todo o sertão das capitanias do Norte, assaltando os colonos que se refugiaram em algumas casas-fortes, despovoando a capitania do Rio Grande.[8] No desespero, a Câmara de Natal havia enviado seu procurador à Bahia para pedir ajuda ao governo geral.[9] O socorro veio, em diversas expedições, inicialmente de tropas regulares e por fim de mercenários paulistas contratados.[10]

Ameaçado pelos indígenas no Norte e pelos Palmares no sertão de Pernambuco, o governo do Brasil via-se, também, em grandes dificuldades financeiras. O período posterior à expulsão dos holandeses do Nordeste, em 1654, havia sido extremamente difícil para a economia açucareira no Brasil.[11] Para além do desgaste resultante de um longo conflito, fatores internos penalizaram a atividade produtiva, como epidemias, secas e outras calamidades naturais. A paz com a Holanda, conseguida por meio do casamento do rei da Inglaterra, Carlos II, com a infanta d. Catarina de Bragança, implicou considerável esforço fiscal.[12] O dote da nova rainha foi de dois milhões de cruzados (23 de junho de 1661) e a indenização devida à Companhia das Índias Ocidentais (6 de agosto de 1661) ficou em quatro milhões de cruzados. Este dinheiro, na sua maior parte, cabendo ao Brasil. À Bahia, sozinha, cabia pagar todo ano 80.000

---

8   Carta da Câmara de Natal ao governador geral, janeiro de 1688, Arquivo do Instituto Histórico e Geográfico do Rio Grande do Norte, caixa 65, livro 2, fl. 107v.

9   "Carta de Matias da Cunha para o capitão-mor do Rio Grande", Bahia, 17.9.1687, DH, 10, p. 250-254.

10 Para uma narrativa dos conflitos, veja Pedro Puntoni, *A Guerra dos Bárbaros: povos indígenas e a colonização do sertão Norte do Brasil, 1650-1720*. São Paulo: Hucitec/Edusp, 2002.

11 Vitorino Magalhães Godinho, "Portugal, as frotas do açúcar e as frotas do ouro, 1670-1779". In: *idem*, *Ensaios II: sobre a História de Portugal*. Lisboa: Minerva, 1968, p. 300 e ss.

12 Sobre o donativo, veja o trabalho de Letícia dos Santos Ferreira, *Amor, sacrifício e lealdade: o donativo para o casamento de Catarina de Bragança e para a paz de Holanda (Bahia, 1661-1725)*. Dissertação de mestrado. Niterói, UFF, 2010.

cruzados. A cobrança, inicialmente incidindo sobre as mercadorias, resultou numa *finta* anual, num sistema próximo ao da capitação – cabendo a cada família, de acordo com sua condição, dar a sua parte. Segundo Stuart Schwartz, as principais dificuldades da economia do açúcar residiam em fatores externos: o crescimento da concorrência interimperial, com a ascensão da produção antilhana e, a partir de 1680, a consequente inflação dos preços dos escravos, dado o aumento da procura na África.[13] No Reino, o renascimento econômico que era esperado na sequência da definitiva conclusão do tratado de paz com a Espanha e as Províncias Unidas (1668 e 1669) "falhou inteiramente".[14] Neste sentido, a Coroa, que reconhecia agora no Brasil o esteio do Império, procurava uma alternativa para repor as perdas no trato colonial. Expedições ao interior, antes até desencorajadas, passaram a receber apoio e mesmo a ser agenciadas pelo governo geral. Exemplo disso foi Afonso Furtado de Mendonça, que chegou à Bahia em 1671 com poderes para estimular a busca de minas e patrocinou várias expedições para liquidar com a resistência indígena nos sertões destinados à pecuária.[15] Este processo implicou num recrudescimento dos atritos com os povos indígenas, em boa parte refugiados nos sertões mais distantes para evitar o contato com os colonizadores. As chamadas "guerras dos bárbaros" são expressão deste movimento. Produto

---

13 Stuart Schwartz, "Introduction". In: *Idem* (ed.), *A Governor and his image in baroque Brazil, the funeral eulogy os Afonso Furtado de Castro do Rio de Mendonça by...* Minneapolis: University of Minnesota Press, 1979, p. 13-17.

14 Charles Ralph Boxer, *The Golden Age of Brazil: growing pains of a colonial society, 1695-1750* (1962). Lisboa: Carcanet Press/FCG, 1995, p. 28.

15 Veja o capítulo 54 do "Regimento do governador e capitão general do Estado do Brasil, concedido pelo príncipe regente D. Pedro a Afonso Furtado de Mendonça... 4 de março de 1671". In: Virgínia Rau (ed.), *Os manuscritos do arquivo da Casa do Cadaval respeitantes ao Brasil*. Coimbra: Universidade de Coimbra, 1955, vol. 1, p. 211-229.

do baixo resultado da economia açucareira, a limitada arrecadação fiscal dificultava ainda mais a manutenção da máquina governativa do Estado do Brasil e, em particular, sua dimensão mais onerosa, o aparelho militar. Desde meados do século, as tropas eram sustentadas por uma combinação de esforços, a maior parte assumida pela Câmara de Salvador. Em julho de 1652, quando foi assinado um "termo de convenção" com o governo geral, a Câmara se comprometeu em pagar e sustentar a tropa. Para tanto, alguns rendimentos do fisco foram consignados e destinados à sua administração.[16]

Naquele terrível ano de 1688, tudo estava por se perder. A carestia era resultado também da escassez da moeda, que fluía para o Reino e deixava os produtores à mercê dos negociantes. A fome, companheira incômoda, vai impulsionar as vontades e o entendimento dos povos. Como registrou Gregório de Matos, falando da carestia de 1691: "toda a cidade derrota/esta fome universal,/uns dão culpa total/à câmara, outros à frota". Culpar implicará, como se vê, tomar partidos, assumir posições, agir com maior ousadia. Em agosto, o senado escreve ao seu procurador em Lisboa, capitão Manuel de Carvalho, alertando para a situação. A "pouca saída do açúcar, que é a total ruína deste estado", não permitia novos encargos, por conta da queda da arrecadação: "não podem os povos consigo, quanto mais com novas contribuições, que certamente se hão de fazer, se nos não alevantarem parte da carga da infantaria". O argumento da Câmara revela a tensão presente, e cada vez maior, nos polos do sistema colonial:

> vosmecê, como procurador deste povo, deve fazer presente a Sua Majestade que *não somos vassalos conquistados senão muito obedientes*; e que a desgraça de vivermos afastados da Sua Presença não há de ser causa de nos carregarem com

---

16 Veja o capítulo anterior, sobre o conchavo da farinha.

o excesso que experimentamos, porque o não merece a fidelidade, o amor e despesa com que assistimos a seu Real Serviço, que não é só o que se assiste de presente senão grandes quantias que se despenderam nas armadas, fortificações e outras muitas despesas e também derramaram nossos antecessores o sangue e custou a muitos as vidas sem mais prêmio que o da nossa fidelidade e obediência.[17]

Os moradores (leia-se a "açucarocracia", isto é, os senhores de engenho e lavradores) percebiam que, como agentes da colonização, se colocavam numa situação cada vez mais subordinada e dependente. Sendo assim, não queriam que sua "obediência" fosse tomada por "submissão", característica dos povos conquistados. Estes eram os indígenas e africanos. Eles, moradores, ainda se viam (ou queriam se ver) como colonizadores e não colonos.

A revolta do Terço Velho

O atraso no pagamento dos soldados era preocupante, mas inevitável. Em outubro de 1688, o governador Matias da Cunha adoeceu da febre amarela. Com alguma precaução, Bernardo Vieira Ravasco, o secretário do Estado do Brasil, escreveu no dia 22 de outubro ao arcebispo que andava em visita pastoral na freguesia de Cotegipe, dando conta da situação do governador e pedindo que retornasse.[18] Nesta freguesia, Bernardo tinha um engenho que, há alguns anos, comprara dos herdeiros de Lourenço Cavalcanti, e

---

17 "Carta do senado da câmara de Salvador a Manuel de Carvalho, Salvador, 12.8.1688", CSS, 3, p. 75-76. Grifo meu.
18 "Certidão de d. fr. Manuel da Ressurreição, do Conselho de Estado de Sua Majestade e arcebispo e governador do Brasil, passada na Bahia em 16.06.1690", IEB-CL, cód. 63, fl.21. Veja também Alberto Lamego, *Mentiras históricas*. Rio de Janeiro: Record, s.d., p. 67.

havia doado a seu filho Gonçalo.[19] Apenas no dia 23 percebeu-se a gravidade do estado do governador. Disposto para a morte, como notou Sebastião da Rocha Pita, e preocupado com a ausência de regra clara para a sua sucessão, Matias da Cunha convocou o senado da Câmara e os principais da cidade para que elegessem a pessoa que deveria se ocupar do governo até a manifestação do rei. O arcebispo, frei Manuel da Ressurreição,[20] ainda que ausente, foi escolhido para conduzir o governo militar e político, cabendo a das justiças ao chanceler da Relação, o doutor Manuel Carneiro de Sá.[21] Neste delicado momento, os soldados dos dois terços da Bahia[22] se amo-

19 "Consulta do Conselho Ultramarino, Lisboa, 23.11.1684", AHU, Bahia, documentos avulsos, caixa 27, 3267. Na verdade, Lourenço tinha sido "sogro" de Ravasco. Apesar de nunca se casar, o secretário tivera dois meninos e uma menina, todos naturais, resultado de sua união ilícita com d. Felipa Cavalcanti de Albuquerque, filha de Lourenço Cavalcanti de Albuquerque (Pedro Calmon, *O crime de Antonio Vieira*. São Paulo: Melhoramentos, 1931, p. 15). Sobre o secretário do Estado do Brasil, que era irmão do padre Antônio Vieira, veja o meu artigo "Bernardo Vieira Ravasco, secretário do Estado do Brasil: poder e elites na Bahia do século XVII". In: Vera Lúcia Amaral Ferlini; Maria Fernanda Bicalho (orgs.), *Modos de governar: ideia e práticas políticas no Império Português, séculos XVI a XIX*. São Paulo: Alameda, 2005, p. 157-178.

20 Sobre Frei Manoel, veja o texto de Accioli e a nota de Braz do Amaral em Inácio Accioli de Cerqueira e Silva, *Memórias históricas e políticas da província da Bahia*. 2ª edição anotada por Braz do Amaral. Salvador, Imprensa Oficial do Estado, 1919-1940, vol. 5, p. 79-82 e 273-27.

21 Sebastião da Rocha Pita, *História da América Portuguesa desde o ano de 1500 de seu descobrimento até ao de 1724* (1730). São Paulo/Belo Horizonte: Edusp/Itatiaia, 1976, livro 7, p. 57.

22 O primeiro terço de tropas regulares, o da Armada Real, foi criado no Reino apenas em 1618. No Brasil, logo depois da expulsão dos holandeses da Bahia, em 1626, foi formado o primeiro terço de infantaria paga, estacionado em Salvador. Em 1631, criou-se o Terço Novo, em oposição ao Terço Velho, ambos compostos por pelo menos de 800 homens cada. Como resultado das guerras holandesas (1630-1654), foram também criados outros terços "especiais", como o dos negros de Henrique Dias e dos índios de Felipe

tinaram e foram ao campo do Desterro. No local, havia uma casa da pólvora, construída pelo governador Roque da Costa Barreto (1678-82).[23] Um relato posterior aos eventos conta que cerca de trezentos soldados "se encontram na casa da pólvora, dizendo que lhe pagassem o que lhe deviam que logo tornariam para as suas bandeiras". O cabeça da alteração era um certo João da Silveira de Magalhães, que havia sido mouro e estava na Bahia servindo como soldado.[24] O que reivindicavam era três pagas, ou seja, nove meses de soldos, que lhes eram devidas, para o que davam um dia de prazo à Câmara, ameaçando com o saque da cidade.

Bernardo Vieira Ravasco escreveu novamente ao arcebispo explicando que "o governador ficava expirando e a infantaria amotinada".[25] O governo, fragilizado, se acovardou. Na verdade, antecedentes indicavam que era melhor buscar uma solução negociada. As vilas e cidades que sediavam grande quantidade de tropas, o que era especialmente o caso da cabeça deste Estado, viviam à mercê do humor dos soldados, sempre mal pagos e mal alimentados. As dificuldades com os soldos podiam pôr em risco a disciplina militar e tornavam a concentração de soldados na cidade uma situação delicada. A possibilidade de uma revolta estava sempre

---

Camarão. Stuart Schwartz, "A note on portuguese and brazilian military organization", p. 173-177; confira ainda Luís Monteiro da Costa, *Na Bahia Colonial: apontamentos para história militar da cidade de Salvador*. Salvador: Livraria Progresso, 1958.

23 José Manuel de Mascarenhas, "Portuguese overseas gunpowder factories, in particular those of Goa (india) and Rio de Janeiro (Brazil)". In: Brenda J. Buchanan (org.), *Gunpowder, explosives and the State: a technological history*. Burlington: Ashgate, 2006, p. 188.

24 "Carta ao Rei", 16.06.1691; e a "carta régia" (inclusa), 1602/1692, DH, 33, p. 335-337 e p. 442; Sebastião da Rocha Pita, *História da América Portuguesa* (1730). São Paulo/Belo Horizonte: Edusp/Itatiaia, 1976, livro 7, p. 58-60 e 201.

25 Alberto Lamego, *Mentiras históricas*. Rio de Janeiro, Record, s.d., p. 67.

presente. Como nos informa o historiador Afonso Ruy, no ano de 1638, inquietos com o atraso dos pagamentos, o terço de infantaria da Bahia resolveu lançar um ultimato à Câmara: se não fossem pagos os 7.000 cruzados de vencimentos atrasados, em 48 horas, os soldados colocariam a cidade a saque e executariam os camaristas. A solução foi negociada pelo governador, d. Pedro da Silva (futuro conde de São Lourenço), que em sessão extraordinária da Câmara pediu que os moradores emprestassem a quantia necessária.[26] No Rio de Janeiro, em 1660, a chamada Revolta da Cachaça, insurreição contra a fiscalidade e o governo de Salvador Correia de Sá, contou com intensa participação dos soldados em razão do atraso do pagamento dos soldos.[27]

Depois de algumas tentativas dos oficiais em controlar a soldadesca, o arcebispo foi pessoalmente ao campo do Desterro. Segundo Lamego, quando frei Manuel chegou de Cotegipe, no próprio dia 24, o secretário Ravasco já cuidava de arrumar o dinheiro.[28] Os cinco mil cruzados foram emprestados da Real Fazenda e distribuídos à tropa. Os amotinados, contudo, não se desarmaram antes de ver, no papel, um perdão assinado pelo moribundo governador e pelo arcebispo, seu sucessor. No dia seguinte, a "bicha" já havia levado Matias da Cunha, e os soldados puderam assistir ao seu enterro na cidade pacificada.[29]

---

26 Affonso Ruy, *História da câmara municipal da cidade de Salvador*. Salvador: Câmara Municipal de Salvador, 1953, p. 101.

27 Luciano R. de Almeida Figueiredo, *Revoltas, fiscalidade e identidade colonial na América portuguesa: Rio de Janeiro, Bahia e Minas Gerais, 1640-1761*. Tese de doutoramento. São Paulo, USP, 1997, p. 32. Veja também a dissertação de seu aluno, Antonio Filipe Pereira Caetano, *Entre a sombra e o sol - a revolta da Cachaça, a Freguesia de São Gonçalo de Amarante e a crise política fluminense* (Rio de Janeiro, 1640-1667). Rio de Janeiro, UFF, 2003.

28 Alberto Lamego, *Mentiras históricas*. Rio de Janeiro: Record, s.d., p. 67.

29 Sebastião da Rocha Pita, *História da América Portuguesa desde o ano de 1500 de seu descobrimento até ao de 1724* (1730). São Paulo/Belo Horizonte: Edusp/

A Câmara municipal comunicou ao rei em carta do dia dois de novembro a morte de Matias da Cunha e a providência de se fazer do arcebispo governador. Talvez por excesso de zelo ou leniência, o motim é relatado de forma superficial – "um motim que havia feito uma parte da infantaria, como pretexto de se fal[tar] com a farda e alguma farinha" – e o desenlace creditado na conta do "grande espírito" de frei Manuel.[30] Não obstante, a reação da Coroa tardaria, mas seria implacável. Não havia escusas para motins de soldados. Dois anos depois, assim que desembarcou no Brasil, o novo governador, Antônio Luís Gonçalves da Câmara Coutinho, mandou prender o cabeça e o enviou para Angola com alguns dos principais da alteração. Quanto aos soldados, já tinham escapado para o sertão, tão logo souberam da chegada de Coutinho – o "governador perfeito" ou o "reformador dos vícios", epítetos que recebeu no tempo que comandou Pernambuco, "por outra parte, lhe chamam *palavra surda*, porque se não ouve o eco senão depois de executado".[31] Coutinho, que vinha de Pernambuco, onde governava desde o ano passado, era filho do donatário da capitania do Espírito Santo, que vendera ao rei e havia servido nas armadas do Reino, como capitão.

Itatiaia, 1976, livro 7, p. 57 e ss. Há uma "Carta do senado da câmara de Salvador ao Rei, Salvador, 16.12.1689", CSS, 3, p. 91.

30 "Carta do senado da câmara de Salvador ao Rei, Salvador, 2.11.1688", CSS, 3, p. 77-78.

31 Carta ao Rei, 16.06.1691, DH, 33, 335-337; e a carta régia (inclusa), 16/02/1692, DH, 33, 442; Sebastião da Rocha Pita, *História da América Portuguesa* (1730). São Paulo/Belo Horizonte: Edusp/Itatiaia, 1976, livro 7, 58-60, p. 201. Veja também Luís Monteiro da Costa, *Na Bahia Colonial: apontamentos para história militar da cidade de Salvador*. Salvador, 1958, p. 111-136. Gregório Varela de Berredo Pereira, "Breve compêndio do que vai obrando neste governo de Pernambuco o Sr. governador Antônio Luís Gonçalves da Câmara Coutinho etc.", *RIAP*, 51, p. 271, 1979.

Detinha, ainda, o ofício de alcaide-mor, pelo que denotava sua nobreza - excepcional para aquelas terras. Nos ambientes de fluida soberania -, mais extrema na situação de fronteira que era a do mundo colonial - a segurança externa dependia sobretudo da manutenção da ordem interna. Mas era preciso assegurar as condições da fortaleza de Salvador, chave do Brasil. Quando tomou posse Câmara Coutinho, a capital do Estado do Brasil não se mostrava um lugar defensável.

Chaves da Bahia

Ainda nos tempos do eclipse e do prognóstico do jesuíta Estancel, trabalhava na Bahia um engenheiro vindo de Pernambuco, para a expressa tarefa de "tirar a planta" do sistema defensivo da cidade e propor um projeto de reforma e adaptação. O engenheiro João Coutinho, atendendo ao convite do então governador, D. António Luís de Sousa, o marquês das Minas, veio para Salvador por volta de outubro de 1684. Com grande experiência militar, Coutinho havia estado por alguns anos no Brasil entre 1649 e 1663, na armada da Companhia Geral. Depois disso, trabalhou como ajudante de engenheiro no Alentejo e nos Trás-os-Montes. Esteve em Angola, com o governador Francisco Távora, por sete meses. Em 1676, foi nomeado engenheiro de Pernambuco, recebendo o soldo de 25$000 réis por mês e o posto *ad honorem* de capitão da infantaria.[32]

A cidade de Salvador havia nascido como uma fortaleza. O regimento de Tomé de Souza, que criou o governo geral em 1548, determinava a construção de uma cidade fortificada, para funcionar

---

32 Sousa Viterbo (org.), *Diccionário historico e documental dos architectos, engenheiros e cosntructores portuguezes*, Lisboa: Imprensa Nacional, 1899, vol. 1, p. 247-249.

"como coração no meio do corpo".[33] O regimento mandava erguer "uma fortaleza e povoação grande e forte na Bahia de Todos os Santos"[34] e, para tanto, foi implantada em uma situação em que as condições defensivas eram asseguradas pelo grande desnível entre os dois planos, situados na falha geológica, do lado do mar, e no seu oposto, pelo vale onde havia o Rio das Tripas. A cidade deveria ser logo murada, de acordo com o risco do arquiteto Luiz Dias, e fortificada no mar para garantir a defesa do porto. O que foi, ao longo do primeiro século e meio, realizado com algum sucesso. A tomada de Salvador pelos holandeses da Companhia das Índias Ocidentais revelava uma certa fraqueza neste sistema. O que certamente deixava os governantes e moradores apreensivos.

Desde 1638, quando as tropas de Nassau tentaram a sorte na Bahia, a cidade não conhecia uma ameaça real. Na ocasião, avaliando o desentendimento entre Bagnuolo e o governador geral, quando o primeiro se retirou com suas tropas das posições no Sergipe, Nassau preparou suas tropas e esquadra e fez velas do Recife. No dia 16 de abril, passou diante de Salvador para desembarcar os soldados para além de Itapagipe, nas praias de São Brás e da Escada. A retirada estratégica das forças portuguesas levou a defesa da cidade para as trincheiras do norte, mais precisamente para além da porta do Carmo, logo na elevação onde hoje está o forte de Santo Antônio. Mais dentro da terra, o reduto de Luiz Barbalho reuniu as forças que foram decisivas no ataque de 18 de maio, quando os holandeses forçavam a trincheira de Santo Antonio e foram surpreendidos

---

33 Nas palavras de Frei Vicente do Salvador, *História do Brasil* (1627). Rio de Janeiro: Biblioteca Nacional, 1889, III, 1.

34 "Regimento que levou Tomé de Souza, Governador do Brasil, Almerim 17.12.1548". In: Joaquim Romero Magalhães e Susana Munch Miranda, "Tomé de Souza e a instituição do Governo Geral (1549): documentos", *Mare Liberum*, Lisboa, CNCDP, 17, p. 7-38, 1999.

pela retaguarda.[35] O que ficou claro, na ocasião, era a importância da elevação, dita agora do Barbalho, na defesa dos limites norte da fortaleza. Da mesma forma que o campo do Desterro, o outeiro do Barbalho era uma dessas elevações exteriores aos muros que se prestavam aos movimentos e ao aquartelamento das tropas e permitiam uma posição privilegiada no ataque à cidade. Segundo o historiador João da Silva Campos, no tempo do governo de Alexandre de Souza Freire (1667-1671), as rústicas defesas levantadas pela gente do Barbalho foram melhoradas, ainda que sempre usando-se terra. No governo de Alexandre de Souza Freire, o capitão do mar e guerra João Calmon fora encarregado de reedificar a fortificação em melhor traço e mais segura fábrica.[36]

Quando chegou na Bahia, em 1684, o engenheiro João Coutinho tinha uma enorme tarefa de compreender inicialmente um sistema defensivo complexo, construído de forma pouco ordenada ao longo do século e contagiado por uma cidade cuja força econômica teimava em extravasar seus limites fortificados. Pior: um sistema defensivo praticamente arruinado. Em carta ao doutor Diogo Marchão Temudo, que foi desembargador da Casa de Suplicação e membro do Conselho da fazenda, o padre Vieira pintava um quadro dramático das defesas da Bahia:

> os soldados velhos da guerra do Brasil estão acabados; os dois mestres de campo decrépitos; o presídio não chega a ter a metade da lotação, e essa de meninos e *bisonhos* [soldados novos, pouco exercitados]; a cidade, sem fortificações, sem armas, sem munições e, com a peste presente,

---

35 Francisco Adolpho de Varnhagen, *História das lutas com os holandeses no Brasil*. Salvador: Progresso, 1955 (1871), p. 220 e ss.
36 João da Silva Campos, *Fortificações da Bahia*. Rio de Janeiro: Publicações do Serviço do Patrimônio Histórico e Artístico Nacional, nº 7, 1940, p. 169.

muito despovoada, e por isso exposta a qualquer invasão de inimigos.[37]

Em março de 1685, depois de seis meses de trabalho, de árduo trabalho, o engenheiro de Pernambuco apresentou um plano para a defesa da cidade, circunstanciado em vários papéis: 1) uma planta da praça; 2) uma descrição do terreno, na qual apresenta as razões que o levaram a optar pelo abandono do atual sistema defensivo e a construção de outro; 3) uma proposta para os novos baluartes e cortinas, com medidas e orçamento da despesa; 4) um papel em que sugeria meios para se conseguir os 30.000 cruzados anuais necessários para dar seguimento à obra. O valor total das obras estava orçado em 1.200.000 cruzados. Os documentos foram encaminhados para Lisboa, com a anuência do governador – que, segundo João Coutinho, apesar de não "professar a ciência da fortificação", o acompanhou como experiente soldado e opinou sobre as soluções encontradas.[38]

O diagnóstico do engenheiro era preocupante. Seu relatório revela que o abatimento da cidade-fortaleza era mais sério do que se pensava. Na praia, ou modernamente, na cidade-baixa, havia uma "grande povoação de casas" que impediam a segurança dos sistemas defensivos, sobretudo enfraquecendo o baluarte de São Francisco. Na circunvalação da cidade, o dique que havia sido feito pelos holandeses ainda em 1625, ao longo do rio das tripas, encontrava-se "todo *desalagado* e a

---

37 "Carta a Diogo Marchão Temudo, Salvador, 1.07.1686", *Cartas do padre António Vieira*. Lisboa: Casa da Moeda, tomo terceiro, p. 545.
38 "Papel do engenheiro João Coutinho para o marquês das Minas, Salvador, 30.03.1685" e "Carta do engenheiro João Coutinho a S. M. sobre a fortificação da Bahia, Salvador, 30.04.1685". In: Luisa da Fonseca, "Subsídio para a história da Bahia", *Anais do primeiro Congresso de História da Bahia*. Salvador, IHGBa, vol. 2, p. 419-427 e p. 437-438.

maior parte dele povoado de hortas".[39] As trincheiras, feitas há mais de quarenta anos, precisavam de reparos porque estavam em ruínas, "não causadas pelo tempo, senão feitas pelo povo, por fazerem serventias supérfluas, cortando-as e facilitando a subida por elas, e deixando subir o gado". O crescimento desordenado da cidade era a principal causa do enfraquecimento de sua defesa. No entender de Coutinho,

> os moradores da cidade da Bahia fabricaram a povoação na pior forma que se podia fazer para se fortificar; mas como somente tratavam das suas conveniências, se estenderam assim a cidade, em cima como na praia, pela vista do mar, fazendo bem excessivo cumprimento por esta parte e deixando de povoar o grande terreno que há desocupado dentro das trincheiras, e o mais é que se tem feito a maior parte das casas fora das ditas trincheiras, depois delas feitas, sem repararem o dano que nisto faziam a sua própria fazenda.[40]

Em razão da dispersão do povoado, para proteger as casas, seria necessário construir uma muralha três vezes maior; a um custo que, ao

---

39 A região do limite leste da Fortaleza era, inicialmente, preenchida com estas hortas, que foram alagadas pelos holandeses em 1624 para melhor defender a cidade – como se pode ver na "Planta da restituição da Bahia" do *Atlas do Estado do Brasil, coligido das mais sertas noticias q pode aiuntar dō Ieronimo de Ataide*, por João Teixeira Albernas, cosmographo de Sua Magde, anno 1631, prancha 22. Informação confirmada anos passados por Luiz dos Santos Vilhena, *Cartas de Vilhena, noticias soteropolitanas e brasilicas, por... annotadas pelo prf. Braz do Amaral*. Salvador: Imprensa Official do Estado, 1922 (1802), vol. 1, p. 232 e ss.

40 "Relação da fortificação da cidade da Bahia de Todos os Santos e da forma em que se devem fazer", pelo engenheiro João Coutinho, Bahia, 30.3.1685. In: Luisa da Fonseca, "Subsídio para a história da Bahia", *Anais do primeiro Congresso de História da Bahia*. Salvador, IHGBa, vol. 2, p. 427-434. Este trabalho traz numerosos documentos transcritos do códice 245 (Registro de cartas régias e avisos ao governador do Brasil e outras entidades sobre diversos

fim e ao cabo, seria pago pelos mesmos moradores. O engenheiro propunha então a construção de uma muralha de quase 8 km de extensão (23.329 pés), a reforma de velhos baluartes e trincheiras, a construção de novas guaritas, de três portas para a cidade e de um novo forte no lugar do outeiro do Barbalho

Em Portugal, o projeto de Coutinho foi analisado por outros engenheiros. Nas palavras de Luisa da Fonseca, "os pareceres divergem, cada cabeça, cada sentença. Uns achavam melhor fortificar a terra, outros preferiam a fortificação da marinha".[41] A carta que o marquês das Minas enviou ao rei, encaminhando os papéis de Coutinho, já contém diversas críticas ao que considera "tão notável despesa"; particularmente quanto à muralha de cal e pedra. Desnecessária, no seu entendimento: "as muralhas, ou sejam de pedra e cal, ou de terra, não são as que seguram as praças, senão seus defensores". O governador acreditava que o correto era reparar o que se podia reparar, para poder aplicar o dinheiro no sustento das tropas, ampliado o seu número para além daquele mantido pela Câmara. Concedia que a fortaleza do morro, isto é, na elevação do Barbalho, fosse conservada e expandida, "por ser de areia e importantíssima para a conservação

---

assuntos, 1673-1695), da documentação do Arquivo Histórico Ultramarino em Lisboa. Veja as fls. 125 e seguintes.

41 O projeto de Coutinho foi analisado pelos engenheiros: Miguel de Lescoles (Vianna); Manuel Mexia da Silva (Olivença); Antonio Rodrigues de Carvalho (Estremoz); Gregório Pacheco de Morais (Estremoz); Jerônimo Velho de Azevedo (Almeida); Francisco Pimentel (Lisboa); Manuel Gomes Ferreira (Lisboa); Mateus do Couto (Lisboa); Pedro Correia Rabelo (Lisboa); João Rodrigues Mouro (Lisboa). Além disso, temos a opinião de Roque da Costa Barreto. Todos estes documentos datam de outubro de 1685 a março de 1686, o que denota o esforço de consolidar rapidamente uma posição sobre as prevenções necessárias. Os documentos foram todos publicados por Luisa da Fonseca, "Subsídio para a história da Bahia", *Anais do primeiro Congresso de História da Bahia*. Salvador, IHGBa, vol. 2, p. 410-454.

desta praça, para estar a qualquer hora capaz de as armas de vossa majestade darem felicíssimas vitorias de qualquer poder que a invadir".[42] Da mesma forma, se os engenheiros divergem nos seus pareceres, preocupados com os custos e a eficácia de cercar inteiramente a cidade-fortaleza, acabam todos concordando com a necessidade de fazer o novo forte, como foi desenhado no outeiro do Barbalho.

Passados cerca de seis anos, esta era a opinião do secretário do Estado do Brasil, Bernardo Vieira Ravasco. Em um papel datado de 10 de junho de 1693, com o título de *Discurso primeiro sobre a fortificação da Bahia*, ele procura sustentar que "a fortificação, de que mais breve, e precisamente, necessita a Bahia é, de um Forte Real de Torrão na eminência que chamam do Barbalho". No seu entendimento, se o inimigo a ocupasse, o que poderia fazer sem resistência, logo ficaria condenado o Forte de Santo Antônio. Aquela elevação era decisiva, na medida em que ela "domina toda a cidade e Armazém da pólvora, que está fora dela, a eclusa do primeiro Dique, [...] o Vale das Hortas do Carmo". O engenheiro Coutinho teria exagerado na busca de uma "elegância da obra". Os muros não eram tão importantes, uma vez que a fortificação da praça devia-se concentrar em impedir que o inimigo, que podia saltar em qualquer praia, se aproximasse e, sobretudo, se aquartelasse nas redondezas da cidade. Era preciso ter condições de "detê-lo antes a todo o risco em uma Campanha, que ignora, em diverso clima do seu".[43] Sua opinião era abalizada. Afinal, conforme sua

---

42 "Carta do marquês das Minas para o rei, com a planta da fortificação da Bahia e mais papéis que fez o engenheiro João Coutinho", Bahia, 5.5.1685. In: Luisa da Fonseca, "Subsídio para a história da Bahia", *Anais do primeiro Congresso de História da Bahia*. Salvador, IHGBa, vol. 2, p. 427-442.

43 Bernardo Vieira Ravasco, "Discurso primeiro sobre a fortificação da Bahia", Salvador, 10.6.1693, BPE, códice CV/1-17, "Obras Várias MSS.", fls. 309v-313v.

folha de serviços, estivera "no sítio em que o conde de Nassau pôs àquela cidade, nos dois assaltos que lhe deu e emboscadas que se lhe fizeram em que assinalou ajudando a matar e aprisionar muitos holandeses de cujos recontros ficou muito mal ferido na mão esquerda de uma *alcanzia*[44] de fogo". Segundo Barbosa Machado, o ferimento se deu justamente no assalto das trincheiras do Forte de Santo Antonio.[45]

Ainda segundo a opinião de Ravasco, além da fortificação do Barbalho, outra "chave" para a defesa e Salvador era o forte de Morro de São Paulo, ao sul do Recôncavo. Nas suas palavras, "a Fortaleza do Morro de São Paulo, que dista 12 léguas por mar da cidade, é a outra chave da Bahia; porque se o inimigo a render, lhe proibirá todos os mantimentos que vem daquelas vilas, e será inconquistável, se o fortificar".[46] Ravasco ecoava, simplesmente, uma opinião partilhada por muitos e já grafada pelo irmão, o padre Antonio Vieira, no seu famoso "papel forte".[47] Como mostrou Vilhena, entre os anos de 1626 e 35, o governador Diogo Luiz de

---

44 Projétil de barro cheio de matérias inflamáveis e explosivas que se lançava, como se fosse uma granada, contra o inimigo.

45 Bernardo Vieira Ravasco, mercê do ofício de Secretaria de Estado e Guerra do Brasil, 13.04.1663, ANTT, Chancelaria Mor, d. Afonso VI, livro 6, fls. 111v-112v e Diogo Barbosa Machado, *Bibliotheca Lusitana histórica, critica e cronológica...* Lisboa: Officina de Antonio Isidoro da Fonseca, 1741, vol. 1, p. 538.

46 Bernardo Vieira Ravasco, "Discurso primeiro sobre a fortificação da Bahia", Salvador, 10.6.1693, BPE, códice CV/1-17, "Obras Várias MSS.", fls. 309v-313v.

47 Segundo o jesuíta, o inimigo poderia fazer grande dano à cidade, "impedindo que entrem mantimentos na cidade, porque como a maior parte das farinhas vêm do Cayras [sic, o correto é Cairu], do Camamu e de Boipeba, que estão à dezesseis e vinte léguas fora da barra, e os gados se trazem de outros lugares ainda mais retirados; tomando o inimigo o morro de São Paulo, e fazendo uma fortaleza em Tapoão, ficam impedida quase toda a condução de mantimentos e aproveitando-se deles com que colocará a cidade em grande perigo". Cf. Antonio Vieira, "Papel a favor da entrega de Pernambuco

Oliveira teria estabelecido uma companhia de infantaria em uma fortaleza, erguida, na ocasião, no Morro de São Paulo. A necessidade de se fortificar esta posição havia sido determinada justamente quando da recuperação da Bahia em 1625. Consta que Diogo Luiz, receoso de perder aquela posição aos inimigos, foi pessoalmente à região e convocou os oficiais das Câmaras de Cairu, Camamú e Boipeba. Seu argumento era de que a fortificação do morro era essencial para a defesa das vilas ao sul do Recôncavo e que o sustento desta tropa, em razão das dificuldades da Fazenda real, devia estar a cargo dos povos das vilas. O que as câmaras aceitaram, tal como Salvador faria em 1652 para o sustento dos dois terços da cidade. Esta finta, que seria pesadíssima na opinião de Vilhena, acabou suspensa no ano de 1734.[48]

As obras de fortificação desta fortaleza teriam se iniciado em 1630 e Nassau, quando atacou a Bahia, encontrou-a ainda inacabada. Sua guarnição compunha-se de três oficiais, dois sargentos e cem soldados. Tal guarnição só seria efetivada pelo conde de Óbidos, d. Vasco Marcarenhas, no ano de 1664. Mais precisamente em primeiro de agosto daquele ano, foi criado um presídio no morro, ou seja, um quartel, e nomeado um capitão para aquela companhia como comandante deste presídio.[49]

O papel do forte no Morro de São Paulo é mais resultado da importância da zona produtora de alimentos, ao sul do

---

aos Holandeses (Outubro de 1648)". In: *idem, Obras inéditas*. Lisboa: J. M. C. Seabra e T. Q. Antunes, 1857, tomo III, p. 44.

48 Luiz dos Santos Vilhena, *Cartas de Vilhena, noticias soteropolitanas e brasilicas, por... annotadas pelo prf. Braz do Amaral*. Salvador: Imprensa Official do Estado, 1922 (1802), vol. 1, p. 251-252.

49 João da Silva Campos, *Fortificações da Bahia*. Rio de Janeiro: Publicações do Serviço do Patrimônio Histórico e Artístico Nacional, nº 7, 1940, p. 169-169. Segundo Campos, o presídio do Morro de São Paulo era lugar de degredo dos moradores da Bahia sentenciados pelo tribunal da Relação.

Recôncavo, do que como ponto estratégico para a defesa da Bahia e de Salvador. Consenso desde o século XVI, a Bahia de Todos os Santos era, em si, indefensável. Muito ao contrário da Baía de Guanabara, com sua estreita entrada. A fortificação do Morro, como se vê, era importante para a defesa do sistema de abastecimento da cidade e do seu entorno. Na Bahia, no início do século XVII, havia se estruturado uma divisão regional que fixou as zonas produtoras de mantimentos, liberando o Recôncavo para a produção de açúcar. A facilidade do transporte e da fixação dos engenhos nas margens da Bahia e dos rios afluentes, somadas à conjuntura internacional extremamente favorável ao açúcar, implicava numa especialização que tornariam ainda mais agudas as crises de abastecimento, seja nas próprias fazendas do Recôncavo ou, pior ainda, na cidade de Salvador. Se as vilas de Boipeba, Cairu e Camamu estavam obrigadas a sustentar esta fortificação do Morro de São Paulo, participavam também do sustento das tropas em Salvador. Para enfrentar o problema do abastecimento da cidade, a Câmara de Salvador estabeleceu, em 1652, um contrato com as três vilas da capitania de Ilhéus, ao sul do Recôncavo. Este contrato estabelecia que os lavradores de Boipeba, Cairu e Camamu trabalhariam para o fornecimento de farinha, principalmente para as tropas. Este contrato, chamado de "conchavo da farinha", estipulava uma quantidade mínima de farinha a ser entregue e tabelava o seu preço. Apesar de formalmente ser feito entre as Câmaras de Salvador e das três vilas, era regulado e controlado pelo governo geral.[50]

---

50 Cf. o capítulo acima. Veja também o importante trabalho de Wolfgang Lenk, *Guerra e pacto colonial: exército, fiscalidade e administração colonial da Bahia (1624-1654)*. Tese de doutorado. Campinas, Unicamp, 2009.

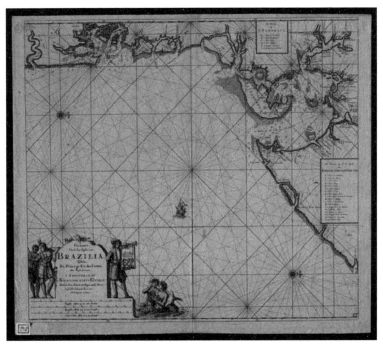

No lado direito deste mapa, pode-se ver o Recôncavo, dominado pela cidade, porto do mar. No lado esquerdo, as vilas de Camamu, Cairu e Boipeba, protegidas pelo forte do Morro de São Paulo. Joannes Van Keulen, *Pas-Kaart van de zee-kusten van, Brazilia tusschen, Rio Parrica, en Rio das Contas*, século XVII (bndigital.bn.br).

No ano em que Ravasco escrevia, 1693, a grande preocupação dos portugueses com a defesa de Salvador era relativa à posição da França. Apesar de distante dos conflitos da Guerra da Liga de Augsburgo (1688-1697), a situação de Portugal era delicada. Nos anos que se seguiram à Restauração, a proximidade com a Inglaterra era decisiva para a manutenção da autonomia portuguesa. A influência francesa, forte no reinado de d. Afonso VI, fomentada pelo valido, o conde de Castelo Melhor, diminuíra com a ascensão ao poder de D. Pedro. A paz com a Espanha, em 1668, contrariava os interesses de Luís XIV. A iniciativa de D. Pedro, primeiro como regente depois como rei, em manter o Reino alheio às disputas europeias, fora um sucesso – pago ao custo da aliança inglesa. A política de neutralidade avizinhava-se de um esgotamento. Com a morte da rainha, Maria Francisca Isabel de Sabóia, em 1683, e o casamento de d. Pedro II com Maria Sofia de Neuburg, a filha de Eleitor Palatino, a monarquia portuguesa voltava-se para o Império e rejeitava uma maior aproximação com a França.[51] Em janeiro de 1693, havia retornado de Londres a viúva de Carlos II, a rainha d. Catarina, irmã de D. Pedro II. As vitórias francesas na Europa, sustentadas por um poderoso exército e armada, indicavam que era preciso que Portugal prevenisse as defesas dos principais portos do Império.

É neste contexto que Ravasco opina – interessado em conseguir apoio para sua plano de prevenção – que a Bahia haveria "de ser o primeiro emprego de suas armas", isto é, da França. Em outro papel, conexo ao *Discurso primeiro sobre a fortificação da Bahia* e datado do mesmo dia, o secretário de Estado do Brasil indica qual devem ser as *Prevenções militares para a defesa da Bahia*. Com efeito, somente na conjuntura da Guerra de Sucessão de Espanha, passados alguns anos, é que a França significaria um perigo real. Contudo, é interessante perceber as preocupações para a fortificação dos portos principais do Império e, no nosso caso particular, da cidade da Bahia. Neste segundo papel, Ravasco sugere algumas medidas para a preparação do Brasil a uma possível invasão francesa. Além de

---

51 Rafael Valladares, *A independência de Portugal: guerra e restauração, 1640-1680*. Lisboa: Esfera, 2006, p. 341 e ss.; A. H. de Oliveira Marques, *História de Portugal*. Lisboa: Palas Editores, 1994, vol. II, p. 348-349; António Álvaro Dória, "Relações com a França". In: Joel Serrão (org.), *Dicionário de História de Portugal*. Lisboa: Iniciativa, 1971, vol. II, p. 290-292. Sobre a "política de neutralidade", a intensificação da concorrência entre as potências europeias e seu reflexo no mundo colonial, veja o capítulo primeiro do livro de Fernando Novais, *Portugal e o Brasil na crise do Antigo Sistema Colonial (1777-1808)*. São Paulo: Hucitec, 1979 (1974), p. 17-56.

demandas concretas de pólvora, mosquetes, artilharia, soldados... o secretário explicava que era necessário atentar para a fortificação da cidade. Para tanto, aconselhava o envio de novos engenheiros, com o intuito de melhorar as condições da fortaleza do Morro e fabricar o Outeiro do Barbalho, as duas chaves da Bahia.[52]

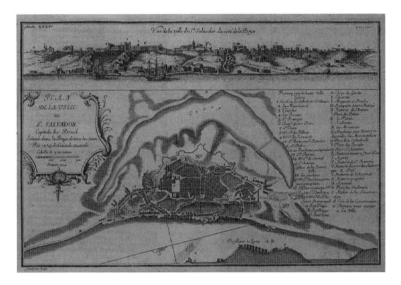

FONTE: Amédée François Frezier (1682-1773), "Plan de la Baye de tous les Saints scituée a la Côte du Bresil par 13d. de lat. Australe". In: *Relation du Voyage de la Mer du Sud aux côtes du Chily et du Perou, fait pendant les années 1712, 1713 & 1714*/par M. Frezier, Ingenieur Ordinaire du Roy. – A Paris: Chez Jean-Geoffroy Nyon, Etienne Ganeau, Jacque Quillau, 1716. – Planche XXXIII, [entre p. 270-271]/Biblioteca Nacional Digital de Portugal <http://purl.pt/103/1/catalogo-digital/registo/192/192.html>.

---

52 Bernardo Vieira Ravasco, "Prevenções militares para a defesa da Bahia, e Estado do Brasil", Salvador, 10.06.1693, BPE, códice CV/1-17, "Obras Várias MSS.", fls. 313v – 319. Uma transcrição deste manuscrito foi publicada em um folheto por Alberto Silva, *Um documento inédito sobre as fortificações da cidade do Salvador*. Bahia: Centro de Estudos Bahianos, n° 12, mar. 1952.

Estas obras ainda esperariam décadas para serem realizadas. A fortificação no Morro de São Paulo estaria pronta apenas no tempo do vice-rei Vasco Fernandes Cesar de Meneses, que em 1731 pedia que enviassem de Portugal os bronzes, porque uma "obra de pedra e cal sem artilharia é um corpo desanimado".[53] O Forte do Barbalho seria inaugurado, em pedra e cal, somente no governo de André de Melo e Castro, no ano de 1736. A prioridade fora dada aos Fortes de São Pedro e de São Marcelo.[54] Os recursos seriam em parte arrecadados, em parte gastos, em parte insuficientes. Denúncias de fraudes, furtos e descaminhos indicam a leniência dos governos e a incapacidade de Coroa em corretamente prevenir a fortaleza de Salvador.[55]

Na ocasião da passagem de um cometa – que podia ser visto na Bahia, no final de 1695 –, Vieira escreveu mais um sermão em que ajuizava os significados do corpo celeste (a "voz de Deus"). Para a Bahia, nas palavras do pregador, o cometa profetizava uma futura guerra. Com as obras inacabadas, tudo estava por se perder: "os muros, como o cinto, não são muros enquanto se não fecham; e quando a necessidade que há deles espero os quarenta anos que demanda a obra, contra o céu, que combate lá de cima, não valem muros". Cidade aberta para a economia-mundo, como todos os portos do mar no Brasil, Salvador só poderia estar defendida se os mares também os estivessem. Segundo a "tradução" profética de Vieira, o cometa falaria assim par a Bahia:

> Mais te digo, e é que considerando-te, ou fingindo-te murada, assim vestida de pedra e cal, te não podem defender

---

53 "Consulta do Conselho Ultramarino, Lisboa, 25.6.1732" DH, 90, p. 59-60.
54 Mário Mendonça de Oliveira, *As fortalezas e a defesa de Salvador*. Brasília: Iphan, 2008, p. 164.
55 Veja, por exemplo, a Carta régia de 17.01.1701, na qual o provedor-mor é instado a examinar as denúncias de furtos e descaminhos no contrato para os reparos nas fortificações de Salvador. Cf. DH, 84, p. 94.

os teus muros, porque tu não estás sempre onde eles te cercam. A Bahia, como as outras cidades do Brasil, só seis meses do ano estão sobre a terra, os outros seis andam em cima da água, indo e vindo de Portugal; e nesta campana imensa do Oceano mal te podem defender os muros que cá ficam.[56]

Se as defesas não se aprontavam no tempo desejado, nenhum problema imediato se colocou. Para já, os franceses não atacariam a Bahia. Em 1710 e 1711, Duclerc e Duguay-Trouin tentariam a sorte na cidade do Rio de Janeiro, mais interessante com a riqueza derivada do ouro do sertão.[57] As minas no sertão de São Paulo e o redirecionamento da circulação por meio do porto do Rio de Janeiro redesenharam a geografia da colonização portuguesa na América. Quando as fortalezas ficaram prontas, a Bahia já havia deixado de ser a chave do Brasil.

---

56 "Voz de Deos ao mundo, a Portugal e à Bahia, juízo do cometa que nela foi visto em 27 de outubro de 1695 e continua até hoje, 9 de novembro do mesmo ano" (1695). In: *Sermoens, e varios discvrsos do Padre Antonio Vieyra da Companhia de Jesu, prégador de sua magestade. Tomo XIV, obra posthuma dedicada a' purissima conceiçam da Virgem Maria Nossa Senhora*. Lisboa: Valentim da Costa Deslandes, 1710, p. 258.

57 Sobre as invasões francesas no Rio de Janeiro, veja, entre outros, Francisco Adolpho de Varnhagen, *História geral do Brasil*. São Paulo: Melhoramentos, 1975 (1857-60), vol. 3., p. 287 e ss; Alberto Lamego, "As invasões francesas no Rio de Janeiro, Duclerc e Duguay-Trouin, 1710-1711", *Anais do IV Congresso de História Nacional*, Rio de Janeiro, Departamento de Imprensa Nacional, 1950, vol. 6, p. 115-249; e, mais recentemente, Maria Fernanda Baptista Bicalho, A *cidade e o Império: o Rio de Janeiro no século XVIII*. Rio de Janeiro: Civilização Brasileira, 2003, p. 268 ss. Fiz uma síntese no capítulo "Lutas ao Sul do Brasil (1680-1777)", publicado no livro organizado por António Manuel Hespanha, *Nova História Militar de Portugal*. Lisboa: Círculo dos Leitores, 2004, vol. 2, p. 307-316.

"Brasiliana": moeda provincial

Esta conjuntura de crise da economia açucareira, acoplada à crise fiscal da monarquia, levou a sucessivos reajustamentos do sistema monetário português. Enquadrando-se nos mecanismos do sistema colonial, o sistema monetário definiu-se, desde meados do século XVI, em conformidade com a economia do Império. Em outras palavras, espaços econômicos diversos (e heterogêneos) do Império português foram sendo, ainda que de forma desencontrada e empiricamente orientada, ajustados nos marcos de um sistema monetário em construção. Num primeiro momento, a homogeneidade da moeda-mercadoria no padrão bimetálico definia esta dimensão essencial da interferência do sistema estatal em formação no mundo da economia e no modo de vida das diversas comunidades. Como é fácil de perceber, numa economia-mundo é nos portos, estas cidades que "andam em cima da água", nas zonas de contato dos sistemas produtivos com os modos de circulação, mais nos convéns das naus do que nos canaviais, que o sistema monetário era mais forte e atuante. A dominação do capital comercial era expressa no controle da moeda. E o controle da moeda era exclusividade de um centro econômico e político instalado em Lisboa, na "insigne Lisboa, Metrópole Lusitânia & Empório do mundo"

A expansão para o ultramar, com a criação de sistemas produtivos novos (notadamente o açúcar) e o desencravamento de sistemas preexistes sob o comando do capital comercial (penso aqui sobretudo no caso do Oriente e da África Ocidental), impôs um sistema monetário que, apesar de ancorado na moeda-mercadoria, fazia-se mais presente pelo crédito e o complexo sistema de meios de pagamento, dependente de letras, promessas de pagamentos futuros, anotações – o que constitui uma forma antecipada da predominância da moeda contabilística ou fiduciária. Já dizia Braudel que "o dinheiro é a unidade, mas também a injustiça do mundo".[58] É como se as distâncias, as complexas redes comerciais, a dependência do sistema produtivo em relação ao negociante, criassem uma dimensão periférica do sistema monetário, que se colocava distante da moeda-mercadoria, na sua forma metálica. Notável contradição! Se isto é válido para a economia açucareira, não se pode dizer para as instituições de poder que organizam e sustentam a sua reprodução.

O sistema político da colonização é profundamente (não exclusivamente) dependente de pagamentos em moeda-metal – em particular quando se pensa nos salários, soldos e emolumentos. Como conciliar a falta da moeda com a sua premência?

A falta de numerário causava grandes danos à economia colonial, sobretudo porque intensificava a exploração do sistema produtivo pelo capital comercial e ajudava a desorganizar o sistema fiscal, base das estruturas políticas estatais da colonização. Foi por falta de pagamento (nove meses!) que os soldados do terço de Salvador se rebelaram em outubro de 1688, quando estava moribundo o governador Matias de Cunha. Por falta de moeda, muitas queixas se fazem sentir em Portugal. Mas justamente era o sistema monetário português que vivia, nos anos que se seguiram à restauração, em constante turbulência, com sucessivas quebras das moedas – imaginadas como forma de obter ganhos marginais, com o direito de senhoriagem, capazes de sustentar o esforço militar na fronteira e a implantação da nova dinastia.[59] Mas a balança comercial, também

---

58 Fernand Braudel, *Civilização material, economia e capitalismo*. São Paulo: Martins Fontes, 1996, vol. 1, p. 437 (trad. port.).
59 Rita Martins de Sousa, *Moeda e metais preciosos no Portugal setecentista (1688-1797)*. Lisboa: Imprensa Nacional/Casa da Moeda, 2005, p. 79 e ss. *Senhoriagem* é o direito que o concessionário da cunhagem da moeda pagava ao soberano, resultante da diferença entre o valor real e o nominal da moeda. Segundo Rafael Bluteau, a senhoriagem é o resultado de um ganho que o rei obtém da cunhagem da moeda: "são palavras de uma das mais modernas leis

desfavorável, em nada ajudava. Neste delicado contexto de fuga de metais para outros países, tentativas de nacionalizar todo metal que ingressasse na economia portuguesa pareciam desesperadamente inúteis. Mesmo assim, muito se refundiu, muito se bateu moeda, muito se ameaçou os particulares para que estivessem de acordo com as normas cambiantes.

Na Colônia, digo no Brasil, esta sucessiva quebra da moeda ou o seu levantamento indiscriminado levava a uma fuga da moeda--mercadoria para o centro (Reino). Manifesto da avassaladora e preocupante dominância dos meio de pagamento escriturados – traço estrutural da preponderância do capital comercial no sistema econômico. A historiografia tem insistido na ideia de que havia uma falta, ou escassez da moeda, estrutural. Argumento derivado, seja de uma leitura transversal da documentação – projetando situações conjunturais para um plano explicativo estrutural – ou ainda a partir de uma leitura maximalista da economia escravista, apoiada em modelos econômicos abstratos. Entendo desta forma, por exemplo, a posição de Dorival Teixeira Vieira, que generaliza a falta da moeda tendo por base a suposição da ausência de salários (no escravismo).[60] A percepção da "falta da moeda" está presente em

---

da economia". Raphael Bluteau, *Vocabulario portuguez & latino: aulico, anatomico, architectonico...* Coimbra: Collegio das Artes da Companhia de Jesus, 1712-1728, vol. 7, p. 582.

60 Segundo Vieira, o "produtor não necessitava de numerário, porque o pagamento do trabalho se reduzia à manutenção do escravo [...]. Os próprios feitores e empregados qualificados recebiam principalmente *in natura*". Neste sentido, "a moeda, existindo em pequena quantidade, só se acumulava nas cidades mais importantes e ali mesmo somente nas mãos dos mais ricos; estes, por sua vez, não tendo necessidade de um intermediário de trocas, dada a rarefação da população e a exigüidade de suas necessidades, mais a entesouravam do que a faziam circular". Dorival Teixeira Vieira, "A política financeira". In: Sérgio Buarque de Holanda (dir.), *História geral da civilização brasileira: A época colonial – 2. Administração, Economia e Sociedade*. São

situações delimitadas, de crise e de aumento das tensões estruturais entre os polos do sistema colonial. A ideia de um desequilíbrio monetário entre o espaço econômico da Colônia e o do Reino pode revelar como os autores concebiam esta contradição de forma limitada, ajustada aos conceitos mercantilistas então em voga.[61]

A mudança do valor extrínseco da moeda foi um mecanismo corrente para ajustes fiscais e fazendários dos Estados modernos – definidos também pelo monopólio da emissão e do controle da moeda no seu espaço soberano. O pensamento monetário no século XVII, de uma forma geral, distinguia a moeda real da moeda de conta. Como procura mostrar Jerôme de Boyer, antes do surgimento da moeda moderna os preços estavam expressos em moedas de conta (o *florim*, nos países Baixos, a *libra esterlina*, na Inglaterra, por exemplo), enquanto os pagamentos eram feitos em espécies metálicas.[62] No caso de Portugal, a moeda de conta de uso mais amplo era o real ou o cruzado (um múltiplo do real). A invenção da letra de câmbio, os sistemas de crédito e financiamento da circulação e da produção das mercadorias, acabaram criando também formas de pagamento diretamente realizadas em moedas de conta, registradas num *livro*

Paulo: Difel, 1985, p. 350. Sobre a moeda no período colonial, veja sobretudo a terceira parte do livro de Frédéric Mauro, *Portugal, o Brasil e o Atlântico, (1570-1670)*. Lisboa: Estampa, 1989, vol. 2, p. 131-182 (trad. port.). Para um balanço da historiografia sobre a moeda no período colonial, veja o artigo de Fernando Carlos G. de Cerqueira Lima, "Uma análise crítica da literatura sobre a oferta e a circulação de moeda metálicas no Brasil nos séculos XVI e XVII", *Estudos Econômicos*, São Paulo, 35, p. 169-201, 2005.

61 Sobre o mercantilismo como sistema monetário, veja a parte IV do alentado estudo de Eli F. Heckscher, *La Epoca Mercantilista: historia de la organizacion y las idea economicas desde el final de edad media hasta la sociedad liberal*. México: Fondo de Cultura, 1983 (1931), p. 619-707 (trad. esp.).

62 Jerôme de Boyer, *La Pensée monétaire: histoire et analyse*. Paris: Éditions Les Solos, 2003, p. 2.

de razão,[63] por exemplo. Contudo, a referência ao padrão metálico era decisiva para definir as pressões monetárias e a evolução mesmo dos preços nos mercados em constante movimento. Na dimensão do sistema colonial, o espaço político do Império português se afirmava também no controle do fluxo das moedas, na imposição das relações (diferenciadas) entre o peso do metal e a moeda de conta. Mas estes fluxos não são isolados. Muito pelo contrário, assim como o poder soberano se constrói no contraste e tensão com outros poderes (soberanos ou particulares), esta economia-mundo também se define pela interpenetração dos circuitos de comércios, pelas trocas de mercadorias e pelos sistemas de produção conectados. Não nos esclarecia Vitorino de Magalhães Godinho que "a história monetária de Portugal está talhada na escala do Mundo"? A moeda é também o símbolo deste poder. O impacto do ouro da América, que fluía para Sevilha e Lisboa, levou d. João III a tentar estabilizar o sistema monetário português. Quando a lei de 29 de novembro de 1538 decidiu amoedar o cruzado (400 réis), "os cunhos são mudados, a fim, evidentemente de evitar confusões entre as antigas e novas peças: de um lado o escudo das armas reais com a legenda JOANES TERTIUS PORTUGALIE E ALGARBIORU REX, do outro a Cruz, mas – neste ponto reside a diferença – com a legenda IN HOC SIGNO VINCES.[64] O lema de Constantino, que era o da monarquia portuguesa, já havia sido estampado nas moedas de 10 cruzados cunhadas por d. Manuel para que Vasco da Gama as levasse à Índia.

---

63 "Livro de razão. O em que se lançam as contas do que se recebe e despende". Raphael Bluteau, *Vocabulario portuguez & latino: aulico, anatomico, architectonico...* Coimbra: Collegio das Artes da Companhia de Jesus, 1712–1728, vol. 7, p. 127.

64 Vitorino Magalhães Godinho, *Os descobrimentos e a economia mundial*. Lisboa: Presença, 1981-83, vol. 2, p. 58.

A manipulação do valor de face das moedas, ou seja, de sua relação com a moeda de conta, era um dos principais instrumentos de política monetária – monopólio do Estado. O "levantamento" do valor das moedas permitia reduzir os custos das dívidas do Estado e resultava, também, em ganhos de natureza fiscal.[65] Um fenômeno que aparecia como resultante (e ao mesmo tempo oportunidade) do processo inflacionário desencadeado com a expansão da economia-mundo europeia. Na já clássica expressão de Hamilton, o século XVI teria assistido a uma "revolução nos preços", decorrente do impacto do fluxo dos metais americanos.[66] Tinha-se em conta que as ações sobre os valores das moedas, no espírito do mercantilismo, auxiliavam a impedir a fuga dos metais para outros espaços econômicos. Mas a prática era contrária às concepções mais assentes e à interferência do príncipe (expressão do seu poder) poderia ser contestada. Com efeito, a doutrina aristotélica propunha que a moeda era imutável, por suas causas de estado e consistência. Martin de Azpicuelta Navarro, em 1556, no seu *Comentario resolutorio de usuras* (e câmbios), um dos apêndices à edição salamantina do seu *Manual de confesores y penitentes*, escreveu sobre o valor da moeda como um aspecto do direito natural.[67] A tradição ibérica, anotada na escolástica de Salamanca, era de que não convinha, por ser inconveniente e resultar em grande desordem, mudar o valor da moeda. Tomas de Mercado, em sua *Suma de tratos y contratos*, publicada em 1571, supunha "que entre muchas cosas sumamente necessárias al bon gobierno y tranqulidad del reyno, una es que el

---

65 Jerôme de Boyer, *La pensée monétaire: histoire et analyse*. Paris: Éditions Les Solos, 2003, p. 4.
66 Earl J. Hamilton, *The American Treasure and the Price Revolution in Spain: 1501-1650*. Cambridge: Harvard University Press, 1934.
67 Martín de Azpilcueta Navarro, *Comentario resolutorio de usuras*. Salamanca: en casa de Andrea de Portonaiis, 1556, p. 86 ss.

valor y ley de la moneda, y aun sua cunho, y señal sea durable, y quando invariable ser pudiere". O dominicano explicava que "bajar y subir la moneda es aumentar y disminuir la hacienda de todos, que toda últimamente es dinero, y en resolución es mudarlo todo, que los pobres sean ricos y los ricos pobres". A ideia deriva da leitura de Aristóteles, para quem, segundo Mercado,

> una de las cosas fijas y durables que ha de haber en la república es que valga a la continua un mismo precio el dinero y dure, si ser pudiere, veinte generaciones, y sepan los bisnietos lo que heredaron sus abuelos y lo que como buenos añadieron, ganaron y dejaron a sus padres, para que, provocados con justa emulación, procuren de ir de bien en mejor y echar siempre adelante la barra.[68]

Da mesma forma, Juan de Mariana, em seu *De monetae mutatione*, publicado em 1605, é da opinião que o rei não poderia baixar o peso da moeda sem o consentimento dos povos: "el príncipe no es señor, sino administrador de los bienes de los particulares, y no les podrá tomar parte de sus haciendas, como se hace todas las veces que se baja la moneda, pues les dan por más lo que vale menos".[69]

---

68 Tomas de Mercado, *Suma de Tratos y Contratos /compuesta por el muy Reuerendo Padre Fray Thomas de Mercado de la Orden de los Predicadores*. Sevilla: en casa de Fernando Diaz impressor, 1587, p. 97-98. A primeira edição é de 1571.

69 O livro de Juan de Mariana sobre a mutação da moeda foi publicado em espanhol com estudo introdutório de Lucas Beltrán: Juan de Mariana, *Tratado y discurso sobre la moneda de vellón* (1605). Madri: Ministerio de Economía y Hacienda, Instituto de Estudios Fiscales, 1987, p. 33. Veja também o estudo de John Laures, *The political economy of Juan de Mariana*. Nova York: Fordham University Press, 1928, p. 119 e ss. Sobre a concepção subjetivista do valor, presente na escolástica espanhola, veja o capítulo 9 ("Juan de Mariana y los escolásticos españoles") do livro de Jesús Huerta de Soto, *Nuevos estudios en economía política*. Madri: Unión Editorial, 2002, p. 249-261.

Contudo, o pensamento mercantilista, já no século XVII, iria propor justificações teóricas e condições jurídicas para a "mudança da moeda". Alonso Carranza, que publicou em 1629 um tratado sobre o *ajustamiento de las monedas*, defendia uma política de desvalorização da moeda como forma de enfrentar a crise espanhola e estimular a produção de metais na América. Seu tratado afirma que "o príncipe soberano não tem livre e absoluto poder (como ensina São Tomás) de retirar ou mudar a moeda corrente, movido apenas pelo seu gosto e vontade, e que pode fazê-lo por causa justa que, para o caso, sobrevenha". Não obstante, como ele demonstra cuidadosamente, as *justas causas* eram muitas, incluindo-se as "naturais", isto é, a moeda (porque desvalorizada) merecia ter seu valor alterado.[70] Na Inglaterra, o debate sobre a valorização da moeda nos anos 1690 irá superar a dimensão aristotélica e ancorar o problema em uma perspectiva da soberania do Estado. Destacam-se, neste contexto, os ensaios monetários de John Locke, "escritos nos anos 1690, em resposta à prolongada crise econômica inglesa resultante da Guerra dos Nove Anos (1688-1697)". Sua crítica aos mecanismos de "valorização do dinheiro" é um dos elementos fundantes de uma teoria quantitativa da moeda[71] – que já estava sendo conformada na escola de Salamanca, sobretudo por Juan de Mariana.

Os Bragança (como todos os príncipes da era moderna, diga-se de passagem) pareciam não se importar, de forma alguma, com

---

70 Tradução minha. Cf. Alonso Carranza, *El aiustamie[n]to i proporcion de las monedas de oro, plata i cobre, i la reduccion destos metales a su debida estimacion, son regalia singular del Rei de España, i de las Indias, nuestro señor, que lo es del oro i plata del orbe*. Madri, por Francisco Martinez, 1629, p. 146-147.
71 Cf. Mauricio C. Coutinho, "Barbon versus Locke sobre o valor da moeda", *Estudos Econômicos*, Campinas, Unicamp, 41(4), p. 661-690, 2011. Os textos de John Locke são *Some considerations of the consequence of the lowering of interest, and raising the value of money* (1691) e *Further considerations concerning raising the value of money* (1696).

as teorias escolásticas da moeda. De forma pragmática, na segunda metade do século XVII, foram muitos os levantamentos do valor de face da moeda em Portugal. No contexto da restauração, diante das dificuldades financeiras, d. João IV ordenou que fosse aumentado em 25% o valor nominal das peças de ouro em circulação e em 50% as de prata (alvará de 26.2.1643). Situação que foi estendida para o Brasil (ordem régia de 3.8.1643), quando foi dado o prazo de um mês para contramarcar as moedas de Salvador e de dois meses para as outras capitanias. Com efeito – como havia observado sir Thomas Gresham (1558), "a moeda má expulsa a moeda boa" –, era preciso controlar o estoque monetário do espaço de soberania e impor, pela força do Estado, a tensa diferença entre o valor intrínseco e o de face da moeda. O cerceamento e a circulação de moeda antiga eram punidos de forma severa. Em 1663, houve uma nova alta no valor das moedas de prata, em 25% (lei de 22.3.1663). Dez anos depois, uma outra elevação de 25% para as moedas de prata e de 12,5% paras as de ouro (regulamento do conde de Óbidos, de 7.6.1673). Três anos depois, em 1676, as peças de prata de 600 reais foram marcadas como 640 e as de 300 para 320 (alta de 6,6%) (alvará de 13.3.1676).[72] Os povos de Salvador, em representação da Câmara datada de agosto de 1678, reclamam que esta "*penuriada* moeda" tinha como consequência que "as drogas e gêneros que daqui se navegam para este Reino, respondem com tanta perda aos negociantes, que querem levar os cabedais em moeda, como levam, antes que em fazenda".[73]

---

72 J. Pandiá Calógeras, *A política monetária do Brasil*. São Paulo: Companhia Editora Nacional, 1960 (1910), p. 7-10. Para uma discussão sobre este percurso de desvalorização da moeda no século XVII, veja o artigo de Rita Martins de Sousa, "Moeda e Estado: políticas monetárias e determinantes da procura (1688-1797)", *Análise Social*, Lisboa, 168, 2003, p. 779 e ss.

73 Carta ao rei sobre a moeda, 7.08.1678, AHMS, Códice 28.1, Cartas do Senado (1678-1688), fl. 8v.

Como era insignificante a produção de metais amoedáveis no Brasil, antes do século XVIII, a moeda que circulava era derivada dos contatos com a América espanhola ou com o Reino. Nas palavras de Vitorino Magalhães Godinho, "a transfusão de prata em benefício da economia portuguesa" era uma realidade: na América, "o império do açúcar confinava em extensas zonas com o império da prata, as fronteiras eram imprecisas, ainda não demarcadas, a interpenetração inevitável".[74] O comércio e contrabando com a região platina era o principal meio de se obter o metal de Potosi e permitia, com isso, abastecer o Brasil e Portugal. Consolidada a paz com a Espanha, as formas de manter o fluxo dos *reales de a ocho* paradoxalmente tornavam-se mais difíceis. As tentativas de criar uma colônia no estuário do Prata, em 1680, além de politicamente orientada para a afirmação de um projeto imperial, articulava-se sobretudo aos interesses metalistas da economia portuguesa.[75] Com a crise dos preços das mercadorias coloniais nos mercados europeus e a interrupção do fluxo da prata de Potosi com as dificuldades no Sul, decorrentes da consolidação das fronteiras, a situação se agravava no Brasil. Segundo Fernando Carlos Greenhalgh de Cerqueira Lima,

> a redução da diferença entre os preços pagos pelo açúcar e pelo tabaco no Brasil e em Portugal teria levado os comerciantes portugueses a preferirem vender aqui seus produtos em troca de moeda, e deixar de comprar os produtos da terra, reduzindo dessa forma os riscos de seus negócios. Aprofundavam-se assim os déficits da balança comercial, mesmo porque as importações, muitas delas essenciais, não

---

74 Sobre os fluxos da prata no circuito atlântico, veja o capítulo de Vitorino Magalhães Godinho, *Os descobrimentos e a economia mundial*. Lisboa: Presença, 1981-83, vol. 2, p. 81-114.
75 Luís Ferrand de Almeida, *A Colônia de Sacramento na época da sucessão de Espanha*. Coimbra: Faculdade de Letras da Universidade de Coimbra, 1973, p. 289.

podiam ser comprimidas além de um certo ponto. Pela via do comércio exterior, a moeda tornava-se, portanto, cada vez mais escassa.[76]

O decreto de 26 de maio de 1686 estabelecia que as moedas de ouro deveriam ser separadas das de cunho antigo, para receberem o cordão e a marca. O cordão era uma espécie de serrilha, para evitar o cerceamento. Assim como a marca, um carimbo com a esfera armilar coroada. O cerceamento seria punido conforme a lei de 8 de julho de 1686.[77] Neste ano, a Coroa procura controlar o sistema monetário nas várias partes do seu império, impondo um único valor, uma única equivalência entre o valor intrínseco e o extrínseco das peças. Tal medida era frontalmente contrária aos interesses da açucarocracia, que temia que a equivalência da face da moeda levasse a uma escassez e, em consequência, a um aumento do preço das mercadorias reinóis, em troca das quais não se aceitaria senão o metal – o que aumentaria ainda a fuga da moeda.

Em 19 de abril de 1687, Bernardo Vieira Ravasco, irmão de Antonio Vieira e secretário do Estado do Brasil, escreve um papel ao rei, ponderando sobre a situação do Brasil nos quadros do sistema monetário português.[78] O arrazoado é para convencer o monarca da necessidade de regionalizar a moeda portuguesa, dando legalidade a uma posição de fato construída pelos arranjos da classe produtora com as autoridades coloniais. A moeda do Brasil, sobretudo patacas (prata) peruanas e mexicanas, se achavam (de alguma forma)

---

76 Fernando Carlos Greenhalgh de Cerqueira, "A lei de cunhagem de 4 de agosto de 1688 e a emissão de moeda provincial no Brasil (1695-1702): um episódio da história monetária do Brasil". *Revista de Economia Contemporânea*, Rio de Janeiro, 9, 2, p. 392.

77 F. dos Santos Trigueiros, *Dinheiro no Brasil*. Rio de Janeiro: Reper, 1966, p 53.

78 Bernardo Vieira Ravasco, "Papel sobre a moeda por Bernardo Vieira Ravasco, irmão do padre Vieira", Bahia, 19.04.1687, BPA, 51-XIII-34 (5), fls. 31-38v.

cerceadas. Era costume no Brasil considerar seu valor extrínseco maior do que o grafado na face: "Corriam as patacas cunhadas por 600 reis e depois introduziu o uso valerem 640. A este respeito as patacas de 300 reis por 320. As meias de 150, por 160. Os tostões que tinham subido de 100 reis à 120 se cunharam por 200 reis. Os meios tostões uns por 80 reis outros por 100 reis e assim correm". Era do entendimento de Ravasco que este efeito de levantamento, ainda que irregular, era importante para manter o funcionamento da economia. Sua proposta era a de formalizar este arranjo, com a criação de uma moeda provincial: "o meio que me parece mais conveniente para se impedir o cerceio da moeda no Brasil é o passar-se a ela a cerceada do Reino: é haver no Brasil moeda Provincial diversa da que no Reino corre para que nem se passe a ele a do Estado nem os estrangeiros lhe tirem ou lhe possam introduzir falsa".[79]

A moeda provincial era uma demanda muito forte e antiga das classes produtoras do açúcar. Já em 1613, segundo Frédéric Mauro, era feito da Bahia um pedido ao rei para que deixasse circular no Brasil os "reais gastos", para que não faltasse prata, e que fosse criada uma Casa da Moeda, para poder fundir localmente. Depois da Restauração, a Câmara da Bahia solicita diversas vezes que a moeda local ficasse ao menos desvalorizada diante da reinol, no que é atendida (de forma pragmática) por diversos momentos. Em 1655, João Góis de Araújo, o procurador da Câmara, propõe "o fabrico de uma moeda própria no Brasil, valorizada em 30% relativamente a que está atualmente em uso, e que forma um *stock* de 2 milhões de cruzados, repartidos do seguinte modo: 1.400.00 para a capitania da Bahia e suas vizinhas, 300.000 para a de Pernambuco e do Norte, 300.000 para as do Rio e do Sul".[80]

---

79 *Ibidem*.
80 Frédéric Mauro, *Portugal, o Brasil e o Atlântico (1570-1670)*. Lisboa: Estampa, 1989, vol. II, p. 167-176 (trad. port.).

A situação, de fato, era de difícil sustentação – com as políticas monetárias se ajustando. Ravasco sabe que "se segue de se levantar aqui a moeda um de dois gravíssimos prejuízos do Reino porque ou há de ficar sem moeda passando-se toda a cunhada ou por cunhar no mesmo Reino ao Brasil ou se há de levantar também a moeda do Reino cujas danosíssimas consequências conhece qualquer juízo". Três objeções se ofereciam à moeda provincial, e ele as rebate no seu papel:

1) *A diversidade de moedas entre Portugal e o Brasil traria confusão aos negócios.* Ao que responde Ravasco que

> o corpo de uma Monarquia divida por todas as quatro partes do Mundo e composta de tão diversos Reinos Estados e Províncias como a de Portugal se não une com a identidade da moeda senão com a frequência dos Comércios porque não consiste a grandeza deles em ser a moeda uma só, senão em haver gêneros que façam dependentes deles as outras Nações e não há maior dano de uma Coroa que fazerem os seus vassalos ou os estranhos mercancia.

2) *Os estrangeiros poderiam colocar no Estado muita desta nova fábrica, isto é, moeda.* Mas isso, segundo Ravasco, não é de fato um inconveniente: "bem se sabe que o cuidado mais estudioso dos políticos de qualquer República é ocupar as suas indústrias em atrair das outras a moeda que a pode fazer mais opulenta. E tanto mais será este Estado quanto mais entrar desta nas suas Praças".

3) *Haveria aqueles que diriam que o rei não permitiria que houvesse no Brasil Casa da Moeda.* Mas, no olhar do secretário,

> sendo Sua Majestade servido mandar aprovar a moeda provincial parece que se deve assentar ao mesmo tempo três casas da moeda nesta cidade Pernambuco e Rio de Janeiro pelas grandes distâncias do Estado e perigos do mar dos rios e dos piratas e se evitar mais brevemente nele e no Reino o delito

do cerceio. E que ou seja a Fábrica por conta da Fazenda Real ou de contratadores não dure mais que por tempo de dois anos e se confisque para a Coroa e denunciador toda a moeda Castelhana que dentro neles se não levar a Casa da Moeda.[81]

O secretário faz até uma sugestão: "mas para com as moedas castelhanas se extinguir também a memória deste nome se chamará propriamente a nova moeda *Brasiliana*", chegando aos detalhes do desenho das peças. Sugestão, como se notará, com amplo significado político:

> como o Brasil é Principado dos primogênitos sereníssimos desta Coroa: Sendo Sua Majestade servido para a diferença da inscrição poderia também ser *Princeps Brasilio III*. Da outra face entre iguais círculos a inscrição ordinária *in hoc signus vinces* ["sob este símbolo vencerás"] e no meio uma cruz também relevada com seus paus levantada sobre a terra por ser o primeiro nome que deu a esta região Pedro Álvares Cabral quando a descobriu e nela arvorou aquele santíssimo lenho.[82]

Ravasco arriscava, com grande petulância, um passo na direção de uma certa autonomia das partes. O Brasil era tomado como uma província (a moeda seria provincial) e não uma conquista. Esta província devia gravar em sua moeda os seus símbolos próprios (a cruz "relevada com seus paus levantada sobre a terra") e uma legenda diferente (*in hoc signus vinces*), referentes a um momento fundacional (a descoberta de Cabral). Mais que uma província, o "Brasil é Principado". Tratava-se, aqui, de uma aposta. Qualificar o poder soberano no Brasil - terra de conquista, domínio do rei de Portugal - como um principado.

---

81 Bernardo Vieira Ravasco, "Papel sobre a moeda por Bernardo Vieira Ravasco, irmão do padre Vieira", Bahia, 19.04.1687, BPA, 51-XIII-34 (5), fls. 31-38v.
82 *Ibidem*.

Sendo assim, a inscrição da orla da moeda devia ser *Princeps Brasilio III*. Como se sabe, o título – príncipe do Brasil – já existia. Por meio da carta patente de 27 de outubro de 1645, D. João IV havia dado a seu filho, d. Teodósio, o título de Príncipe do Brasil. A solução patrimonial significava, antes de mais nada, que a própria casa dinástica se via envolvida plenamente na sociedade peculiar que se produzia nos trópicos. Não implicava, contudo, na emergência de uma soberania qualificada na América.[83] Na opinião de Ravasco, era hora de fazê-lo. O rei não deveria exibir aqui a sua Coroa, mas a sua qualidade de príncipe. Com efeito, desde o golpe que afastou Afonso VI, seu irmão, D. Pedro exercia a regência plenamente – mas protegido na sua titularidade de príncipe. Não do Brasil, como poderiam sonhar Ravasco e outros, mas de presumido herdeiro do trono. A tentativa de coroá-lo rei em 1674 havia fracassado e apenas depois da morte de Afonso, em 1683, D. Pedro finalmente pode fazer-se rei. Não sem hesitar. Consta que nos dias que se seguiram à morte do irmão, D. Pedro pensou em entregar a Coroa à filha, D. Isabel, que havia sido jurada herdeira do trono pelas cortes, e mudar-se para a América.[84] Onde poderia exercer o seu título de Príncipe do Brasil?

A demanda da açucarocracia por uma moeda provincial ainda não seria atendida. O metal que circulava no Brasil vinha do sul (cada vez menos), da África ou do Reino.[85] Não havia porque, no contexto

---

83 As implicações à futura história "nacional" do Brasil, ou à solução da crise política do início dos oitocentos, é evidente. Como se sabe, o principado durou até que d. João VI elevou o Brasil à categoria de Reino, em 16.12.1815, passando seu filho, D. Pedro, a intitular-se "Príncipe Real do Reino Unido de Portugal, Brasil e Algarve".

84 Cf. Angela Barreto Xavier e Pedro Cardim, *Afonso VI*. Lisboa: Círculo de Leitores, 2006, p. 284-285.

85 Em 1610, François Pyrad notava a presença da prata espanhola na Bahia: "Je n'ay jamais vu pays ou l'argent soit si commun qu'il est en cet endroit du Brésil, et y vient de la Riviere de la *Plata*, qui est a cinq cents lieues de cette baye. Il

de crise fiscal da monarquia, atender de pronto estes interesses. A produção do açúcar, ainda que ameaçada, não se tomava – nestes dias de desespero – como impossível. A política homogeneizadora do Estado português permanecia. Sem alterar peso, toque ou cunho, a lei de 4 de agosto de 1688 ordenava outro levantamento da ordem de 20% nas moedas de prata e ouro, no Reino e nas conquistas.[86] Tal disposição chegava, como vimos, em péssimo momento no Brasil. Tanto assim que não seria de imediato implementada. Somente em 11 de julho do ano seguinte, o governador em exercício, o arcebispo frei Manuel da Ressurreição, iria escrever ao rei explicando os inconvenientes da aplicação. No mesmo dia, os edis da Bahia escreviam ao rei, reclamando desta resolução que, "além do dano que em particular padeceu este povo pela baixa da moeda tem consequências de maior prejuízo". Era da opinião dos oficiais que, melhor que levantar o valor das moedas que correm no Brasil, era "fabricar nova moeda nacional e própria deste Estado que não possa correr em outra parte".[87] Com parecer da Junta e requerimentos da Câmara, o arcebispo declaradamente descumpriu a ordem. Assim como os oficiais das Câmaras da Bahia, Pernambuco e Rio de Janeiro.

O poeta Gregório de Matos satirizava a medida, imaginando que em breve estaríamos usando o algodão como moeda:

---

ne s'y voit guerres de petite monnaye, mais seulement dês pieces de huit, de quatre et de deux reaux". François Pyrad de Laval, *Voyage de François Pyrard de Laval, contenant sa navigation aux Index Orientales, Maldives, Moluques, & au Bresil...* Paris: Chez Louis Billaine, MDCLXXIX [1679], parte segunda, p. 203.

86 "Lei de 4 de agosto de 1688", José Justino de Andrade Silva (org.), *Colleção chronológica da legislação portuguesa.* Lisboa, Imprensa de J. J. A. Silva, 1859, p. 163-164. Severino Sombra, *História monetária do Brasil Colonial.* Rio de Janeiro, 1938, p. 98; F. dos Santos Trigueiros, *Dinheiro no Brasil.* Rio de Janeiro: Reper, 1966, p. 53.

87 "Carta do senado da câmara de Salvador ao rei sobre a baixa da moeda, Salvador, 11.7.1689", CSS, 3, p. 100-101.

Tratam de diminuir
o dinheiro a meu pesar,
que para a cousa baixar
o melhor meio é subir:
quem via tão alto ir,
como eu vi ir a moeda,
lhe prognosticou a queda,
como eu lha prognostiquei:
dizem, que o mandou El-Rei,
quer creiais, quer não creiais.
Não vos espanteis, que inda lá vem mais.

Manda-o a força do fado,
por ser justo, que o dinheiro
baixe a seu valor primeiro
depois de tão levantado:
o que se vir sublimado
por ter mais quatro mangavas,
hão de pesá-lo as oitavas,
e por leve hão de enjeitá-lo:
e se com todo este abalo
por descontentes vos dais,
Não vos espanteis, que inda lá vem mais.

[...]

Porque como em Maranhão
mandam novelos à praça,
assim vós por esta traça
mandareis o algodão:
haverá permutação,
como ao princípio das gentes,
e todos os contraentes
trocarão droga por droga,
pão por sal, lenha por soga,

vinhas por canaviais:
Não vos espanteis, que inda lá vem mais.⁸⁸

Tomando conhecimento desta resistência dos povos no Brasil, o Conselho Ultramarino informa ao rei em dois de dezembro de 1689. No ano seguinte, em 19 de março de 1690, d. Pedro II escreve ao novo governador, Antônio Luís Gonçalves da Câmara Coutinho, declarando nulas as decisões tomadas no Brasil e ordenando o cumprimento imediato da lei de 4 de agosto de 1688. D. Pedro esclarecia que somente ao rei caberia fazer uma alteração no valor da moeda. Isto para que "suavemente se conseguisse ficar a moeda correndo por seu justo e certo valor, livre dos perigos e danos do cerceio, e sendo o mesmo o seu valor nas conquistas que neste Reino, de que resultaria continuar-se o comércio com maior certeza em benefício comum de todos os vassalos". O rei pedia que Coutinho baixasse a moeda de forma suave, o que ele indica ser na véspera da saída da frota, para não prejudicar os negócios.⁸⁹ Com efeito, a frota – *patarata*, diria Gregório de Matos – partiu no dia 17 de julho de 1691. Quinze dias antes, Bernardo Viera Ravasco, o secretário do Estado do Brasil, tinha feito escrever nos livros da Câmara de Salvador o edital sobre a baixa da moeda.

---

88 Gregório de Matos, *Obra Poética*. Edição e notas de James Amado. Rio de Janeiro: Record, 1999, p. 341-342.

89 "Carta de Antônio Luís Gonçalves da Câmara Coutinho, para SM sobre se haver dado execução à lei acerca da baixa da moeda. Bahia, 12.6.1691", DH, 34, p. 354-356. No ano de 1690, foi nomeado João de Almeida Pacheco como "oficial do *contraste* do ouro" de Salvador. Registro de propriedade de ofício, Salvador, 11.02.1690. AHMS, Códice 158.1, Registro de Patentes (1676-1699), fl. 102. Segundo Bluteau, "contraste" era o nome que se dava ao "avaliador que passa certidão do peso de qualquer peça de ouro ou de prata ou do preço de qualquer pedra preciosa". Raphael Bluteau, *Vocabulario portuguez & latino: aulico, anatomico, architectonico...* Coimbra: Collegio das Artes da Companhia de Jesus, 1712-1728, vol. 2, p. 511.

No ano de 1692, as câmaras representam contra esta lei e resistem a aplicá-la, o que gera uma situação de efetiva rebelião neste particular. Ponto alto desta atitude era a resistência da vila de São Paulo. No planalto, os edis haviam decretado, "em 1690, um levantamento da moeda de cerca de 20% a 30% e, apesar de a medida ter sido considerada, como nos outros casos, ilegal, a Câmara promoveu outra desvalorização da moeda em 1693, dessa vez apenas para as espécies de menor valor".[90]

O descontentamento dos senhores de engenho e dos lavradores, dos plantadores de tabaco, aparece, agora, diretamente voltado para os comerciantes – agentes desta exaustão do sistema monetário no Brasil.[91] Segundo Ravasco, são os homens de negócio

> que tiram todo este peso de moeda do Brasil e o deixaram exausto, e já para expirar se Sua Majestade lhe não acode, justo será, que assim como os vapores da terra sobem à primeiro região, e nela se resolvem em nuvens, em chuvas, que verificam e fortalizam [sic – fortificam], para que a terra mais árida se converta em flores, e as flores em frutos; assim Sua Majestade que é o sol da sua monarquia, transforme parte do

---

[90] Fernando Carlos Greenhalgh de Cerqueira, "A lei de cunhagem de 4 de agosto de 1688 e a emissão de moeda provincial no Brasil (1695-1702): um episódio da história monetária do Brasil", *Revista de Economia Contemporânea*, Rio de Janeiro, 9, 2, p. 392. Sobre esta conjuntura, veja também o estudo de Maria Bárbara Levy, *História financeira do Brasil Colonial*. Rio de Janeiro: IBMEC, 1979, p. 82 e ss.

[91] David Grant Smith revelou uma imagem da sociedade baiana na qual não haveria uma "rígida divisão entre mercadores e plantadores em duas facções antagônicas", o que não deve nos impedir de perceber as tensões concretas que emergem entre estas dimensões da vida econômica, que se colocam em contradição (cada vez mais acentuada) neste final do século XVII. *The mercantile class of Portugal and Brazil in the Seventeenth Century: A socio-economic study of the merchants of Lisbon and Bahia, 1620-1690*. Tese de doutorado. Austin, University of Texas, 1975, p. 400 e ss.

humor, que os homens de negócio tem chupado do Brasil, e lhe apague a secura, com que por tantas bocas abertas, o está pedindo a sua generosa grandeza, e liberal providência.[92]

Este episódio revela como os interesses das elites econômicas e políticas presentes na terra acabaram se aproximando e como o sistema político do governo geral vem corroendo o seu papel coordenador da colonização, na medida que passa a ser instrumentalizado, cada vez mais, pelos interesses da açucarocracia. Interesses que se cristalizam, no contexto da crise, em posição contraditória ao capital comercial. A proposta de Ravasco, personagem muito importante desta nova identidade do sistema político, é justamente de negociar uma via de acomodação de um conflito permanente. Para salvar a Bahia, "este quase cadáver", nas suas palavras, cujo sangue tem sido excessivamente tirado. Que os mercadores aceitem fazer um preço mínimo para o açúcar, para se evitar os conluios e exorbitância dos homens de negócio. Não será quase uma ameaça? Ravasco, como em outras vezes, ousa: "porque é mais conveniente que deixem de comer em baixelas, do que comam nelas os franceses: se a praça para eles conservarem esse luzimento, se perder, e a reputação das armas de Sua Majestade se eclipsar...".[93] A metáfora climática, o rei-sol regulando o movimento das águas e garantindo, com sua ação elevada, que a "terra mais árida se converta em flores, e as flores em frutos", trazia também uma imagem do comércio como um elemento que, com a exploração desmedida, levaria à esterilidade... à exaustão.

O ano de 1691 foi de grande fome na Bahia, com a falta de farinha e de alimentos – carência resultante da crise econômica e da

---

92 Bernardo Vieira Ravasco, "Remédios políticos, com que se evitaram os danos, que no discurso antecedente se propõem.", Salvador, 19.4.1683, BPE, códice CV/1-17, "Obras Várias MSS.", fls. 300-309v.

93 *Ibidem.*

insuficiência das trocas. Gregório de Matos, no poema que dedicou "à fome que houve na Bahia no ano de 1691", revela as tensões típicas da situação colonial e critica a frota, que "leva tudo", "que entrando co'a vela cheia,/ lastro que traz de areia,/por lastro de açúcar troca". Em carta ao doutor Diogo Marchão Temudo, Padre Vieira fala que se havia causas para "se lastimar do Brasil", "as presentes são muito maiores, nascidas não das plantas que nesta terra crescem, mas das Raízes que nesse se lhe secam". Em outras palavras, as causas eram exógenas à economia do açúcar – fruto da ação e cobiça ("se lhe secam") dos mercadores.

> No Rio de Janeiro se baixou a moeda com tal diminuição, que em um dia, computado o que se possuía com o que se perdeu, quem tinha nove se achou somente com cinco; e o pior é, que esse pouco que ficou, ainda assim se embarca para Portugal; porque dizem tem lá mais conta. Para se fazer a mesma baixa nesta Bahia, se espera pela partida da frota, e entretanto não se pode crer a confusão que há em tudo, não se contentando os que vendem as drogas do Reino com o mais que vai a moeda presente, e perdendo os que vendem as do Brasil o que há de valor de menos. Dizem os mais práticos da Praça, que perderá, essa na dita baixa mais de quinhentos mil cruzados, e como é certo que: *Ubi enim est thesaurus tuus, ibi est et cor tuum* [Onde estiver o teu tesouro, aí estará também o teu coração – Mateus 6.21], a mais considerável perda vem a ser que a mesma diminuição que se experimenta, na bolsa, se reconhece também no que não tem preço./Para quem tem todo o coração e todo o seu amor na Pátria, facilmente julgará vosmecê a dor que lhe causará esta chaga.[94]

Um ano depois, em primeiro de julho de 1692, Antonio Vieira escrevia ao duque do Cadaval, presidente do Conselho Ultramarino,

---

94 "Carta à Diogo Marchão Temudo, Salvador, 29.06.1691", *Cartas do padre António Vieira*. Lisboa: Casa da Moeda, tomo terceiro, p. 629-630.

afirmando que "a ruína mais sensível e extrema que este Estado [o Brasil] padece, e sobre que se pede pronto remédio a SM, é a total extinção da moeda". Pelo que pede a moeda provincial. Em outra carta, escrita quatro dias mais tarde ao Marquês das Minas (que fora governador do Brasil entre 1684-87), o jesuíta é mais dramático:

> Estes navios, de que hoje temos no porto da Bahia trinta e um, antigamente eram frotas de mercadores, que vinham comerciar, hoje são armadas de inimigos e piratas, que vêm saquear o Brasil porque antigamente traziam dinheiro e levavam drogas, e muitos anos a esta parte levam as drogas e mais o dinheiro.[95]

Passada uma semana, escreve outra ao conde de Castelo Melhor, o antigo valido de Afonso VI:

> Fecharam-se este ano os mercadores em não querer comprar, e os mestres de navios em não querer carregar, para levarem de graça o que se não pode cultivar sem tão custosos instrumentos, como os das fábricas dos Engenhos – e havendo leis e forcas para os outros ladrões e homicidas, só para estes que roubam e matam um Estado tão benemérito, não ha castigo. Ao principio as frotas eram companhias de negociantes que vinham comerciar depois foram armadas de piratas, que vêm a saquear e destruir; porque acham mais conta em levar o dinheiro, que não paga fretes nem direitos. Com esta continua extração está acabada e exausta de toda a moeda, e se pede a Sua Majestade o único e último remédio de a haver Provincial no Brasil.[96]

---

95 "Carta ao Marques das Minas, Salvador, 1.07.1692", *Cartas do padre António Vieira*. Lisboa: Casa da Moeda, tomo terceiro, p. 658.
96 "Carta ao conde de Castelo Melhor, Salvador, 8.07.1692", *Cartas do padre António Vieira*. Lisboa: Casa da Moeda, tomo terceiro, p. 660.

A frota, que seguiria no final do mês (com pouco açúcar e d. João de Lencastro), levava ainda outras cartas do jesuíta para autoridades em Portugal (Roque da Costa Barreto, Sebastião de Matos e Souza, Marquês das Minas e Cristovão de Almada) – todas pedindo a moeda provincial. A campanha se intensificava. No meio daqueles maços de papéis que cruzariam o Atlântico, mais importante, talvez, seria a representação do então governador do Brasil. Sensibilizado pela situação, Câmara Coutinho escreveu uma longa carta ao rei, no dia 4 de julho de 1692, na qual representava sobre o dano que o Estado padecia pela falta de moeda:

> a urgente opressão em que de presente se acha esta e as demais Praças deste Estado, e juntamente os meios que me ocorrem com que unicamente se pode reparar o dano presente, e evitar o futuro, que necessariamente cada vez mais se ha de seguir com a total ruína do Estado e conseguintemente do real serviço de Vossa Majestade, como já se experimenta. Toda a opressão. Senhor, e ruína que se teme, nasce da falta do dinheiro, que é aquele nervo vital do corpo político, ou o sangue dele, que derivando-se e correndo pelas veias deste corpo o anima e lhe dá forças.[97]

A situação era grave, uma vez que "faltando a moeda se abaterão forçosamente de todo os açúcares por falta de haver com que se comprem, e do mesmo modo sucederá aos outros gêneros de negócio do Brasil".[98] A metáfora da circulação monetária como circulação sanguínea repetiam outros autores do tempo, e repercutia, mais

---

97 "Representação do governador Antonio Luiz da Câmara Coutinho ao Rei sobre o Brasil", Bahia, 4.7.1692, ABN, 57, p. 147, 1939.
98 *Ibidem*.

proximamente, Duarte Ribeiro de Macedo.[99] Em uma representação de 1693, os edis da Câmara da Bahia queixavam ao rei que "pretendem tirar o sangue dos braços para com ele se acudir a cabeça".[100] Na frota deste ano, seguia outra carta do governador Câmara Coutinho, datada de 22 de julho de 1693, respondendo à negativa do rei com novos argumentos e uma proposta de compromisso. Eram enviados também dois longos arbítrios[101] escritos por Bernardo Vieira Ravasco, retomando os argumentos de seu papel sobre a moeda (de 1687) e as

99 Sobre a comparação do dinheiro com sangue nos textos sobre a economia no período do Mercantilismo, veja o livro de Eli F. Heckscher, *La Epoca Mercantilista: historia de la organizacion y las idea economicas desde el final de edad media hasta da sociedad liberal*. México: Fondo de Cultura, 1983 (1931), p. 660 e ss. (trad. esp.).

100 "Registro de uma carta que escreveu este Senado sobre se acudir com remédio a falta que faz a moeda a esta cidade, Salvador, 1.7.1693", CSS, 3, p. 114-117.

101 Gênero então em ascensão na cultura política portuguesa, os arbítrios são, nas palavras de Jean-Frédéric Schaub, "ces avis jetés sur une feuille volante et circulant sans contrôle dans les couloirs des palais royaux, instruments courtisans de promotion personnelle, indifférents aux canons de La raison juridique, s'adressent à l'arbitre ou plus exactement à La volonté du roi. Ce genre littéraire nouveau est absolument subversif en ce qu'ils brise un monopole de prise de parole et vise à accéder directement au roi, sans passer par le chemin naturel des juridictions". Cf. *Le Portugal au temps du Comte-duc d'Olivares (1621-1640): les conflits de juridictions comme exercice de la politique*. Madri: Casa de Velásquez, 2001, p. 125. Interesses pessoais certamente moviam Ravasco e os seus – interesses enraizados na sua casa –, mas também interesses de grupo, da açucarocracia. Sobre os arbítrios, veja também o artigo de Anne Dubet e Gaetano Sabatini, "Arbitristas: acción política y propuesta económica". In: José Martínez Millán e María Antonieta Visceglia (orgs.), *La monarquía de Felipe III. La corte (vol. III)*. Madri: Fundación Mapfre, 2009, p. 867-936. Segundo os autores, "es arbitrista todo autor de una solución de corte financiero o económico para las dificultades económicas de una ciudad u otra entidad política, que pida porcentaje o que prefiera premios de otra naturaleza. Los textos se titulan arbitrio, o para evitar la connotación despectiva del término, remedio, traza, aviso o memorial".

considerações sobre a necessidade de fortificação da Bahia. Datados de 18 de julho de 1692, os textos esclarecem a relação entre a necessidade de aprimorar e investir na preparação das defesas militares do Brasil e a defesa de uma política econômica mais confortável para os empreendedores do açúcar. O primeiro texto, intitulado *Discurso político sobre a neutralidade da Coroa de Portugal nas guerras presentes das Coroas da Europa, e sobre os danos que da neutralidade podem resultar a esta Coroa, e o como se devem e podem obrar* é seguido de outro que propõe os *Remédios políticos com que se evitarão os danos que no discurso antecedente se propõem*.[102]

Na opinião do secretário, longamente justificada, "frustrada pois a paz com as nações coligadas [Liga de Augsburgo ou a Grande Aliança], não tem o rei da França com quem romper mais [a paz] que com Portugal, não invadindo o Reino, senão conquistando o Brasil". Em uma situação de "miserável estado em que todas elas [praças do Brasil] se acham de defesa". Circunstância ainda mais grave, por "ser tão pública a consternação dos habitadores do Brasil, vendo-se sem moeda alguma; sem valor os seus açúcares e mais drogas; sem navios que lhes carreguem; oprimidos de contribuições, execuções inexoráveis dos credores, sem esperança alguma de remédio a esta grandíssima calamidade". Ravasco sugeria que o descontentamento da açucarocracia era um importante elemento para a segurança da Bahia, chave do Brasil. Para ele, Sua Majestade não poderia deixar de reparar *"no perigo de ver a Metrópole do seu Brasil expugnada,* por não ser antes socorrida" – "e se os clamores da opinião não o persuadirem, parece

---

102 Bernardo Vieira Ravasco, "Discurso político sobre a neutralidade da Coroa de Portugal nas guerras presentes das Coroas da Europa, e sobre os dannos que da neutralidade podem resultar a esta Coroa, e o como se devem e podem obrar. Feito em 18 de julho de 1692 por Bernardo Vieira, irmão do padre Antonio Vieira" e "Remédios políticos, com que se evitaram os danos, que no discurso antecedente se propõem.", Salvador, 19.4.1683, BPE, códice CV/1-17, "Obras Várias MSS.", fls. 285-300 e 300-309v.

que o da conveniência (por não falar mercantilmente nos interesses do negócio) devem preponderar". Afinal, "de todos os membros de que consta o corpo da Monarquia de Portugal, é o principal o Brasil, e mais principalmente a Bahia".[103]

No outro parecer, Ravasco defende então que seja concedida ao Brasil a moeda provincial, "o principal remédio político". Dado o bi-metalismo do sistema monetário, "a moeda provincial de ouro que se pede deveria ser igual a do Reino",

> porque como ouro é coisa que entra neste Estado todos os anos da Costa da Mina cinqüenta e sessenta mil cruzados, não parecia razão que fazendo-se dele moeda Provincial fique toda neste sem ter conta de passar a esse Reino e por esta razão me parece que a moeda de prata seja Provincial com 20 por cento menos, e a de ouro seja igual com a do Reino; porque desta sorte servirá destas partes, enquanto a não levarem, e depois passará ao Reino e desta maneira não ficará desta banda todo o ouro empatado, sem fazer conta para poder passar a este Reino que também necessita de ter muita moeda.[104]

A defesa circunstanciada de uma "brasiliana" surte efeito imediato. Primeiramente, a monarquia postergou a baixa da moeda no Brasil e, em pouco tempo, permitiria que fosse criada uma moeda provincial. Coutinho destacava-se como defensor do Brasil.

---

103 Bernardo Vieira Ravasco, "Discurso político sobre a neutralidade da Coroa de Portugal nas guerras presentes das Coroas da Europa, e sobre os dannos que da neutralidade podem resultar a esta Coroa, e o como se devem e podem obrar. Feito em 18 de julho de 1692 por Bernardo Vieira, irmão do padre Antonio Vieira", BPE, códice CV/1-17, "Obras Várias MSS.", fls. 285-300. Grifo meu.

104 Bernardo Vieira Ravasco, "Remédios políticos, com que se evitaram os danos, que no discurso antecedente se propõem.", Salvador, 19.4.1683, BPE, códice CV/1-17, "Obras Várias MSS.", fls. 300-309v.

Assumia o compromisso (e o risco) de se colocar ao lado da açucarocracia. Como ele explicava na sua famosa representação de 1692:

> As razões que se expenderam, e propuseram a Vossa Majestade para decretar esta resolução, e a mandar executar, não duvido eu que parecessem politicamente justas, e adequadas aos Ministros de Vossa Majestade, que lá de longe. e especulativamente as ponderaram. Por que razão é que os membros se conformem com a cabeça. Que o acessório seja o principal. E onde não há diversidade nas drogas que se comutam, a não haja respectivamente no valor delas?[105]

Fato único: a Câmara da Bahia pede que o rei reconduza Câmara Coutinho "por mais três anos com o título de vice-rei". Se não for possível, "lhe pedimos com a mesma instância nos conceda por seu sucessor d. João de Lencastro",[106] próximo de Coutinho, já que este era casado com sua prima D. Constança de Portugal.[107]

Em 18 de março de 1694, uma ordem régia, "considerando a representação do governador", resolve por elevar em 10% a moeda no Brasil sobre o levantamento de 20% que houve no Reino. Para tanto, era necessário refundir, ou melhor, fundir uma peça provincial e abrir uma Casa da Moeda na Bahia para "se lavrar nela com novo cunho". O argumento do texto legal é que o remédio à difícil situação viria com o

---

105 "Representação do governador Antonio Luiz da Câmara Coutinho ao Rei sobre o Brasil", Bahia, 4.7.1692, ABN, 57, p. 148, 1939.

106 Carta dos oficiais da Câmara de Salvador ao rei, Bahia, 14.7.1692, DH, 34, 78-79.

107 Marília Nogueira dos Santos, *Escrevendo cartas, governando o império: a correspondência de Antônio Luís Gonçalves da Câmara Coutinho no governo geral do Brasil, 1690-1694*. Dissertação de mestrado. Rio de Janeiro, UFF, 2007; M. N. dos Santos, M. F. S. Gouvea, G. A. Frazão, "Redes de poder e conhecimento na governação do Império Português, 1688-1735.", *Topoi*, Rio de Janeiro, vol. 8, p. 96-137, 2004.

levantamento da moeda e a sua fundição na Bahia: "porque, só sendo lavrada com maior valor e diferente cunho, proibindo-se a sua extração com graves penas, se poderia conservar a moeda no Brasil".[108] Em outra carta régia, do dia 23 do mesmo mês, d. Pedro II resolveu, em razão "do amor e lealdade" com que serviram os moradores do Brasil, demitir "da minha Real Fazenda o direito de senhoriagem".[109] Na mesma ocasião, nomeou João da Rocha Pita como superintendente da Casa da Moeda, José Ribeiro Rangel como juiz da moeda e Manuel de Souza como ensaiador. Foram cunhadas moedas de ouro e de prata, nos valores e pesos indicados no quadro abaixo.

Valores e pesos da primeiras moedas cunhadas no Brasil

Moeda	Valor	Metal	Peso do metal
	4$000	ouro	2 oitavas e vinte grãos
	2$000	ouro	1 oitava e dez grãos
	1$000	ouro	41 grãos
duas patacas	$640	prata	5 oitavas e 28 grãos
uma pataca	$320	prata	2 oitavas e 50 grãos
meia pataca	$160	prata	1 oitava e 25 grãos
quatro vinténs	$80	prata	48 grãos e meio
dois vinténs	$40	prata	24 grãos
um vintém	$20	prata	12 grãos

Os valores estão em réis. O peso do metal era contado em oitavas (oitava parte de uma onça, ou 3,5859 gramas), que podiam ser divididas em 72 grãos (cada grão pesando 0,0498 g).

FONTE: Candido de Azeredo Coutinho, *Apreciação do medalheiro da Casa da Moeda apresentado na exposição de 1861: offerecida aos empregados, praticantes e operarios da mesma Casa.* Lisboa: Typographia Nacional, 1862, p. 7-8.

---

108 "Lei de 18 de março de 1694", José Justino de Andrade Silva (org.), *Colleção chronológica da legislação portuguesa.* Lisboa: Imprensa de J. J. A. Silva, 1859, p. 345-346.

109 "Lei de 23 de março de 1698", José Justino de Andrade Silva (org.), *Colleção Chronológica da Legislação Portuguesa.* Lisboa: Imprensa de J. J. A. Silva, 1859, p. 515.

Segundo informações de Candido de Azeredo Coutinho, José Ribeiro Rangel propôs ao governador, João de Lencastro, o peso que deveriam ter as moedas. Com aprovação de Belchior da Cunha Brochado, o então procurador da Fazenda Real, o secretário do Estado do Brasil, Bernardo Vieira Ravasco, fez um termo que foi assinado pelo governador, pelo superintendente e pelo procurador.[110] Apesar de presente, a proposta mais "politizada" para a forma da moeda, apresentada no arbítrio de Ravasco, não vingou.

As moedas de ouro trariam no anverso a inscrição PETRVS. II.D.G.PORTUG.REX (Petrus II Dei Gratia Portugaliae Rex = Pedro II, pela graça de Deus, Rei de Portugal) e no reverso ET.BRASIANAE. DOMINVS (et Brasiliae dominus = e Senhor do Brasil). As de prata, no anverso PETRVS.II.D.G.PORT.REX.ET.BRAS.D. (Petrus II Dei Gratia Portugaliae Rex et Brasiliae dominus = Pedro II, pela graça de Deus, Rei de Portugal e Senhor do Brasil) e no reverso SVBQ. SIGN.NATA.STAB. (subquo signo nata stabili = sob este signo nasceu e permanecerá). Há pouquíssimos exemplares (dois conhecidos) de um ensaio monetário de uma moeda de prata de 640 réis cunhado em 1695, pela Casa da Moeda da Bahia, cujo reverso se aproxima da proposta do arbítrio de Ravasco. Nesta moeda, foi gravado no reverso TERRA S. CRVCIS. SVBILL VICTRIX (Terra Sancta Crucis sub illa victrix = Terra de Santa Cruz, vitoriosa sob esta [cruz]), substituindo-se a esfera armilar por um desenho de um monte com uma cruz.

---

110 Candido de Azeredo Coutinho, *Apreciação do Medalheiro da Casa da Moeda apresentado na exposição de 1861: offerecida aos empregados, praticantes e operarios da mesma Casa*. Lisboa: Typographia Nacional, 1862, p. 7-8.

O ESTADO DO BRASIL 301

Moeda de 4.000 réis de ouro, cunhada na Bahia em 1699

Moeda de prata de 320 réis cunhada na Bahia em 1695

Ensaio monetário de 640 réis cunhado na Bahia em 1695
(coleção do Museu Numismático Português)

Quando François Froger esteve na Bahia em julho de 1696, como engenheiro voluntário da esquadra de M. de Gennes, notava que a cidade estava "honrada" com um conselho soberano (a Câmara Municipal) e uma Casa da Moeda, "onde, para facilitar o comércio, se fabrica as espécies que tem curso apenas no Brasil; elas trazem de um lado as armas de Portugal, e de outro uma cruz sobreposta a uma esfera, com a inscrição SUBQ. SIGN. STABO [sic]".[111] A Casa da Moeda assumiria um caráter "itinerante", para atender a recunhagem de todo o metal ainda circulante no Brasil. Sendo assim, duas cartas régias de 23.1.1697 e de 12.1.1698 ordenavam que a Casa da Moeda fosse instalada no Rio de Janeiro e, posteriormente, em Pernambuco. No Rio, ela começou a funcionar em 17.3.1699. Em Olinda, provavelmente no ano seguinte. Em 9 de março de 1702, o rei mandava que parassem as atividades desta Casa da Moeda. No Rio de Janeiro, uma nova operação de cunhagem seria estabelecida, mas para cunhar "moeda do Reino", isto é, com o valor e o peso da moeda da metrópole.[112] Era já o ouro de São Paulo alterando, de forma extraordinária, todo este precário arranjo que se tinha costurado. Como mostrou Ângelo Carrara, todas as "lamúrias com respeito a baixa monetização vivida na Colônia se encerraram definitivamente com a descoberta das minas, que determinaram a transferência da Casa da Moeda para o Rio de Janeiro".[113]

A gratidão da açucarocracia pelo papel de Coutinho foi notória. Com efeito, o poeta Manuel Botelho, no seu livro publicado em 1705, *Música do Parnaso*, dedica um poema ao governador "em agradecimento da carta que escreveu a sua majestade pela falta da moeda do Brasil". Botelho, que era colega de estudos, quando jovem, de Gonçalo Ravasco Cavalcanti de Albuquerque (filho de Bernardo Vieira Ravasco) e de Gregório de Matos, tornou-se capitão-mor dos

---

111 François Froger, *Relation d'un voyage Fait en 1695, 1696 & 1697, aux Côtes d'Afrique, Détroit de Magellan, Brezil, Cayenne & Isles Antilles...* Paris: Michel Brunet, MDCXCVIII [1698], p. 135.

112 Candido de Azeredo Coutinho, *Apreciação do Medalheiro da Casa da Moeda apresentado na exposição de 1861: offerecida aos empregados, praticantes e operarios da mesma Casa.* Lisboa: Typographia Nacional, 1862, p. 10-13.

113 Ângelo Alves Carrara, "Ouro, moeda e mercado interno: um modelo contábil da economia de Minas Gerais, 1700-1808". Papel de trabalho, maio 2005.

distritos de Papagaio, Rio do Peixe e Gameleira, em 1694, justamente por ter emprestado 22 mil cruzados para a criação da Casa da Moeda na Bahia!

Escreveis ao Rei Monárquico
O mal do Estado Brasílico,
Que perdendo o vigor flórido,
Se vê quase paralítico,

Porém vós, como Católico,
Imitando a Deus boníssimo,
Lhe dais a Piscina plácida
Para seu remédio líquido.

De todo o corpo Repúblico
O dinheiro é nervo vívido,
E sem ele fica lânguido,
Fica todo debilíssimo.

Em vossos arbítrios ótimos
Sois três vezes científico,
Ditando o governo de
Ético, Econômico, e Político.

Aos Engenhos dais anélitos,
Que estando de empenhos tísicos,
Tornam em amargo vômito
O mesmo açúcar dulcíssimo.

Também da pobreza mísera
Atendeis ao estado humílimo,
Assim como o raio Délfico
Não despreza o lugar ínfimo.

Aos Mercadores da América
Infundis de ouro os espíritos.

> Quando propondes o próvido
> Com pena de ouro finíssimo. [...][114]

Mas não só grata estava a açucarocracia. Agora, o Brasil estava preso à sua moeda provincial e dela não mais deveria escapar. Uma vez que o metrópole assentiu com a proposta de criar dois espaços monetários, era preciso mantê-los separados e, portanto, a diferença cambial deveria ser mantida para o benefício da Colônia e para a segurança do Reino. Em junho de 1696, cumprindo o que já determinava a ordem régia que criou a moeda provincial, o governador João de Lencastro mandou passar um foral, e colar cópias dele em todas os lugares públicos, que estabelecia que "qualquer pessoa de qualquer qualidade, estado ou condição, seja assim natural como estrangeiro, que levar para fora do Brasil – onde unicamente há de correr – moeda alguma de ouro ou de prata da nova Provincial lavrada na dita Casa da Moeda, morrerá morte natural e perderá todos os bens e fazendas que tiver".[115]

A crise também tinha a sua dimensão europeia. A dificuldade de colocar os produtos portugueses na França e até na aliada Inglaterra acabava tornando ainda mais dramática a situação do Império português. Segundo Godinho, como havia uma crise geral no fluxo de prata e uma contração geral nos mercados europeus (a Inglaterra

---

114 Manuel Botelho, *Musica do Parnasso dividida em quatro coros de rimas portuguesas, castelhanas, italianas & latinas*. Lisboa: Na Officina de Miguel Manescal, Impressor do Santo Officio, 1705, p. 137-139.

115 Registro de um foral que mandou passar e promulgar o sr. Governador João de Lencastro sobre as moedas de ouro e prata feita na Casa da Moeda desta Cidade de não levar do Estado, pena de morte. 18.06.1695. AHMS, códice 124.4, Provisões do Governo (1695-99), fls. 38-39. A pena de descaminho de moedas estava definida já desde o século XV e reproduz o que estabelece as *Ordenações Filipinas* (1603). *Ordenações Filipinas* (1603). Edição de Cândido Mendes de Almeida. Rio de Janeiro, 1870, livro V, título CXIII.

também passara pouco a pouco a abastecer seu mercado interno com o açúcar de Barbados e Jamaica), a única solução para Portugal pareceria ser encetar uma política de desenvolvimento das manufaturas.[116] Para Virgílio Noya Pinto, "não é por coincidência que, justamente no momento agudo da depressão, a Coroa portuguesa estimulou as buscas de ouro e prata em território brasileiro".[117] Os primeiros manifestos de 1693 e 1694, revelando o ouro do sertão do Brasil, foram o prenúncio de uma solução que traria grande alívio à metrópole e também ao Império. A crise conhecia um alívio, mas ainda não na Bahia do açúcar.

Passados quinze anos, a elite em Salvador ainda estará torturada pelos altos preços das mercadorias, sobretudo os escravos, e com o pouco que se dá pelo seu "açúcar fino que tanto custa aos servos, aos senhores de engenho, e aos lavradores da cana, trabalhando e gastando dinheiro". Nas palavras do seu porta-voz, o jesuíta Andreoni, a falta de navios ainda fazia os preços caírem:

> Também a falta de navios é causa de se não dar por ele o que vale. Mas o ter crescido tanto nestes anos o preço do cobre, ferro e pano, e do mais de que necessitam os engenhos, e particularmente o valor dos escravos, que os não querem largar por menos de cem mil-réis, valendo antes quarenta e cinquenta mil-réis os melhores, é a principal causa de haver subido tanto o açúcar, depois de haver moeda provincial e nacional, e depois de descobertas as minas de ouro que serviram para enriquecer a poucos e para destruir a muitos,

---

116 Vitorino Magalhães Godinho, "Portugal, as frotas do açúcar e as frotas do ouro, 1670-1779". In: *Idem, Ensaios II: sobre a História de Portugal*. Lisboa: Minerva, 1968, p. 229.

117 Virgílio Noya Pinto, *O ouro brasileiro e o comércio anglo-português*. São Paulo: Companhia Editora Nacional, 1979, p. 47.

sendo as melhores minas do Brasil os canaviais e as malhadas em que se planta o tabaco.[118]

As minas vem trazer grande alívio para a metrópole e muitas oportunidades na Colônia. Mas este era um novo século. E um novo Brasil. Um Brasil onde o colonizador já se via cada vez mais como colono. Que se caracterizava por uma contínua tensão (usando das palavras de Elliott), "a tensão entre a presunção de semelhança e o reconhecimento da diferença".[119]

---

[118] André João Antonil, *Cultura e opulência do Brasil, por suas drogas e minas etc.* Lisboa: Officina Real Deslandesiana, 1711, p. 95.

[119] John H. Elliott, *España, Europa y el Nuevo Mundo de Ultramar (1500-1800)*. Madri: Taurus, 2009, p. 255.

FONTES E BIBLIOGRAFIA

FONTES

Manuscritas

Alvará ao governador autorizando que possa levar vinte homens para seu serviço, ganhando cada um deles 15$ por ano, 20.11.1606, ANTT, Chancelaria Mor, Felipe II, 30, fls.45-45v

Alvará de 10.01.1646, tendo sido concedido o privilégio para a Câmara. ANTT, Chancelaria Mor, D. João IV, livro 19, fls. 122-122v.

Alvará de promessa de mercê de um ofício de justiça ou fazenda para um dos filhos de Bernardo Vieira Ravasco, 13.04.1663, ANTT, CR, d. Afonso VI, livro 6, fl. 112v.

Alvará de S. Alteza pelo qual faz mercê a Bernardo Vieira Ravasco. Lisboa, 13.07.1676, ABN, 4, p. 405, 1877-78.

Atlas do Estado do Brasil, coligido das mais sertas noticias q pode aiuntar dõ Ieronimo de Ataide, por João Teixeira Albernas, cosmographo de Sua Magde, anno 1631, prancha 22.

Carta ao conde de Atouguia, AHMS, códice 126.1, Provisões, fls. 35v-36.

Carta anônima, 03.06.1687, AHU, papéis avulsos, Pernambuco, caixa 10.

Carta ao rei sobre a moeda, 7.08.1678, AHMS, Códice 28.1, Cartas do Senado (1678-1688), fl. 8v.

Carta da Câmara de Natal ao governador geral, janeiro de 1688, Arquivo do Instituto Histórico e Geográfico do Rio Grande do Norte, caixa 65, livro 2, fl. 107v.

Carta de poder para Martim Afonso de Souza, Vila Verde, 22.11.1530, ANTT, Chancelaria Mor, D. João III, fl. 103.

Carta de Secretário de Estado do Brasil, 17.02.1646, ANTT, RGM, livro 10, fls. 18-18v

Carta de secretário de Estado por 3 anos, 18.04.1646, ANTT, RGM, livro 10, fls. 18v-19.

Carta de tesoureiro dos 2 reais das caixas de açúcar que na cidade da Bahia se carregam para o Reino de Portugal, 20.04.1646, ANTT, Registro Geral de Mercês (RGM), livro 11, fls. 432-432v.

Carta do secretário do estado Bernardo Vieira Ravasco, com petição sobre restituição dos direitos da secretaria e isenção dos feitos que lhe lança a Câmara, 24 de agosto de 1657, AHU, papéis avulsos, Bahia, caixa 14, 1702.

Carta régia ao conde de Óbidos, Lisboa, 9.08.1663, AHU, papéis avulsos, Bahia, caixa 26, 3224.

Carta régia aos oficiais da Câmara de Salvador, 5.11.1653, AHMS, códice 126.1, Provisões Reais, fl. 36v-37.

Certidão de d. fr. Manuel da Ressurreição, do Conselho de Estado de Sua Majestade e arcebispo e governador do Brasil, passada na Bahia em 16.06.1690, IEB-CL, cód. 63, fl.21.

Certidão de D. Jerônimo de Ataíde, conde de Atouguia, 22.08.1657, AHU, papéis avulsos, Bahia, caixa 14, 1702 (anexo).

Códice 245 (Registro de cartas régias e avisos ao governador do Brasil e outras entidades sobre diversos assuntos, 1673-1695), AHU.

Consulta do Conselho Ultramarinho, 26.02.1646, AHU, papéis avulsos, Bahia, 10, 1171.

Consulta do Conselho Ultramarino sobre Cristóvão Vieira Ravasco que pede o ofício de escrivão dos agravos e apelações cíveis da Relação da Bahia, de que foi proprietário, para seu genro Fernão Vas da Costa, Lisboa, 12.11.1652, AHU, papéis avulsos, Bahia, caixa 13, 1560.

Consulta do Conselho Ultramarino, 26.08.1645, AHU, papéis avulsos, Bahia, caixa 10, 1138.

Consulta do Conselho Ultramarino, Lisboa, 23.11.1684, AHU, Bahia, documentos avulsos, caixa 27, 3267.

Informação anônima do Brasil, década de 1680, Biblioteca Nacional de Paris, manuscritos portugueses, códice 30, fl. 209.

Informação, de Domingos Luiz Moreira, sobre pedido de Inácio Barbosa Machado para que fosse feito o traslado da Carta de Propriedade do ofício de secretário de Estado recebida por Gonçalo Ravasco Cavalcanti e Albuquerque. Bahia, 29.04.1700, IEB-CL, códice. 63.31.

Memorial de Pedro Carrilho de Andrade, 1703, AHU, Documentos Avulsos, Pernambuco, caixa 16.

Mercê da alcaidoria-mor da capitania de Cabo Frio para Bernardo Vieira Ravasco, 10.09.1663, ANTT, CR, d. Afonso VI, livro 6, 156-157v

Mercê do ofício de Secretaria de Estado e Guerra do Brasil à Bernardo Vieira Ravasco, 13.04.1663, ANTT, Chancelaria Mor, d. Afonso VI, livro 6, 111v-112v.

Mercê do ofício de Secretaria de Estado e Guerra do Brasil de 13.04.1663, ANTT, Chancelaria Mor, d. Afonso VI, livro 6, fls. 111v-112v.

Miscelânea poética de obras de diversos autores: humas que vão com os nomes delles, conforme foram achadas, outras, que indo sem elles, a todo o tempo, que se descubrão, se lhes pode por. Juntas, destribuidas e escritas neste volume por Antonio Correya Vianna, Lisboa, 1786, manuscrito, fl. 3v, BPA, 49-III-66.

NANTES, F. Bernard de. *Relation de la Mission des indiens Kariris du Brezil situés sur le Grand fleuve de S. François du costé du Sud a 7 degrés de la ligne Equinotiale* (1702), manuscrito, Biblioteca Mindlin (USP).

Nomeação de Simão Alvares de La Penha Deus Dará desembargador da relação da Bahia, 12.12.1651, ANTT, Chancelaria Mor, D. João IV, livro 15, fl. 76.

Nomeação de Vasco Fernandes, 1634, ANTT, Chancelaria-mor, D. João III. livro 7, fls. 164

Nomeção de Simão Alvares de La Penha Deus Dará auditor geral de Pernambuco. 26.3.1647, ANTT, Chancelaria Mor, D. João IV, livro 17, livro 26, fls. 112-113.

Nomeção de Simão Alvares de La Penha Deus Dará provedor da fazenda. 13.04.1646, ANTT, Chancelaria Mor, D. João IV, livro 17, fl. 359v.

O decreto de constituição dos cargos de juiz de fora e de ouvidores na Bahia é datado de 7.02.1696, AHU, papéis avulsos, Bahia, caixa 3, 253.

Parecer do Corregedor do Cível João Pereira do Valle e o sumário das testemunhas que registrou, a pedido do Rei, Lisboa, 29.10.1691, APEB, seção colonial, cartas régias, códice 2, fls. 41A e ss.

Patente para o capitão da guarda do Governador do Brasil, recebendo 100$ de ordenada por cada ano, 07.08.1616, ANTT, Chancelaria Mor, Felipe III, 22, fl. 158v e 29, fl. 222.

Por carta patente de 4.03.1641, D. João provia D. Pedro da Silva, bispo do Brasil, Luiz Barbalho Bezerra e Lourenço de Brito Correa, um triunvirato para uma "nova forma de governo do Estado do Brasil". AHMS, códice 122.2, Provisões, fls. 265-271.

Portaria que se passou para o porteiro mor mandar papel para a secretaria e para Antonio de Sousa Azevedo, oficial maior, levar os emolumentos que tocam à secretaria. Salvador, 1.01.1665, ABN, 4, p. 252, 1877-78.

Provisão de 09.04.1644, ANTT, Chancelaria Mor, D. João IV, livro 17, fls. 26-26v

Provisão de 14.02.1612, ANTT, Chancelaria Mor, Felipe II, livro 23, fls. 321-321v.

Provisão de 22.02.1669, ANTT, CR, D. Afonso VI, livro 22, fls. 399-399v.

Provisão de 25.02.1578, ANTT, Chancelaria Mor, D. Sebastião, livro 38, fls. 220v-221.

Provisão de 28.11.1644, ANTT, Chancelaria Mor, D. João IV, livro 17, fl. 94.

Provisão de 8 de março de 1641, AHMS, códice 122.2, Provisões, fls. 271-271v.

Provisão de mercê de 400$ ordenado à Bernardo Vieira Ravasco, 28.06.1669, ANTT, CR, d. Afonso VI, livro 9, fls. 427-427v.

Provisão promovendo a proteção de certa lavoura e plantas de mandioca, 7.11.1701, ANTT, Papéis do Brasil, avulsos, maço 3, n° 16.

RAVASCO, Bernardo Vieira. "Discurso político sobre a neutralidade da Coroa de Portugal nas guerras presentes das Coroas da Europa, e sobre os dannos que da neutralidade podem resultar a esta Coroa, e o como se devem e podem obrar. Feito em 18 de julho de 1692 por Bernardo Vieira, irmão do padre Antonio Vieira", BPE, códice CV/1-17, "Obras Várias MSS.", fls. 285-300.

_____. "Discurso primeiro sobre a fortificação da Bahia", Salvador, 10.6.1693, BPE, códice CV/1-17, "Obras Várias MSS.", fls. 309v-313v.

_____. "Papel sobre a moeda por Bernardo Vieira Ravasco, irmão do padre Vieira", Bahia, 19.04.1687, BPA, 51-XIII-34 (5), fls.31-38v.

_____. "Prevenções militares para a defesa da Bahia, e Estado do Brasil", Salvador, 10.06.1693, BPE, códice CV/1-17, "Obras Várias MSS.", fls. 313v - 319.

_____."Remédios políticos, com que se evitaram os danos, que no discurso antecedente se propõem.", Salvador, 19.4.1683, BPE, códice CV/1-17, "Obras Várias MSS.", fls. 300-309v.

Regimento do governo [de Portugal], feito a 21 de março de 1600, BPE, códice. CV/2-7 a fls. 223-234v.

Regimento do governo [de Portugal], feito a 5 de julho de 1593, BPE, códice CV/2-7 a fls. 237-251v.

Regimento dos governadores [de Portugal] feito em Madri a 23 do mês de julho de 1621, BPE, códice. CXII/2-15 a fls. 112-127v.

Regimento dos vice-reis de Portugal, dado em 18 de junho de 1633, BPE, cod. CV/2-7 a fls. 252-254.

Regimento que o conde de Óbidos deu para se observar na Secretaria do Estado do Brasil, Bahia, 23.01.1667, AHU, papéis avulsos, Bahia, caixa 26, 3224.

Regimento que o governador e capitão general Antonio Telles de Sousa de Meneses deu para se observar na Secretaria deste Estado do Brasil, Bahia, 16.05.83, AHU, papéis avulsos, Bahia, caixa 26, 3224.

Regimento que Sua Majestade foi servido mandar para se observar na Secretaria do Estado do Brasil, Lisboa, 28.06.1669, AHU, papéis avulsos, Bahia, caixa 26, 3224.

Registro de propriedade de ofício, Salvador, 11.02.1690. AHMS, códice 158.1, Registro de Patentes (1676-1699), fl. 102.

Registro de um foral que mandou passar e promulgar o sr. Governador João de Lencastro sobre as moedas de ouro e prata feita na Casa da Moeda desta Cidade de não levar do Estado, pena de morte. 18.06.1695. AHMS, códice 124.4, Provisões do Governo (1695-99), fls. 38-39.

Sobre os tapuias que os paulistas aprisionaram na guerra e mandaram vender aos moradores do Porto do Mar, e sobre as razões que há para se fazer a guerra aos ditos tapuias (1691). BPA, manuscritos, 54 XIII 16, fl.162.

Translado autêntico do Livro Dourado da Relação da Bahia, BPE, códice CXV/2-3, 650 fólios – vários documentos.

Traslado da Carta de Propriedade do oficio de secretário de Estado recebida por Gonçalo Ravasco Cavalcanti e Albuquerque, Bahia, 29.04.1700. IEB-CL, códice. 63.31

VIEIRA, Antonio, "Memorial que o padre Antonio Vieira apresentou ao Príncipe D. Pedro, Regente de Portugal, em quefaz uma breve relação dos seus serviços e refere as mercês que se não fizeram e as que se desfizeram a seu irmão Bernardo Vieira Ravasco", manuscrito da *Academia de Ciências de Lisboa*, mss azul, 827 (cópia setecentista).

_____. Carta para que o seu irmão, Bernardo Vieria Ravasco, sirva o cargo de Secretário de Estado do Brasil, 7.03.1650, ANTT, RGM, livro 18, fls. 376-376v.

Impressas

Alvará de 5.04.1626, *Anais do Arquivo Público da Bahia*. Salvador, APB, 31, p. 268, 1951.

Anais da Biblioteca Nacional. Rio de Janeiro.

ANTONIL, André João. *Cultura e opulência do Brasil por suas drogas e minas etc* [1711]. Introdução e notas de André Mansuy Diniz Silva. São Paulo: Edusp, 2007; e também a *editio princeps* em Lisboa, Officina Real Deslandesiana, 1711.

Atas da Câmara, Documentos Históricos do Arquivo Municipal. Salvador.

BARROS, André de. *Vida do apostolico Padre Antonio Vieyra da Companhia de Jesus...* Lisboa: Officina Sylviana, MDCCXLVI [1746].

BLUTEAU, Raphael. *Vocabulario portuguez & latino: aulico, anatomico, architectonico...* Coimbra: Collegio das Artes da Companhia de Jesus, 1712-1728, 8 vols.

BOTELHO, Manuel. *Musica do Parnasso dividida em quatro coros de rimas portuguesas, castelhanas, italianas & latinas; Com seu descante comico redusido em duas comedias, offerecida ao Excelentissimo Senhor Dom Nuno Alvares Pereyra de Mello, Duque de Cadaval & c. e entoada Pelo Capitam Mor Manoel Botelho de Oliveira, Fidalgo da Caza de Sua*

Magestade. Lisboa: Na Officina de Miguel Manescal, Impressor do Santo Officio, 1705.

BRANDÃO, Ambrósio Fernandes. *Diálogos das grandezas do Brasil* (1618). Recife, 1966.

"Breve compêndio do que vai obrando neste governo de Pernambuco o Sr. governador Antônio Luís Gonçalves da Câmara Coutinho etc.". *Revista do Instituto Arqueológico, Histórico e Geográfico Pernambucano.* Recife, 51, p. 267, 1979.

BRITO, Domingos de Abreu. *Um inquérito sobre a vida administrativa e econômica de Angola e do Brasil, em fins do século XVI, segundo o manuscrito existente na Biblioteca Nacional de Lisboa.* Editado por Alfredo A. Felner. Coimbra: Imprensa da Universidade, 1931.

CARDIM, Fernão. *Tratados da terra e gente do Brasil.* Edição de Ana Maria de Azevedo. Lisboa: CNCDP, 2000.

Cartas para Alvaro de Sousa e Gaspar de Sousa (1540-1627). Edição de João Paulo Salvado e Susana Münch Miranda. Lisboa: CNCDP, 2001.

Cartas do Senado, Documentos Históricos do Arquivo Municipal. Salvador.

CARRANZA, Alonso. *El aiustamie[n]to i proporcion de las monedas de oro, plata i cobre, i la reduccion destos metales a su debida estimacion, son regalia singular del Rei de España, i de las Indias, nuestro señor, que lo es del oro i plata del orbe.* Madri: Francisco Martinez, 1629.

CHORÃO, Maria José Mexia Bigotte (ed.). *Doações e forais das capitanias do Brasil.* Lisboa: IAN/TT, 1999.

Código Filipino ou Ordenações e Leis do Reino de Portugal (1603). Edição de Cândido Mendes de Almeida. Rio de Janeiro: Typ. Inst. Philimathico, 1870.

COELHO, Duarte de Albuquerque. *Memórias diárias de la Guerra del Brasil, por discurso de nueve años, empeçando desde el MDCXXX,* (1654). Recife: Fundação de Cultura Cidade do Recife, 1944.

COUTO, Diogo do. *O Primeiro Soldado Prático.* Edição preparada por António Coimbra Martins. Lisboa: CNCDP, 2001 [1572].

DAMPIER, William. *Nouveau Voyage author du monde...* Par Guillaume Dampier. Enricho de Cartes & Figures. Rouen: Chez Eustache Herault, Cour du Palais, MDCCXV [1715].

DE LAET, João. *Roteiro de um Brasil desconhecido. Descrição das Costas do Brasil* (sec. XVII). São Paulo: Kapa Editorial, 2007. O volume, com transcrição, tradução, introdução e anotação de B. N. Teensma, é publicação integral do manuscrito "Descrição das Costas do Brasil", pertencente à biblioteca John Carter Brown (codex DU. 1).

Documentos Históricos da Biblioteca Nacional. Rio de Janeiro, Biblioteca Nacional, vários volumes.

Documentos para a História do Açúcar. Rio de Janeiro, Instituto do Açúcar e do Álcool, 1954, 3 vols.

ESTANCEL, Valentim. *Uranophilus Caelestis Peregrinus, Sive Mentis Uranicae Per Mundum Sidereum Peregrinantis Extases...* Gandavi [Gent], *apud* Haeredes Maximiliana Graet, 1685.

ESTEVES, Neusa Rodrigues (org.). *Catálogo dos irmãos da Santa Casa da Misericórdia da Bahia.* Salvador, 1977.

FROGER, François. *Relation d'un voyage Fait en 1695, 1696 & 1697,* aux Côtes d'Afrique, Détroit de Magellan, Brezil, Cayenne & Isles Antilles... Paris: Michel Brunet, MDCXCVIII [1698].

JABOATÃO, Frei Antônio de Santa Maria. *Novo orbe serafico brasilico ou Chronica dos frades Menores da provincia do Brasil.* Rio de Janeiro: Typ. Brasiliense de M. Gomes Ribeiro, 1858-62 (1761).

KOSTER, Henry. *Viagens ao nordeste do Brasil.* Recife: Fundação Joaquim Nabuco/Massangana, 2002 (1816), 2 vols.

LIÃO, Duarte Nunes do. *Leis extravagantes collegidas e relatadas pelo licenciado... mandado do muito alto e muito poderoso rei Dom Sebastam, nosso senhor.* Lisboa: Antonio Gonçalves, 1569.

Livro 1º do Governo do Brasil (1607-1633). Edição de João Paulo Salvado e Susana Münch Miranda. Lisboa: CNCDP, 2001.

Livro 2º do Governo do Brasil (1615-1634). Edição de João Paulo Salvado e Susana Münch Miranda. Lisboa: CNCDP, 2001.

Livro de Patentes do Arquivo Público do Estado da Bahia (APB).

MACHADO, Diogo Barbosa. *Bibliotheca Lusitana historica, critica e cronologica na qual se comprehende a noticia dos autores portugueses e das obras que compuzerão desde o tempo da promulgação da Ley da Graça até o tempo prezente*. Lisboa: Officina de Ignacio Rodrigues, 1747, 4 vols.

MARIANA, Juan de. *Tratado y discurso sobre la moneda de vellón* (1605). Madri: Ministerio de Economía y Hacienda, Instituto de Estudios Fiscales, 1987.

MATOS, Gregório de. *Obra poética*. Edição e notas de James Amado. Rio de Janeiro: Record, 1999, 2 vols.

MELLO, José Antonio Gonsalves de; ALBUQUERQUE, Cleonir Xavier de (eds.). *Cartas de Duarte Coelho a el-rei*. Recife: Massangana, 1997.

MENDONÇA, Marcos Carneiro de (ed.). *Raízes da formação administrativa do Brasil*. Rio de Janeiro: IHGB/CFC, 1972, 2 tomos.

MERCADO, Tomas de. *Summa de tratos y contratos/compuesta por el muy Reuerendo Padre Fray Thomas de Mercado de la Orden de los Predicadores*. Sevilla: Casa de Fernando Diaz impressor, 1587.

MORENO, Diogo de Campos, *Livro que dá razão do Estado do Brasil* [1612]. Edição crítica, com introdução e notas de Helio Vianna. Recife: Arquivo Público Estadual, 1955.

MORENO, Diogo do Campos. *Jornada do Maranhão por ordem de Sua Majestade feita no ano de 1614*. Rio de Janeiro: Alhambra, 1984.

NAVARRO, Martín de Azpilcueta: *Comentario resolutorio de usuras...*. Salamanca: En Casa de Andrea de Portonaiis, 1556.

NOBREGA, Manoel da. *Cartas do Brasil*. Belo Horizonte/São Paulo: Itatiaia/Edusp, 1988, 2 vols.

PEREIRA, Gregório Varela de Berredo. "Breve compêndio do que vai obrando neste governo de Pernambuco o Sr. governador Antônio Luís Gonçalves da Câmara Coutinho etc.", *RIAP*, 51, p. 271, 1979.

PERIER, Alexandre. *Desengano dos peccadores, necessário a todo genero de pessoas...* Lisboa: Officina de Antonio Pedrozo Galram, 1735.

PITTA, Sebastião da Rocha. *História da América Portuguesa desde o ano de 1500 de seu descobrimento até ao de 1724.* (1730). São Paulo/Belo Horizonte, Edusp/Itatiaia, 1976.

_____. *Summario da vida e morte da exma. sra. d. Leonor Josepha de Vilhena e das exéquias que na cidade da Bahia consagrou a sua memória...* Lisboa: Antonio Pedroso Garlram, 1721.

PYRAD DE LAVAL, François. *Voyage de François Pyrard de Laval, contenant sa navigation aux Index Orientales, Maldives, Moluques, & au Bresil...* Paris. Chez Louis Billaine, MDCLXXIX [1679].

RAU, Virgínia (ed.). *Os manuscritos do arquivo da Casa do Cadaval respeitantes ao Brasil.* Coimbra: Universidade de Coimbra, 1955, 2 vols.

Revista do Instituto Arqueológico, Histórico e Geográfico Pernambucano. Recife.

Revista do Instituto Histórico e Geográfico Brasileiro. Rio de Janeiro.

ROSA, João Ferreira da. *Tratado unico da constituição pestilencial de Pernambuco offerecido a El-rey N. S., por ser servido ordenar por seu gorvenador aos Médicos da América, que assisem aonde ha contágio, que o compusessem para se conferirem pelos Coripheos da Medicina aos dictames com que he trattada esta pestilencial febre.* Lisboa, 1694.

SALVADOR, Frei Vicente do. *História do Brasil* (1627). Rio de Janeiro: Biblioteca Nacional, 1889.

SILVA, José Justino de Andrade (org.). *Colleção chronológica da legislação portuguesa.* Lisboa: Imprensa de J. J. A. Silva, 1854-59, 11 vols.

SOUZA, Gabriel Soares de. "Tratado Descriptivo do Brasil, em 1587". *RIHGB*, 1851, XIV.

VIEIRA, Antonio. *Cartas do padre António Vieira*. Edição de João Lúcio de Azevedo. Lisboa: Casa da Moeda, 3 tomos.

_____. *Obras inéditas*. Lisboa: J. M. C. Seabra e T. Q. Antunes, 1857, vários tomos.

_____. *Sermoens, e varios discvrsos do Padre Antonio Vieyra da Companhia de Jesu, prégador de sua magestade. Tomo XIV – obra posthuma dedicada a' purissima conceiçam da Virgem Maria Nossa Senhora*. Lisboa: Valentim da Costa Deslandes, 1710.

_____. *Sermões do padre Antônio Vieira da Companhia de Jesus*. Lisboa: Officina de Miguel Deslandes, 1685, 8ª parte.

_____. *Sermões do padre Antônio Vieira da Companhia de Jesus*. Lisboa: Officina de Miguel Deslandes, 1689.

_____. *Voz sagrada, politica, rhetorica, e metrica ou Supplemento às Vozes Saudosas da eloquencia, do espirito, do zelo, a eminente sabedoria do padre Antonio Vieira da Companhia de Jesus...* Lisboa: Officina de Francisco Luiz Ameno, 1748.

VILHENA, Luiz dos Santos. *Cartas de Vilhena, noticias soteropolitanas e brasilicas, por... annotadas pelo prf. Braz do Amaral*. Salvador: Imprensa Official do Estado, 1922 (1802), 2 vols.

Bibliografia

ABREU, J. Capistrano de. *Capítulos de História Colonial & Os caminhos antigos e o povoamento do Brasil*. Brasília: Editora da UNB, 1963 (1907).

ACIOLI, Vera Lúcia Costa. "Jurisdição e Conflitos: a força política do senhor de engenho". *Cadernos de História 7*, Recife, 1989.

ALBUQUERQUE, Martim. *A sombra de Maquiavel e a ética tradicional portuguesa*. Lisboa: Faculdade de Letras de Lisboa, 1974.

ALDEN, Dauril. *Royal government in Colonial Brazil. With a special reference to the administration of the Marquis of Lavradio, Viceroy, 1769-1779*. Berkeley e Los Angeles: University of California Press, 1968.

ALENCASTRO, Luiz Felipe de. *O trato dos viventes: a formação do Brasil no Atlântico Sul, séculos XVI e XVIII*. São Paulo: Companhia das Letras, 2000.

ALMEIDA, Luís Ferrand. *A Colônia de Sacramento na época da sucessão de Espanha*. Coimbra: Faculdade de Letras da Universidade de Coimbra, 1973.

ALONSO ÁLVARES, Luis. *El costo del imperio asiático: la formación colonial de las islas Filipinas bajo dominio español, 1565-1800*. Mexico, La Coruña: Instituto Mora/Universidad da Coruña, 2009.

ARAÚJO, Erica Lopo de. *De golpe à golpe: politica e administração nas relações entre Bahia e Portugal (1641-1667)*. Dissertação de mestrado. Rio de Janeiro, UFF, 2011.

ARRUDA, José Jobson; FONSECA, Luís Adão da (orgs.). *Brasil-Portugal: história, agenda para o milênio*. Bauru: Fapesp/Edusc, 2001.

AZEVEDO, Carlos Moreira (org.). *História religiosa de Portugal*. Lisboa: Círculo de Leitores, 2001.

AZEVEDO, João Lúcio de. *História de Antonio Vieira*. 3ª ed. São Paulo: Alameda, 2008 (1931).

AZEVEDO, Thales de. *O povoamento da cidade do Salvador*. Itapuã, Salvador, 1969.

BARDWELL, Ross L. *The governors of Portugal´s South Atlantic Empire in the Seventeenth Century: social backgroud, qualifications, selection and reward*. Tese de Doutorado. Santa Barbara, University of California, 1974.

BARICKMAN, B. J. *Um contraponto baiano: açúcar, fumo, mandioca e escravidão no Recôncavo, 1780-1860*. Rio de Janeiro: Civilização Brasileira, 2003.

BARROS, Edval de Souza. *Negócios de tanta importância: o Conselho Ultramarino e a disputa pela condução da guerra no Atlântico e no Índico (1643-1661)*. Lisboa: Centro de História de Além-Mar, 2008.

BASKES, Jeremy. "Coerced or voluntary? The repartimiento and market participation of peasants in Late Colonial Oaxaca". *Journal of Latin American Studies*, Cambridge, CUP, 28, p. 1-28, 1996.

BETHENCOURT, F.; CURTO, Diogo R. (orgs.). *Portuguese oceanic expansion, 1400-1800*. Cambridge: CUP, 2007.

BETHENCOURT, Francisco; CHAUDURI, Kirti (eds.). *História da expansão portuguesa*. Lisboa: Círculo de Leitores, 1998, vol. 1 e 2.

BICALHO, Maria Fernanda Baptista. "Centro e periferia: pacto e negociação política na administração do Brasil Colonial". *Leituras*, Biblioteca Nacional de Lisboa, 6, p. 17-39, primavera 2000

_____. *A cidade e o Império: o Rio de Janeiro na dinâmica colonial portuguesa, séculos XVII e XVIII*. Rio de Janeiro: Civilização Brasileira, 2003.

BLACK, Jeremy. *A Military Revolution? Military change and european society, 1550-1800*. Atlantic Highlands: Humanities Press International, 1991

BLAJ, Ilana. *A trama das tensões: o processo de mercantilização de São Paulo colonial, 1681-1721*. Tese de doutorado. São Paulo, Universidade de São Paulo, 1995.

BOOGGART, E. van den (ed.). *A humanist prince in Europe and Brazil*. The Hague: Johan Maurits Stichting, 1979.

BOURDIEU, Pierre. *Sur l'État: cours au Collège de France*. Paris: Seuil, 2012.

BOXER, Charles Ralph. *The Portuguese Seaborne Empire, 1415-1825*. Londres: Hutchinson, 1969.

_____. *Portuguese society in the tropics: the municipal councils of Goa, Macao, Bahia and Luanda, 1510-1800*. Madison e Milwaukee: The Wisconsin University Press, 1965.

_____. *Salvador de Sá e a Luta pelo Brasil e Angola 1602-1686*. São Paulo: Companhia Editora Nacional/Edusp, 1973 (1952).

_____. *The golden age of Brazil: growing pains of a colonial society, 1695-1750*. (1962). Lisboa: Carcanet Press/FCG, 1995.

BOYER, Jerôme de. *La pensée monétaire: histoire et analyse*. Paris: Éditions Les Solos, 2003.

BRAUDEL, Fernand. *Civilização material, economia e capitalismo*. São Paulo: Martins Fontes, 1996, 3 tomos.

_____. *O Mediterrâneo e o Mundo Mediterrânico*. Lisboa: Martins Fontes, 1984, 2 vols.

BUCHANAN, Brenda J. (org.). *Gunpowder, explosives and the State: a technological history*. Burlington: Ashgate, 2006.

BUENO, Beatriz Piccolotto Siqueira. *Desenho e desígnio: o Brasil dos engenheiros militares (1500-1822)*. Tese de doutorado. São Paulo, FAU-USP, 2001.

CAETANO, Antonio Filipe Pereira. *Entre a sombra e o sol: a revolta da Cachaça, a Freguesia de São Gonçalo de Amarante e a crise política fluminense (Rio de Janeiro, 1640-1667)*. Dissertação de mestrado. Rio de Janeiro, UFF, 2003.

CALMON, Pedro. *História do Brasil*. Rio de Janeiro: José Olympio, 1959, vols. 1-4.

_____. *O crime de Antonio Vieira*. São Paulo: Melhoramentos, 1931.

CALÓGERAS, J. Pandiá. *A política monetária do Brasil*. São Paulo: Companhia Editora Nacional, 1960 (1910).

CAMENIETZKI, Carlos Ziller. "Esboço biográfico de Valentin Stansel (1621-1705), matemático jesuíta e missionário na Bahia". *Ideação*, Feira de Santana, 3, p. 159-182, 1999.

CAMPOS, João da Silva. *Fortificações da Bahia*. Rio de Janeiro: Publicações do Serviço do Patrimônio Histórico e Artístico Nacional, n° 7, 1940.

CAMPOS, Maria Verônica. *Governo de mineiros*. Tese de doutorado. São Paulo, USP, 2002.

CARDIM, Pedro. "O governo e a administração do Brasil sob os habsburgo e os primeiros Bragança". *Hispania*, Madri, CSIC, 216, p. 117-156, 2004.

_____. "Política e identidades corporativas no Portugal de D. Filipe I". In: *Estudos em homenagem a João Francisco Marques*. Porto: Faculdade de Letras da Universidade do Porto, 2002.

CARMAGNANI, Marcelo; HERNÁNDEZ CHÁVEZ, Alicia; ROMANO, Ruggiero (coords.). *Para uma Historia de America. II. Los nudos 1*. México: El Colégio de México/FCE, 1999.

CARRARA, Ângelo Alves. "Ouro, moeda e mercado Interno; um modelo contábil da economia de Minas Gerais, 1700-1808". Papel de trabalho, maio 2005.

_____. *Receitas e despesas da Real Fazenda no Brasil: século XVII*. Juiz de Fora: Editora UFJF, 2009.

CARVALHO, Augusto da Silva. *A medicina portuguesa no século XVII*. Lisboa: Academia de Ciências de Lisboa, 1941.

CARVALHO, Francismar Alex Lopes de. *Lealdades negociadas: povos indígenas e a expansão dos impérios ibéricos nas regiões centrais da américa do sul (segunda metade do século XVIII)*. Tese de doutorado. São Paulo, USP, 2012

CIPOLLA, Carlo M. *Guns and sail in the early phase of european expansion, 1400-1700*. Londres: William Collins & Co., 1965.

COELHO FILHO, Luiz Walter. *A fortaleza de Salvador na Baía de Todos os Santos*. Salvador: Secretaria da Cultura e Turismo, 2004.

COELHO, Maria Helena; MAGALHÃES, Joaquim Romero de. *O Poder Concelhio: das origens às cortes constituintes*. Coimbra, 1986.

CORTESÃO, Jaime. *A geografia e a economia da Restauração*. Lisboa: Seara Nova, 1940.

_____. *Introdução à história das bandeiras*. Lisboa: Livros Horizonte, 1975.

_____. *Raposo Tavares e a formação territorial do Brasil*. Rio de Janeiro: MEC, s.d.

COSTA, André da Silva. *Os secretários e o estado do rei: luta de corte e poder político: sécs. XVI-XVII*. Dissertação de Mestrado. Lisboa, Universidade Nova de Lisboa, 2008.

COSTA, Luís Monteiro da. *Na Bahia Colonial: apontamentos para história militar da cidade de Salvador*. Salvador: Livraria Progresso, 1958.

COUTINHO, Candido de Azeredo. *Apreciação do Medalheiro da Casa da Moeda apresentado na exposição de 1861: offerecida aos empregados, praticantes e operarios da mesma Casa*. Lisboa: Typographia Nacional, 1862.

COUTINHO, Mauricio C. "Barbon versus Locke sobre o valor da moeda". *Estudos Econômicos*, Campinas, Unicamp, 41(4), p. 661-690, 2011.

COUTO, Jorge. *A construção do Brasil: ameríndios, portugueses e africanos, do início do povoamento a finais de Quinhentos*. Lisboa: Cosmos, 1998.

CRESPO, Manuel Tomaz Nápoles Magalhães. *Diogo Botelho no governo do Brasil (1602-1608)*. Dissertação de mestrado. Lisboa, Faculdade de Letras da Universidade de Lisboa, 1964.

CUNHA, Mafalda Soares da (org.). *Do Brasil à Metrópole: efeitos sociais (séculos XVII-XVIII)*. Évora: Universidade de Évora, 2001.

CURTO, Diogo Ramada. *O discurso político em Portugal (1600-1650)*. Lisboa: Centro de Estudos de História e Cultura Portuguesa, 1988.

DIAS, C. Malheiro (ed.). *História da colonização portuguesa do Brasil*. Porto, 1921, 3 vols.

DIAS, Marcelo Henrique; CARRARA, Ângelo Alves (orgs.). *Um lugar na História: a capitania e comarca de Ilhéus antes do cacau*. Ilhéus: Editora da UESC, 2007.

_____. *Economia, sociedade e paisagens da capitania e comarca de Ilhéus no período colonial*. Tese de doutorado. Rio de Janeiro, UFF, 2007.

DUTRA, Francis Anthony. *The Vieira family and the Order of Christ*. Santa Barbara: University of California, 2003.

_____. *Matias de Albuquerque: a Seventeenth-Century Capitão-mor of Pernambuco and governador-general of Brazil*. Tese de doutorado. Nova York, New York University, 1968.

ELLIOTT, John H. *Imperios del mundo atlántico: España y Gran Bretaña en América (1492-1830)*. Madri: Taurus, 2006.

_____. *España, Europa y el Nuevo Mundo de Ultramar (1500-1800)*. Madri: Taurus, 2009,

ELLIS JÚNIOR, Alfredo. *O bandeirismo paulista e o recuo do meridiano*. São Paulo: Companhia Editora Nacional, 1936.

_____. *O ouro e a paulistânia*. São Paulo, Boletim da FFCL, 1948.

_____. *Resumo da História de São Paulo*. São Paulo: Tipografia Brasil, 1942.

ELTIS, David. *The Military Revolution in Sixteenth Century Europe*. Nova York, 1995.

ENNES, Ernesto. *As guerras dos Palmares (subsídios para a sua história)*. São Paulo: Companhia Editora Nacional, 1938.

FAORO, Raymundo. *Os donos do poder: formação do patronato político brasileiro*. Porto Alegre, 1976 (1958), 2 vols.

FERLINI, Vera Lúcia Amaral. *Terra, trabalho e poder*. São Paulo: Brasiliense, 1988.

FERLINI, Vera Lúcia Amaral; BICALHO, Maria Fernanda (orgs.). *Modos de governar: ideia e práticas políticas no Império Português, séculos XVI a XIX*. São Paulo: Alameda, 2005.

FERNANDES, Florestan. *Circuito fechado*. São Paulo: Hucitec, 1976.

FERREIRA, Letícia dos Santos. *Amor, sacrifício e lealdade: o donativo para o casamento de Catarina de Bragança e para a paz de Holanda (Bahia, 1661-1725)*. Dissertação de mestrado. Niterói, UFF, 2010.

FIGUEIREDO, Luciano R. de Almeida. *Revoltas, fiscalidade e identidade colonial na América portuguesa: Rio de Janeiro, Bahia e Minas Gerais, 1640-1761*. Tese de doutorado. São Paulo, USP, 1997.

FINDLEN, Paula (ed.). *Athanasius Kircher: tha last man who knew everything*. Nova York: Routledge, 2004.

FLEUISS, Max. *História administrativa do Brasil*. Rio de Janeiro, 1925.

FONSECA, Luisa da. "Subsídio para a história da Bahia". *Anais do primeiro Congresso de História da Bahia*. Salvador, IHGBa, vol. 2, p. 419-427 e 437-438.

FOUCAULT, Michael, *Segurança, território, população*. Tradução portuguesa. Edição de Michel Sennelart. São Paulo: Martins Fontes, 2008

_____. *Em defesa da sociedade*. Edição de F. Ewald. São Paulo: Martins Fontes, 2005.

FRAGOSO, João; BICALHO, Maria Fernanda B.; GOUVEIA, Maria de Fátima (orgs.). *Antigo Regime nos trópicos: a dinâmica imperial portuguesa, (séculos XVI-XVIII)*. Rio de Janeiro: Civilização Brasileira, 2001.

_____. "Uma leitura do Brasil Colonial: bases da materialidade e da governabilidade do Império". *Penélope. Fazer e desfazer história*, Lisboa, 23, p. 67-88, 2000.

FREIRE, Pascoal José de Melo. *Instituições de Direito Civil Português*. Boletim do Ministério da Justiça, n°s 161 e 162, 1966.

GALLO, Alberto. "Aventuras y desventuras del gobierno señorial del Brasil". In: CARMAGNANI, Marcelo; CHÁVEZ, Alicia Hernández e ROMANO, Ruggiero (coords.). *Para uma Historia de America. II. Los nudos 1*. México: El Colégio de México/FCE, 1999.

_____. "Racionalidade fiscal e ordem colonial". Trabalho apresentado no Colóquio Internacional *Economia e colonização na dimensão do Império Português*, São Paulo, 30 set. 2008.

GAMA, Ruy. *Engenho e tecnologia*. São Paulo: Perspectiva, 1983.

GARCÍA-GALLO, Alfonso. "Los principios rectores de la organización territorial de las Indias en el siglo XVI" (1970). In: GARCÍA GALLO, Alfonso. *Estudios de Historia del Derecho Indiano*. Madri, 1972, p. 675-676

_____. "Los virreinatos americanos bajo los reyes católicos" (1952). In: GARCÍA GALLO, A. *Estudios de Historia del Derecho Indiano*. Madri, 1972, p. 650, 651, 653 e 659.

GARCIA, Rodolfo. *História política e administrativa do Brasil (1500-1810)*. Rio de Janeiro: José Olympio, 1956.

GLETE, Jean. *War and the State in early modern Europe: Spain, the Dutch Republic and Sweden as fiscal-military States, 1500-1660*. Londres: Routledge, 2002.

GODINHO, Vitorino Magalhães. *Ensaios II: sobre a História de Portugal*. Lisboa: Minerva, 1968.

_____. *Os Descobrimentos e a economia mundial*. Lisboa: Presença, 1981-83, 4 vols.

GONZÁLEZ ALONSO, Benjamín. "La fórmula 'Obedézcase, pero no se cumpla' en el derecho castellano de la Baja Edad Media". *Anuario de historia del derecho español*, Madri, Instituto Nacional de Estudios Jurídicos, 50, p. 469-487, 1980.

GUEDES, João Alfredo Libânio. *História administrativa do Brasil*. Rio de Janeiro: DASP, 1962, vols. I-IV.

HAMILTON, Earl J. *The American Treasure and the Price Revolution in Spain: 1501-1650*. Cambridge: Harvard University Press, 1934.

HEMMING, John. *Red Gold: the conquest of the brazilian indians*. Cambridge: Harvard University Press, 1978.

HECKSCHER, Eli F. *La epoca mercantilista: historia de la organizacion y las idea economicas desde el final de edad media hasta da sociedad liberal*. México: Fondo de Cultura, 1983 (1931).

HERCULANO, Alexandre. *História de Portugal*. Lisboa, 1846-53, 4 vols.

HESPANHA, António Manuel. *As vésperas do Leviathan: instituições e poder político. Portugal séculos XVI-XVIII*. Lisboa: Pedro Ferreira Artes Gráficas, 1986. Segunda edição em Coimbra: Almedina, 1994.

_____. *Poder e instituições na Europa do Antigo Regime: colectânea de textos*. Lisboa: Fundação Calouste Gulbenkian, 1984.

_____ (org.). *Nova História Militar de Portugal*. Vol. 2. Lisboa: Círculo de Leitores, 2004.

_____. "Depois do Leviathan". *Almanack Brazileiense*, São Paulo, IEB, 5, p. 55-66, maio 2007.

_____. *La gracia del derecho*. Madri, Centro de Estudios Constitucionales, 1993.

_____. *Panorama da história institucional e jurídica de Macau*. Macau, 1995.

HOBERMAN, Louisa Schell; SOCOLOW, Susan Migden (eds.). *Cities and society in Colonial Latin America*. Albuquerque: University of New Mexico Press, 1986.

HOLANDA, Sérgio Buarque de (dir.). *História geral da civilização brasileira: a época colonial - 2. administração, economia e sociedade*. São Paulo: Difel, 1985

_____. *Caminhos e fronteiras*. Rio de Janeiro: José Olympio, 1957.

_____. *Monções*. São Paulo: Brasiliense, 1990.

_____. *Visão do Paraíso: os motivos edênicos no descobrimento e colonização do Brasil*. São Paulo: Companhia Editora Nacional, 1977.

HORVÁTH, Dalibor. *Valentim Estancel: uma breve reminiscência da vida*. Tese universitária. Olomouc, Universidade Palacký, 2008.

HUERTA DE SOTO, Jesús. *Nuevos estudios en economía política*. Madri: Unión Editorial, 2002.

INVENTÁRIO DE PROTEÇÃO do Acervo Cultural da Bahia - IPACB. Salvador, 1999 [CD-ROM].

KONETZKE, Richard. "Estado y sociedad en las Indias". *Estudios Americanos*, Sevilha, 8, p. 36-37, 1951.

LACOMBE, Américo Jacobina. "O governo geral". *Revista Portuguesa de História*, Coimbra, p. 300-317.

LAMEGO, Alberto. "As invasões francesas no Rio de Janeiro, Duclerc e Duguay-Trouin, 1710-1711". *Anais do IV Congresso de História Nacional*, Rio de Janeiro, Departamento de Imprensa Nacional, 1950, vol. 6, p. 115-249.

_____. *Mentiras históricas*. Rio de Janeiro: Record, s.d.

LAURES, John, S. J. *The political economy of Juan de Mariana*. Nova York: Fordham University Press, 1928.

LEITE, Serafim. "Os jesuítas – contra a invasão holandesa". *Revista do Instituto Histórico e Geográfico Brasileiro*, Rio de Janeiro, 183, p. 198, 1944.

_____. *História da Companhia de Jesus no Brasil*. Lisboa/Rio de Janeiro, 11 vols.

LENK, Wolfgang. *A Idade de Ferro da Bahia: guerra, açúcar e comércio no tempo dos flamengos, 1624-1654*. Dissertação de mestrado. Campinas, IE-Unicamp, 2003.

_____. *Guerra e pacto colonial: exército, fiscalidade e administração colonial da Bahia (1624-1654)*. Tese de doutorado. Campinas, Unicamp, 2009.

LEVY, Maria Bárbara. *História financeira do Brasil Colonial*. Rio de Janeiro: IBMEC, 1979.

LIMA, Fernando Carlos G. de Cerqueira. "Uma análise critica da literatura sobre a oferta e a circulação de moeda metálica no Brasil nos séculos XVI e XVII", *Estudos Econômicos*, São Paulo, 35, p. 169-201, 2005.

_____. "A Lei de cunhagem de 4 de agosto de 1688 e a emissão de moeda provincial no Brasil (1695-1702): um episódio da história monetária do Brasil". *Revista de Economia Contemporânea*, Rio de Janeiro, 9, 2, p. 392.

LINHARES, M. I. e SILVA, F. C. T. da. *História da agricultura brasileira*. São Paulo: Brasiliense, 1981.

LISBOA, João Francisco. *Obras de João Francisco Lisboa* (editadas por Luiz Carlos Pereira de Castro e Antônio Henriques Leal). Lisboa: Typographia Mattos Moreira & Pinheiro, 1901, 2 vols.

LORETO, Aliatar. *Capítulos de História Militar do Brasil*. Rio de Janeiro: Ministério da Guerra, 1946.

LUCIANI, Fernanda Trindade. *Munícipes e escabinos: poder local e guerra de restauração no Brasil holandês (1630-1654)*. São Paulo: Alameda, 2012.

MAGALHÃES, Joaquim Romero de. "Reflexões sobre a estrutura municipal portuguesa e a sociedade colonial portuguesa", *Revista de História Econômica e Social*, 16, 1986.

_____; MIRANDA, Susana Munch, "Tomé de Souza e a instituição do Governo Geral (1549): documentos". *Mare Liberum*, Lisboa, CNCDP, 17, p. 2-28, 1999.

_____. "Décimas para a guerra: as décimas da restauração". *Hispania*, 216, p. 157-182, 2004.

MANCHESTER, Alan K. *Preeminência inglesa no Brasil*. São Paulo: Brasiliense, 1973 (1933).

MARILUZ URQUIJO, José M. *Orígenes de la burocracia rioplatense: la secretaria del virreinato*. Buenos Aires: Ediciones Cabargón, 1974.

MARQUES, A. H. de Oliveira. *História de Portugal*. Lisboa: Palas Editores, 1994, 2 vols.

MARTINEZ MILLÁN, José; VISCEGLLIA, María Antonieta (orgs.). *La monarquía de Felipe III. La corte* (vol. III). Madri: Fundación Mapfre, 2009.

MARX, Karl. *O Capital: crítica da economia política*. São Paulo: Abril, 1984 (1867-94), 5 vols.

MATOS, Artur Teodoro de. *O Estado da Índia nos anos de 1581-88: estrutura administrativa e econômica, alguns elementos para o seu estudo*. Ponta Delgada: Universidade dos Açores, 1982.

MATTOSO, José (org.). *História de Portugal*. Lisboa: Estampa, 1993, vols. 2, 3 e 4.

MAURO, Frédéric. *Portugal, o Brasil e o Atlântico (1570-1670)*. Lisboa: Estampa, 1989, 2 vols.

MYRUP, Erik L. *To Rule from Afar: The Overseas Council and the Making of the Brazilian West, 1643-1807*. Tese de Doutorado. New Haven, Yale University, 2006.

MELLO, Evaldo Cabral de. "O saber historiográfico: entrevista com..." por Pedro Puntoni. *Novos Estudos Cebrap*, São Paulo, 37, p. 121-132, nov. 1993.

_____. *O negócio do Brasil: Portugal, os Países baixos e o Nordeste, 1641-1669*. Rio de Janeiro, 1998.

_____. *O nome e o sangue*. São Paulo: Companhia das Letras, 1989.

_____. *Olinda restaurada: guerra e açúcar no Nordeste, 1630-1654*. Rio de Janeiro: Topbooks, 1998 (1975).

_____. *Rubro veio*. Rio de Janeiro: Topbooks, 1997 (1986).

MENEZES, Mozart Vergetti de. *Colonialismo em ação – fiscalismo, economia e sociedade na Capitania da Paraíba (1647-1755)*. Tese de doutorado. São Paulo, USP, 2005.

MIRANDA, Bruno Romero Ferreira. *Fortes, paliçadas e redutos enquanto estratégia da política de defesa (o caso da capitania de Pernambuco, 1654-1701)*. Dissertação de mestrado. Recife, UFPE, 2006.

MIRANDA, Susana Munch. *Fazenda Real na Ilha da Madeira (segunda metade do século XVI)*. Funchal, Secretaria Regional do Turismo, Cultura e Emigração – CHAM (FCSH-UNL), 1994.

MONTEIRO, Nuno Gonçalo; CUNHA, Mafalda Soares da. "Vice-reis, governadores e conselheiros do governo do Estado da Índia (1505-1834): recrutamento e caracterização social". *Penélope*, Lisboa, Cosmos, 15, p. 102-103, 1995.

MONTEIRO, Nuno Gonçalo; OLIVEIRA, César. *História dos municípios e do poder local (dos finais da Idade Média à União Europeia)*. Lisboa: Círculo des Leitores, 1996.

MONTEIRO, Rodrigo Bentes et al. (orgs.). *Raízes do privilégio: mobilidade social no mundo ibérico do Antigo Regime*. Rio de Janeiro: Record, 2011.

MOREIRA, Rafael. "O arquiteto Miguel de Arruda e o primeiro projeto para Salvador". *Anais do IV Congresso de História da Bahia*, Salvador, IHGBa, 2001, p. 123-145.

MORSE, Richard. "A evolução das cidades latino-americanas". *Cadernos do Cebrap*, São Paulo, nº 21, 1975.

MOURA FILHA, Maria Berthilde. "O livro que dá Rezão do Estado do Brasil e o povoamento do território brasileiro nos séculos XVI e XVII". *Revista da Faculdade de Letras, Ciências e Técnicas do Patrimônio*, Porto, I Série, vol. 2, p. 591-613, 2003.

MUHANA, Adma (ed.). *Os autos do processo de Vieira na Inquisição*. São Paulo: Editora Unesp, 1995.

NORTON, Luís. "Os planos que Salvador Correia de Sá e Benevides apresentou em 1643 para se abrir o comércio com Buenos Aires e reconquistar o Brasil e Angola". *Brasília*, Coimbra, II, p. 594-613, 1943.

NORTON, Luis. *A dinastia dos Sás no Brasil: a fundação do Rio de Janeiro e a restauração de Angola*. Lisboa: Agência Geral do Ultramar, 1965.

NOVAIS, Fernando A. "Colonização e sistema colonial: discussão de conceitos e perspectiva histórica". *Anais do IV Simpósio dos Professores Universitários de História*, São Paulo, 1969, p. 243-268.

_____. *Aproximações: estudos de história e historiografia*. São Paulo: CosacNaify, 2007.

_____. *Portugal e o Brasil na crise do Antigo Sistema Colonial (1777-1808)*. São Paulo: Hucitec, 1979 (1974).

OLIVAL, Fernanda. *As ordens militares e o Estado moderno: honra, mercê e venalidade em Portugal (1641-1789)*. Lisboa: Estar, 2000.

OLIVEIRA, Mário Mendonça de. *As fortalezas e a defesa de Salvador*. Brasília: Iphan, 2008.

PARKER, Geoffrey. *La Révolution Militaire, la guerre et l'essor de l'Occident, 1500-1800*. Paris: Gallimard, 1993.

_____. "The 'Military revolution', 1955-2005: from Belfast to Barcelona and The Hague". *The Journal of Military History*, Society for Military History, 69, p. 205-210, 2005.

PIETSCHMANN, Horst. *Staat und Staatliche Entwicklung am Beginn der spanischen Kolonisation Amerikas*. Munster, 1980.

PINTO, Virgílio Noya. *O ouro brasileiro e o comércio anglo-português*. São Paulo: Companhia Editora Nacional, 1979.

PORTO, José da Costa. *O sistema sesmarial no Brasil*. Brasília: Edunb, 1979.

PRADO JÚNIOR, Caio. *Formação do Brasil contemporâneo*. São Paulo, 1953 (1942).

PUNTONI, Pedro. *A Guerra dos Bárbaros: povos indígenas e a colonização do sertão nordeste do Brasil, 1650-1720*. São Paulo: Hucitec/Edusp, 2002.

REGIÃO AUTÔNOMA DA MADEIRA. *O Município no Mundo Português (atas do Seminário Internacional, Funchal, 26 a 30 de outubro de 1998)*. Funchal, Centro de Estudos de História do Atlântico, 1998.

RICOEUR, Paul. *Tempo e narrativa*. Campinas: Papirus, 1994.

RICUPERO, Rodrigo. *A formação da elite colonial: Brasil, 1530-1630*. São Paulo: Alameda, 2009.

RISÉRIO, Antônio (org.). *Invenção do Brasil*. Salvador: MADE, 1997.

RODRIGUES-MOURA, Enrique. "Manoel Botelho de Oliveira em Coimbra. A comédia *Hay amigo para amigo* (1663)". *Navegações*, Porto Alegre, vol. 2, nº 1, p. 31-38, jan./jun. 2009.

_____. "Engenho poético para cantar um artifício engenhoso. O astrolábio de Valentim Estancel nos versos de Botelho de Oliveira e Gregório de Matos". *Navegações*, Porto Alegre, 4, p. 151-166, 2011

ROGERS, Clifford J. (ed.). *The Military Revolution Debate: readings on the military transformation of Early Modern Europe*. Boulder: Westview Press, 1995.

ROMÁN BLANCO, Ricardo. *Las bandeiras, intituiciones bélicas americanas*. Brasília: Edunb, 1966.

ROMANO, Ruggiero. *Coyunturas opuestas: la crisis del siglo XVII en Europa e Hispanoamérica*. Mexico: Fondo de Cultura Económica, 1993 (1992).

RUBIO MAÑÉ, José Ignacio. *El Virreinato: orígenes y jurisdicciones, y dinámica social de los virreyes*. México: Fondo de Cultura Económica, 1992 (1955), 4 vols.

RUSSEL-WOOD, A. J. R. "Centro e periferia no mundo luso-brasileiro". *Revista Brasileira de História*, São Paulo, 36, p. 187-250, 1998.

_____. "O governo local na América portuguesa: um estudo de divergência cultural". *Revista de História*, São Paulo, USP, 109, p. 25-79, 1977.

_____. "New directions in *Bandeirismo* studies in colonial Brazil". *The Americas*. 61, 3, p. 353-371, 2005.

RUY, Affonso. *História da câmara municipal da cidade de Salvador*. Salvador: Câmara Municipal de Salvador, 1953.

SALDANHA, António Vasconcelos de. *As capitanias do Brasil: antecedentes, desenvolvimento e extinção de um fenômeno atlântico*. Lisboa: CNCDP, 2001.

SALDANHA, António Vasconcelos de. *Justum Imperium: dos Tratados como fundamento do Império dos portugueses no Oriente*. Macau: Instituto Português do Oriente, 1996.

SALGADO, Graça (coord.). *Fiscais e meirinhos: a administração no Brasil Colonial*. Rio de Janeiro: Nova Fronteira, 1985.

SANTOS FILHO, Lycurgo de Castro. *História geral da medicina brasileira*. São Paulo, 1991, 2 vols.

SANTOS, Catarina Madeira. *Goa é a chave de toda a Índia: perfil político da capital do Estado da Índia (1505-1570)*. Lisboa: CNCDP, 1999.

SANTOS, M. N. dos; GOUVEA, M. F. S.; FRAZÃO, G. A. "Redes de poder e conhecimento na governação do Império Português, 1688-1735". *Topoi*, Rio de Janeiro, vol. 8, p. 96-137, 2004.

SANTOS, Marília Nogueira dos. *Escrevendo cartas, governando o império: a correspondência de Antônio Luís Gonçalves da Câmara Coutinho no governo geral do Brasil, 1690-1694*. Dissertação de mestrado. Rio de Janeiro, UFF, 2007.

SANTOS, Paulo Ferreira. "Formação das Cidades no Brasil Colonial". *V Colóquio de Estudos Luso-Brasileiros*, Coimbra, 1968.

SARAIVA, José Hermano. *Evolução histórica dos municípios portugueses*. Lisboa: Editora do Centro de Estudos Políticos Sociais, 1957.

SCHAUB, Jean-Frédéric. *Le Portugal au temps du Comte-duc d'Olivares (1621-1640): les conflits de juridictions comme exercice de la politique*. Madri: Casa de Velásquez, 2001.

SCHMIDT, Carlos Borges. "O pão da terra". *Revista do Arquivo Municipal*, São Paulo, CLXV, p. 127-348.

SCHWARCZ, Lilia Moritz (org.). *Leituras críticas sobre Evaldo Cabral de Mello*. Belo Horizonte/São Paulo: Editora UFMG/Editora Fundação Perseu Abramo, 2008.

SCHWARTZ, Stuart (ed.). *A governor and his image in baroque Brazil, the funeral eulogy os Afonso Furtado de Castro do Rio de Mendonça by...* Minneapolis: University of Minnesota Press, 1979.

_____; MYRUP, Erik (orgs.). *O Brasil no Império Marítimo Português*. Bauru: Edusc, 2008.

_____. "O povo: ausente e presente na história da Bahia"; *Anais do IV Congresso de História da Bahia*, Salvador, IHGBa, 2001.

_____. *Burocracia e sociedade no Brasil Colonial: a suprema corte da Bahia e seus juízes, 1609-1751*. São Paulo: Perspectiva, 1979.

_____ (org.). *Tropical Babybilon: sugar and the making of Atlantica Wolrd, 1450-1680*. Columbia: The University fo South Carolina Press, 2004.

_____. *Segredos internos, engenhos e escravos na sociedade colonial*. São Paulo: Companhia da Letras, 1988 (1985).

SENELLART, Michel. *Les arts de gouverner: du regimen médiéval au concept de gouvernement*. Paris: Seuil, 1995.

SERRÃO, Joel (dir.). *Dicionário de História de Portugal*. Porto: Livraria Figueirinhas, 1992.

SILVA, Alberto. *Um documento inédito sobre as fortificações da cidade do Salvador*. Bahia: Centro de Estudos Bahianos, nº 12, mar. 1952.

SILVA, Francisco Carlos Teixeira da. *A morfologia da escassez: crises de subsistência e política econômica no Brasil colônia (Salvador e Rio de Janeiro, 1680-1780)*. Tese de doutorado. Niterói, UFF, 1990.

SILVA, Inácio Accioli de Cerqueira e. *Memórias históricas e políticas da província da Bahia*. 2ª edição anotada por Braz do Amaral. Salvador: Imprensa Oficial do Estado, 1919-1940, 6 vols.

SILVA, J. M. Pereira da. *Plutarco brasileiro*. Rio de Janeiro: Eduardo e Henrique Laemmert, 1847.

SIMONSEN, Roberto Cochrane. *História econômica do Brasil: 1500/1820* (1937) 8ª ed. São Paulo: Companhia Editora Nacional, 1978.

SMITH, David Grant. *The mercantile class of Portugal and Brazil in the Seventeenth Century: a socio-economic study of the merchants of Lisbon and Bahia, 1620-1690*. Tese de doutorado. Austin, University of Texas, 1975.

SODRÉ, Werneck. *História Militar do Brasil*. Rio de Janeiro: Civilização Brasileira, 1965.

SOMBRA, Severino. *História monetária do Brasil Colonial*. Rio de Janeiro, 1938.

SOUTY, François. "Le Brésil néerlandais, 1624-1654: une tentative de projection conjoncturelle de longue durée à partir de données de court terme". *Revue d'Histoire moderne et contemporaine*, 35, p. 182-239, abr.-jun. 1988.

SOUSA, Rita Martins de. *Moeda e metais preciosos no Portugal setecentista (1688-1797)*. Lisboa: Imprensa Nacional/Casa da Moeda, 2005.

SOUSA, Rita Martins de. "Moeda e Estado: políticas monetárias e determinantes da procura (1688-1797)". *Análise Social*, Lisboa, 168, p. 771-792, 2003. SOUZA, Avanete Pereira. *Poder local, cidade e atividades econômicas (Bahia, século XVIII)*. Tese de doutorado. São Paulo, FFLCH-USP, 2003.

SOUZA, Laura de Mello e; FURTADO, Junia Ferreira; BICALHO, Maria Fernanda (org.). *O governo dos povos*. São Paulo: Alameda, 2009.

SOUZA, Laura de Mello e. *O sol e a sombra: política e administração na América portuguesa do século XVIII*. São Paulo: Companhia das Letras, 2007.

STELLA, Roseli Santaella. *O domínio espanhol no Brasil durante a monarquia dos Felipes (1580-1640)*. São Paulo: Unibero, 2000.

STONE, Lawrence. "The revival of narrative". *Past and Present*, Oxford: Oxford University Press, 85, p. 3-4, 1979.

SUBRAHMANYAN, Sanjay. *O Império Asiático Português, 1500-1700: uma história política e econômica*. Lisboa: Difel, 1995.

TEIXEIRA, Manuel C. "A cidade da Bahia no contexto da modernização dos traçados urbanos portugueses quinhentistas". *Anais do IV Congresso de História da Bahia*, Salvador, IHGBa, 2001, p. 391-407.

TENGWALL, David Lewis. *The portuguese military in the Seventeenth Century: the Sargento Mor in the portuguese South Atlantic Empire, 1640-1706*. Dissertação (PhD). Santa Barbara, University of California, 1978.

_____. "A study in military leadership: the sargento Mor in the Portuguese South Atlantic Empire". *The Americas*, 40, p. 73-94, 1983.

THOMAS, Georg. *Política indigenista dos Portugueses no Brasil*. São Paulo: Loyola, 1982.

THOMAZ, Luís Felipe. *De Ceuta a Timor*. Lisboa: Difel, 1994.

THORNTON, John K. "The art of war in Angola 1575-1680". *Comparative Studies in Society and History*, 30 (2), p. 361, 1988.

TRIGUEIROS, F. dos Santos. *Dinheiro no Brasil*. Rio de Janeiro: Reper, 1966.

TURNER, Frederick Jackson. *The frontier in American History*. Arizona: University of Arizona Press, 1992 (1893).

VALLADARES, Rafael. *A independência de Portugal: guerra e restauração, 1640-1680*. Lisboa: Esfera, 2006.

VARNHAGEN, Francisco Adolpho de. *História das lutas com os holandeses no Brasil*. Salvador: Progresso, 1955 (1871).

_____. *História geral do Brasil*. São Paulo: Melhoramentos, 1975, 3 tomos.

VASCONCELOS, Diogo de. "Linhas gerais da administração colonial". *Revista do Arquivo Público Mineiro*. Belo Horizonte, XIX, p. 101-125, 1921.

VERÍSSIMO, Nelson. *Relações de poder na sociedade madeirense do século XVII*. Funchal: SRTC, 2000.

VEYNE, Paul. *Como se escreve a história*. Brasília: Edunb, 1995.

VIANNA, Hélio. *História do Brasil*. São Paulo: Melhoramentos, 1965.

VIANNA, Oliveira. *Instituições políticas brasileiras*. (2ª ed. revista pelo autor). Rio de Janeiro: José Olympio, 1955, 2 vols.

VICEN VIVES, Jaime. "Precedentes mediterráneos del virreinato colombino". *Anuario de Estudios Americanos*, 5, p. 571-614, 1948.

VITERBO, Sousa (org.). *Diccionário historico e documental dos architectos, engenheiros e cosntructores portuguezes*. Lisboa: Imprensa Nacional, 1899.

WALLERSTEIN, Imanuel. *O sistema mundial moderno*. Porto: Afrontamento, (1974, 1980), vol. 1 e 2.

WEBER, Max. *Economia y sociedad: esbozo de sociologia comprensiva*. México: Fondo de Cultura Económica, 1984.

WEBER, Max. *Historia econômica general*. México: Fondo de Cultura Econômica, 1956 (1923).

WECKMANN, Luis. *La herencia medieval de México*. México: FCE, 1994 (1984).

XAVIER, Angela Barreto. *A invenção de Goa: poder imperial e conversões culturais nos séculos XVI e XVII*. Lisboa: Imprensa de Ciências Sociais, 2008.

XAVIER, Angela Barreto; CARDIM, Pedro. *Afonso VI*. Lisboa: Círculo de Leitores, 2006.

ZENHA, Edmundo. *O município no Brasil, 1532-1700*. São Paulo: Instituto Progresso Editorial, 1948.

AGRADECIMENTOS

AGRADEÇO ÀS INSTITUIÇÕES que tornaram possível este trabalho. Em primeiro lugar, a Universidade de São Paulo, onde me formei e construí minha vida, onde tenho o privilégio de exercer minha profissão e minha vocação. Ao longo dos últimos dez anos, como professor e pesquisador, tenho recebido o apoio de algumas agências de fomento, como a Capes (com o programa de intercâmbio com o Grices, em Portugal), a Fapesp (que me concedeu um bolsa de pós-doutoramento em 2001 e outros recursos vinculados ao projeto temático "Dimensões do Império Português"), o CNPq (que me concedeu um bolsa de produtividade em pesquisa em 2007), a Faperj (que apoiou duas viagens à Portugal, por meio do Pronex) e o Instituto Camões, que tem dado suporte à Cátedra Jaime Cortesão e, com isso, a todo um animado grupo de pesquisa. A "Cátedra", como costumamos chamá-la, desde que renascida no departamento de História, sob a batuta da professora e amiga Vera Lucia Amaral Ferlini, tornou-se um espaço de encontro, cotidiano diálogo, aproximação de interessados na história e na cultura portuguesa. Um centro de excelência acadêmica e de realização do nosso ideal de vida universitária. Sou devedor de todos os colegas da "Cátedra", minha "casa" na USP. Bibliotecas, arquivos e outros acervos – em São Paulo, Rio de Janeiro, Salvador, Recife, Lisboa, Coimbra, Évora e Salamanca – foram lugar de trabalho e investigação, mas também de acolhimento e ajuda generosa. Seria difícil lembrar e enumerar todas as pessoas que encontramos e que foram importantes para a realização deste trabalho. Mais ainda, com a ampliada divisão social do trabalho do historiador, é maior ainda nosso dever de notar que, como todas, esta é uma obra coletiva. Ela é devedora de tantas pessoas, que organizam e catalogam os arquivos e bibliotecas, que preenchem os bancos de dados, que digitalizam livros e manuscritos, que preparam os documentos para garantir o acesso... que, apenas observando esta aparentemente prosaica dimensão, é espantoso imaginar a imensa construção coletiva que é o conhecimento histórico.

Como deve ser, o autor mantém-se responsável pelos erros e defeitos que, inescapavelmente, o trabalho apresentar. As qualidades, se houver, são devedoras de muitos outros, professores, colegas e amigos que, mesmo sem o saber, colaboraram com este trabalho e merecem o meu mais emotivo agradecimento.

Primeiro, agradeço ao meu mestre Fernando Novais – que tem sido meu professor, orientador e amigo desde meu ingresso na Universidade em 1986. Agradeço aos colegas do projeto temático – pelo ambiente de discussão e diálogo, onde a maior parte das boas soluções destes textos (se o leitor as encontrar) nasceram. Tantos somos, que não poderia todos nomear. Ajuda, cotidiana, tive de Vera Ferlini, Ana Paula Megiani, Bruno Feitler, Iris Kantor, Laura de Mello e Souza, Luis Filipe Silvério Lima e Rodrigo Ricupero. Em particular, de grande proveito foram as sessões de debates e trabalho do seminário do nosso Núcleo Temático Estruturas Políticas.

Agradeço aos comentários críticos e generosos dos colegas Eni de Mesquita Samara, Vera Lucia Amaral Ferlini, Silvia Hunold Lara, Junia Ferreira Furtado e Caio César Boschi, membros da banca do concurso de livre-docência realizado em setembro de 2010, que puderam examinar o trabalho e ajudaram muito nas necessárias correções. Foi este um momento de diálogo e de reflexão. Como sempre, os processos de avaliação a que nos submetemos na Universidade são, antes de tudo, experiências de crescimento e de produção intelectual. Os professores, quase sem perceber, participam então da escrita dos textos e de alguma forma deixam suas marcas no discurso do historiador. Seja na expectativa da leitura, que já resulta na escrita mais atenta ao leitor (que afinal deve ser nosso objetivo), seja nas correções e críticas posteriores.

Na minha nova casa, a Biblioteca Mindlin, reencontrei amigos e o sonho de um paraíso terreal (o único que sabemos existir), isto é, de uma grande e espirituosa biblioteca. Fruto de um amor sem medidas pela nossa cultura e pela nossa história. Tive o prazer (não digo privilégio, porque a biblioteca sempre foi generosa com todos) de poder trabalhar com estes livros desde o início de meus estudos pós-graduados. Nos últimos anos, pude misturar (ainda mais) a minha vida com a da Biblioteca, estar mais próximo de seus guardiães – o que tem sido motivo de imensa alegria. Seu lema é agora o meu: "Je ne fait rien sans gayeté". Agradeço, portanto, o apoio constante de dr. José Mindlin (*in memoriam*), de István Jancsó (*in memoriam*) e de Cristina Antunes. Os amigos do Laboratório da Brasiliana USP ajudaram, às vezes sem o saber, com estímulo e alegria, outros, ainda mais concretamente, como Cleide Marques e Kollontai Diniz (que também ajudou com o mapa). Agradeço às duas, e com isso, registro meu carinho por todos.

Manifesto aqui minha dívida para com os historiadores e amigos Evaldo Cabral de Mello, Marcos Galindo Lima e Ângelo Alves

Carrara. Tive também, nestes anos, ajuda dos meus colegas em Portugal, que realizam, pela sua imensa disposição em dialogar e compartilhar, o nosso ideal de universidade. Entre todos, devo lembrar especialmente de António Manuel Hespanha, que me recebeu para um estágio de pesquisa em 2001 e foi a inspiração, desde então, do meu trabalho. Agradeço ainda Nuno Gonçalo Monteiro, Ângela Xavier, Mafalda Soares da Cunha, Pedro Cardim, Leonor Freire Costa, Fernanda Olival e Tiago Reis do Pinto Miranda, este, grande amigo e colega dos bancos escolares. Agradeço os amigos e colegas Joana Monteleone e Haroldo Ceravolo Sereza, cujo entusiasmo e confiança permitiram que este livro fosse (enfim) publicado.

Como todo professor, sou devedor também dos meus alunos. Dos alunos da graduação, que (talvez sem perceber) foram o estímulo e a possibilidade para muitas das reflexões e desdobramentos do meu trabalho. O ensino é um dos espaços importantes da pesquisa em História, porque, como nos ensinou Cícero, a construção deste conhecimento repousa nos fatos e nas palavras. Devo muito também aos os meus orientandos, que realizam os sonhos de uma pesquisa que as tarefas do cotidiano universitário impedem, e que me ensinam com suas perguntas.

Por fim, agradeço a Malu. Aquela que me ensinou tudo, porque misturou no seu o meu coração, deu-nos três novos amores – sem os quais o mundo parece não ter existido. Com ela, perdi o grave frio dos medos e vivo no sol.

Esta obra foi impressa em São Bernardo do Campo pela Assahi Gráfica e Editora no verão de 2013. No texto foi utilizada a fonte Leitura em corpo 9,5 e entrelinha de 15 pontos.